顶级销售员心理素质训练

— 谭小芳 任莹慧 编著 —

中国纺织出版社

内 容 提 要

有人说，销售就是一场心理博弈。所谓“知己知彼，百战不殆”，任何一位出色的销售人员都深知自身的心理修炼和把握客户心理的重要性，只有这样，销售策略才更有针对性，才能帮你实现成交。

本书针对销售人员在工作中遇到的问题进行了心理学方面的分析，对销售过程进行全方位阐述，并给出了卓有教益的心理指南，希望能为将要踏上销售之路和正在从事销售行业的读者提供帮助。

图书在版编目（CIP）数据

顶级销售员心理素质训练 / 谭小芳，任莹慧编著.--北京：中国纺织出版社，2016.8（2023.5重印）
ISBN 978-7-5180-2454-4

Ⅰ.①顶… Ⅱ.①谭… ②任… Ⅲ.①销售—商业心理学 Ⅳ.①F713.55

中国版本图书馆CIP数据核字（2016）第054397号

责任编辑：郝珊珊　　责任印制：储志伟

中国纺织出版社出版发行
地址：北京市朝阳区百子湾东里A407号楼　邮政编码：100124
销售电话：010—67004422　传真：010—87155801
http：//www.c-textilep.com
E-mail：faxing@c-textilep.com
中国纺织出版社天猫旗舰店
官方微博http：//weibo.com/2119887771
永清县晔盛亚胶印有限公司印刷　各地新华书店经销
2016年8月第1版　2023年5月第3次印刷
开本：710×1000　1/16　印张：17
字数：220千字　定价：78.00元

现代社会，随着社会的发展和市场经济的繁荣，人们对商品的需求更大，销售也就顺势成为一个热门行业，而如何将产品推销出去也就成为很多销售员研究和探讨的问题。

每个销售员都希望将产品顺利推销给客户，然而，在现实的销售中，经常有一些销售员会产生这样的困惑：为什么我还没开口，就被客户拒绝呢？为什么客户明明对我们的产品表现得很有兴趣却就是不购买呢？对于销售中遇到的一些形形色色的客户又有什么不同的应对方法呢？在最后成交的阶段，客户总是不断压价怎么办？每位客户到底在想些什么呢？到底怎样销售才能让客户接受我们的产品呢？

对此，美国一位著名的推销员指出：**“推销的98%是对人的理解，2%是对产品知识的掌握。”**销售工作的目的是推销产品，而过程则在于销售员对客户心理的把握和对客户的了解程度。有些时候，销售员做再详尽的产品介绍，也抵不过解答一句客户的疑问。销售员尽量多了解客户的心理需求和心理疑问，才能更加了解推销对象，也才能更为有效地推销产品，只要恰到好处地解答客户担心的问题，销售工作的成功也就不难实现。

销售员们的困惑来自于他们没有把握客户的心理动向，所以，赢得客户的信任是销售员完成销售的前提。而销售员能否灵活运用一些心理策略便成了销售成败的关键之所在。**专业调查机构的调查显示，在销售过程中，假如销售人员能运用符合客户心理的销售方式进行推销的话，那么，销售成功的可能性为53%左右，但是假如采用一般的推销方式的话，成功率只有24%。**可见，销售过程中，充分掌握客户的心理，可在最短的时间内将更多的产品卖出去，大幅度提高销售的业绩，让销售事半功倍。

实际上，那些销售精英们从某种意义上来说也是心理专家，因为他们能将心理学知识巧妙运用到推销之中，能在客户的一举一动中看出客户的真实想法，了解客户的购买特点，知道客户想买什么样的产品，知道客户有什么需求。那么，你是否希望自己也成为能掌握客户心理的销售精英呢？你是否也希望能找到一条“快速通道”，以便能以最便捷的方式掌握销售秘诀呢？

本书正是从实用性出发，针对销售工作中最常见的问题，结合案例，从心理学的角度给予分析，并将一些心理学技巧全方位、巧妙地运用到了销售过程中。本书内容包括两大方面：销售员心理修炼和如何把握客户心理，为刚刚进入销售行业和正在从事销售工作的朋友提供了切实可行的指导方法，实用性强，随学随用。阅读本书，你可以更好地进行销售工作、提高销售业绩，继而在现有岗位或未来的岗位上做出一番成就。

编著者

2016年3月

上篇　销售员心理修炼，让自己成为一个有“心”人

第01章　了解自己：打开销售冠军大门的心灵密码 …… 2

接纳并积极地定位自己 …… 3

你也想成为最伟大的推销员吗 …… 5

良好的自我期望助你成为优秀的销售员 …… 8

强烈的“我可以”的信念，你有吗 …… 10

销售工作并非低人一等 …… 13

自信开口，敢说敢卖才能做好销售 …… 15

第02章　锻造信念：唯有热爱让自己业绩提升 …… 18

热爱是做好销售工作的前提 …… 19

热情能帮你拿到订单 …… 21

找到销售中建立自信心的方法 …… 23

对产品有信心，表达才更令人信服 …… 26

即使被拒绝，也要重燃激情 …… 29

第03章　心态积极：每一个订单都需要不断努力 …… 32

不要因为别人的打击而颓丧 …… 33

积极乐观的销售员才有感染力 …… 35
时刻微笑，让客户愿意亲近你 …… 37
始终精神饱满，热情展现 …… 40
如何消除销售中的不良情绪 …… 43
销售切忌烦躁不安、急于求成 …… 45

第04章 排解压力：扫清销售中的心理障碍 …… 48
你可以让销售工作有趣些 …… 49
用你的耐心去融化客户的抱怨 …… 51
放下面子，太爱面子有碍销售 …… 54
控制情绪，绝不与客户争执 …… 57
学会享受忙里偷闲的乐趣 …… 59
劳逸结合，千万不要透支生命 …… 61

第05章 克服恐惧：销售员就要敢说敢做敢直面拒绝 …… 65
别让恐惧使你语无伦次 …… 66
随时做好被拒绝的心理准备和应对措施 …… 68
寻找新客户，让老客户为你牵线搭桥 …… 70
练习当众说话，能助你逐渐消除恐惧 …… 73

第06章 责任在心：销售员有担当才能有业绩 …… 76
对产品了如指掌是对客户的负责 …… 77
做客户的知己，忧客户之所忧 …… 79
平和地对待客户，让客户满意 …… 82
售前售后都要对客户尽职尽责 …… 85
励志做一个尽职尽责的销售员 …… 87

第07章 正视挫折：每一次失利都是鼓励 …… 91
别颓废，销售就是要愈挫愈勇 …… 92
让绊脚石变成磨刀石 …… 94
销售中的挫折亦能带给你经验 …… 96
要坚信，方法总比困难多 …… 98
别放弃，没有拒绝就没有销售 …… 101

第08章 奋力进取：具有强烈的成功欲望 …… 104
欲望是业绩不断提升的动力 …… 105
与优秀者为伍，会有利于你的进步 …… 107
不断奋进，提升你的目标 …… 110
作好评价和总结，提升销售能力 …… 112
每天进步一点点，离成功近一点 …… 115

第09章 心理激励：消除销售中的不良心理 …… 118
不卑不亢，平等地与客户沟通 …… 119
用心解读产品才能说服客户 …… 120
诚信第一，千万不可做“一锤子买卖” …… 122
报喜亦报忧，告诉客户产品的真实情况 …… 125
别诋毁竞争对手的产品 …… 127

第10章 技巧修炼：销售成功不可或缺的综合素质 …… 131
立即执行，要有高效的执行力 …… 132
储备朋友，良好的人际关系助你成功 …… 134
幽默开口，总能打开客户的心灵之门 …… 136
察言观色，要有明察秋毫的洞察力 …… 138

利用各种渠道，深挖潜在客户……141

下篇　把握客户心理，应用策略快速成交

第11章　洞悉顾客的购买心理：销售就是一场心理暗战……146
顾客的需求是你的使命……147
感性销售，让客户心甘情愿掏钱购买……149
顾客排斥推销员是因为害怕上当受骗……152
客户都希望购买物美价廉的产品……154
销售的最高境界是客户需要你……157
双赢让买卖双方在交易中都获利……159

第12章　激发客户的购买欲：把握客户真实的内心诉求……163
嫌货才是买货人……164
让客户看到产品的销售量和畅销程度……166
对比法让客户看到产品的优势……169
为客户制造一种产品短缺的假象……171
对症下药，掌握应付不同消费群体的销售策略……174

第13章　打开客户的“心锁”：你不可不知的心理定律……177
250定律：把自己看作商品推销出去……178
二选一定律：能将主动权始终把握在自己手中……180
奥美定律：一百分的服务带来一百分的业绩……183
伯内特定律：让你的产品占领客户的大脑……186
欲扬先抑定律：先晾出产品的“不足”，更易获得信任……188

第14章 缩短心理距离：销售中的客户心理效应 …………………… 191
开场白效应：一开始就赢得好感 ……………………………… 192
亲和力效应：亲和力让你拉近与客户的距离 …………………… 195
聆听效应：有时听比说重要 …………………………………… 197
权威效应：让客户深信不疑 …………………………………… 200
借势效应：他人的一句话胜于你的十句话 ……………………… 202

第15章 发现心理突破点：抓住“上帝”那根“软肋” …………… 205
犹豫不决型客户：给出建议促进成交 …………………………… 206
销售型客户：说话销售痕迹不能太重 …………………………… 208
沉默型客户：如何打开他的口 ………………………………… 211
爱慕虚荣型客户：多给他灌点蜜语甜汤 ………………………… 214
对于不同年龄段的客户如何劝购 ……………………………… 216

第16章 牵引客户说“是”：认同感让你赢得客户的心 …………… 220
让客户在一开始就说“是” …………………………………… 221
利益引导法，让客户看到自己将获得的利益 …………………… 223
鼓励客户体验产品，促进成交 ………………………………… 226
将痛苦放大，告诉客户不购买将要遭受的痛苦 ………………… 228
巧妙引导，始终掌握销售的主动权 …………………………… 230

第17章 销售话语打动人心：销售中的语言制胜妙招 …………… 234
为了成交，也可以适度退让 …………………………………… 235
关键时刻可以帮客户作决定 …………………………………… 237
别在最后一刻失去客户 ………………………………………… 239
真诚建议让客户成为你的死党 ………………………………… 242

激将法让客户对你“俯首称臣”……244

第18章 感情投资引导客户：销售的高级策略是情感营销……248

真诚的赞美为你赢得客户的好感……249

亲情式服务让客户喜欢上你……251

总是站在客户的角度推销产品……254

谈谈自己的经历，拉近与客户之间的距离……256

以情动人，随时出现在客户“需要”的地方……258

参考文献……262

上篇　销售员心理修炼，让自己成为一个有“心”人

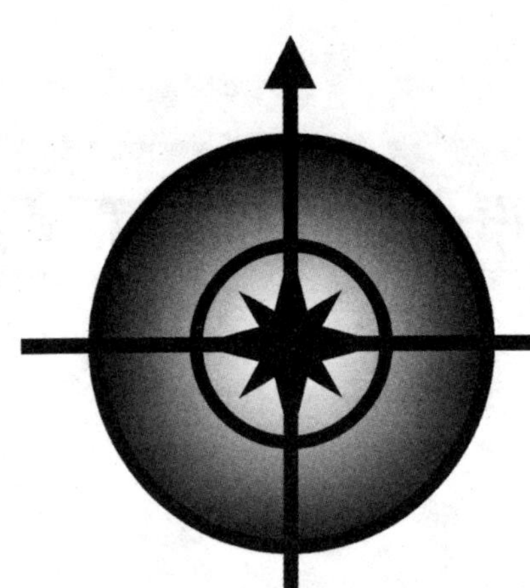

第01章

了解自己：打开销售冠军大门的心灵密码

作为一名销售人员，每个人都希望自己拥有良好的销售业绩，希望自己成为独当一面的销售高手。然而，在销售过程中，有一些销售新人虽然敢于迈出推销生涯的第一步，但直接面对客户进行交流时，就会坐立不安、语无伦次，致使沟通进行不畅。为什么平时谈笑风生的销售人员，一旦与客户交谈起来，却变成了这个模样呢？这其实是缺乏自信的表现。与其他职业相比，销售人员就更需要有足够的自信。因为，客户一旦发现你信心不足，则对你的商品就更不会有什么好感了。

接纳并积极地定位自己

有人说，作为一名销售员，他有两大敌人：看得见的敌人——竞争对手；看不见的敌人——自己。无法以正确的心态接纳、认可并积极地定位自己，这就是那个看不见的敌人在作怪。要想战胜这个看不见的敌人，就一定要自信，要经常鼓励自己。

作为一名销售员，要想赢得客户好感，要想取得良好业绩，首先就要认同自己，并给自己以积极的定位，或许，这并不能为你带来直接的业绩，但是从你内心散发出来的自信一定能感染你的客户。一个自信十足、积极乐观、热情洋溢的销售员与一个内心自卑、消极悲观的销售员哪一个更能吸引客户呢？当然是前者。你想有谁会愿意向那些连自己都不相信的人购买产品呢。

自信是积极沟通的首要因素，如果销售人员在讲话之前先怯场，对自己说的话都没有把握，别人怎么会相信你呢？

心理情境

有一个刚从学校毕业的年轻人，不成熟而且缺乏信心，在实习后，他依然信心不足。不过，他的经理却告诉他："我相信你能行"，并说了很多鼓励的话。

一天，经理开始给他布置任务了：在他们公司对面住着一个老大爷，经理希望他能去推销产品。从表面上看，那个老大爷是一个孤寡老人，实际上，他是三个大型工厂的董事长。经理告诉他："我的一个朋友的父亲和这位老人是朋友，我从他那里得知，这个老人脾气很坏，而且是个厚脸皮、令人讨厌、爱吵嘴而且满口粗话的人。你如果去见他，他肯定不会和你和颜悦色地说话，但你也别害怕，只要你默不作声，然后坚持你的立场，是能成功的。因为每次最终他都会购买我们的产品。去吧，年轻人。"

于是这位年轻人敲开了这位老人的门。可是当他说明来意后，老人暴跳如雷，然后绝口不提购买产品的事，只是问他一些无聊的话题，诸如他多大了，喜欢吃什么之类。年轻人也觉得无聊，但是他想起了经理的话——这老人最后肯定购买。于是，他继续耐心地等着。最后，老人终于唠叨完了，纵然他没有讲上一句话。最后，他说：“是的，先生，我明白了。那么，这是本市最好的机械制造的商谈说明，这样的商谈说明，当然是您想要得到的东西。”这样的进攻和防御大约持续了半个小时。半小时后，那个年轻的销售员终于得到了老头手下的三个大型企业的机械购买订单。

回到公司以后，总经理对他进行了一番出乎他意料的嘉奖：“你是我们这里最出色的销售员，你知道吗，你攻下了我们这里十五年来最难攻的堡垒……要知道，15年来，他从来没从我们这买过任何一件东西。”年轻人听完，诧异得很。

情境分析

这位所谓的“新手”为什么能成功呢？毫无疑问，是老板的话使他充满了信心，坚定了立场。如果销售人员对自己没有信心，那么就不会有人对你有信心。当然自信不是自傲。自信是人与人之间积极交流与沟通的重要因素，没有人愿意与一个畏首畏尾的人交谈。

那么，销售员该怎样接纳自我并积极地定位自我以获得自信呢？

1. 了解自己不自信的原因

有一些人，对销售行业存在一些误解，如果销售员很在乎周围人的看法和眼光，便不能正视自己的工作、自己的产品，在与客户接触的过程中，一来他们放不下架子，把保住自己的脸面看的最大，导致客户不愿意和销售员深入的沟通；二来，销售员因为自卑心作祟，在与客户交谈时挺不起腰杆，很难了解到客户的真实需求，所以销售成功率自然极低。

要解决这一难题，销售员必须知道，荣誉和脸面是自己挣来的，而不是别人所给的，作为一名销售人员，销售业绩是你的荣誉和脸面，也是你能力的最好证明。你更要记住的是，在一个陌生客户面前，你唯一需要做的就是让对方接受你，接受你的产品，如果你做不到这点，那么，是没有任何荣誉可言的。

2. 销售前做足准备

销售员的自信从何处来呢？自信来自于充分的准备工作，只有熟识自己的行业，熟悉自己的产品、公司，才能做到有备无患。

3. 勇敢是第一位的

任何人都害怕失败，销售员最怕的是被客户拒绝，但如果你因为害怕失败而不敢走出第一步，那么，你就永远失败了。其实，即使暂时被拒绝，依然有回转的余地。没有永远的拒绝，只是客户暂时还没有接受。

总之，销售员要记住，全力以赴地去做销售，就一定能达到目标，要有无论如何也要完成任务的勇气。唯有如此，你才会想尽一切办法与客户接触，用口才说服客户购买自己的商品。

你也想成为最伟大的推销员吗

在销售行业，乔·吉拉德是个人人知晓的名字，他被吉尼斯世界纪录称为世界上最伟大的推销员。

心理情境

乔·吉拉德1929年出生于美国一个贫民窟，他从懂事时起就开始擦皮鞋、做报童，后来又做过洗碗工、送货员、电炉装配工和住宅建筑承包商等。35岁以前，他可以算是个全盘的失败者，患有严重的口吃，换过40个工作仍然一事无成，负债累累，朋友也都弃他而去。

“我遭遇过一次人生的低谷——我的事业在一夜之间垮了，我又变得一无所有，负债达6万美元之多，法院传了一份令状，要没收我的家当，银行要拿走我的车子。更糟的是，家里连一点吃的都没有，两个年幼的孩子——小乔和格雷丝整日饿得嗷嗷叫。这样的情景仿佛是一场噩梦。”吉拉德曾经这样叙述自己的遭遇，但他也说：“没关系，笑到最后才算笑得最好。我望着一座高山说：我一定会卷土重来。我紧盯的是山巅，旁边这么多的小山包，我一眼都不会看。”3年以后，他成了全世界最伟大的销售员。“因为我相信我能做到。”他说。

“‘信心产生信心’，我再次确认这句话对我产生的力量。一年内，我的汽车销售业绩达到了1425辆，我终于从失败转而成为世界上最伟大的汽车推销员。”

情境分析

乔就是这样一个传奇式的人物，他从一个身负重债、走投无路的人，竟然在短短的三年间就成为一个世界顶级销售员，而且，他至今还保持着销售昂贵商品的空前纪录——平均每天卖6辆汽车；最多一天销售18辆车；一个月最多销售174辆车；一年最多销售1425辆车；在15年的销售生涯中总共销售了13001辆车。

是什么让乔·吉拉德走向了销售的顶尖位置？是自信！推销需要自信！就是要有成为“全世界最伟大的推销员”的自信。销售人员要想成功敲开客户的心门，说服他们，赢得他们的信任和欣赏，就必须坚信自己的能力，然后从容不迫地与他们侃侃而谈。如果销售人员缺乏自信，害怕与客户打交道，那么最终就是一事无成。

然而，现实推销中，很多销售人员都做不到这一点，一旦客户提出“不需要”或者“价格太贵”等问题时，他们便断言：要做成这笔买卖是不可能的。实际上，世界上没有什么不可能的事。在那些成功的销售员的字典里面，根本没有“不可能”三个字。只要你有信心坚持下去，就有成功的可能。

下面，我们来探寻一下，乔·吉拉德是怎样获得自信的：

每次有人路过乔·吉拉德的办公室，乔·吉拉德的内心都在吼叫：“进来吧！我一定会让你买我的车。因为每一分一秒的时间都是我的花费，我不会让你走的。”

“你认为自己行就一定行，每天要不断向自己重复。”

乔·吉拉德说过，“在我的生活中，从来没有‘不’，你也不应该有。我不会把时间白白送给别人的。所以，要相信自己，一定会卖出去，一定能做到。”

“你所想的就是你所要的，你一定会成就你所想，这些都是非常重要的自我肯定。成功就是把‘Impossible’（不可能）变成‘I am possible’（可能）。只要勇于尝试，你就会发现你所能够做到的连自己都惊异。”

可见，自我鼓励能帮助销售员们获得自信。自信不仅能指引自己朝着销售成功的方向努力，还能让客户看到你积极的精神面貌，从而对产品产生信任，对你产生好感，进而愿意与你合作。

所以，正在为不堪的销售业绩苦恼的销售员们，不妨先从自身找找原因，如果你不够自信，那么，你要立即行动，将害怕、恐惧从你的内心彻底除去。立即行动就是需要你从今天开始做起，毕竟，昨天已经过去，而明天还未到来，你要关注的就是当下，是眼前！当你建立自己的信心时，不能老想着“以后再做”，因为根本没有明天这回事。今天决定你明天会成为一个什么样的你。

下面这些积极、有力的语言能帮助你消除恐惧，增加自信和勇气：

（1）告诉自己“我能行”：把这句话写在你卧室的镜子上，每天大声喊上几遍，让它们浸入你的心灵。

（2）大声告诉别人：“我是一个优秀的销售员。”

切忌在客户面前低三下四，有失尊严。推销员最大的忌讳就是在客户面前过于谦卑，还未进入谈判就先矮人三分，抱有这种心态只能是一事无成。

（3）自信、果断地告诉你的客户：“进来吧！我一定会让你买我的产品。因为每一分一秒的时间都是我的花费，我不会让你走的。”用你的情绪感染客户。

总之，你要坚定地相信自己，绝不容许任何东西动摇自己有朝一日必定会在销售事业上取得成功的信念，这是所有取得伟大成就的人士的基本品质，也是成为一名伟大推销员所必需的特质。

良好的自我期望助你成为优秀的销售员

在销售活动中，很多刚进入销售行业的新人以及性格内向的销售员们，在推销产品、与客户打交道的过程中，出于各种各样的心理恐惧，总是紧张、冷场，不敢和客户沟通，甚至不敢正视客户的眼睛等。在一次次地面对客户的拒绝后开始怀疑自己的能力，看到那些销售能手们的业绩是自己的几倍，觉得自己跟别人的差距很大，好像永远也比不上同事，慢慢变得自卑。如果你是一个没有自信的销售员，那么，从现在起，你就必须把建立自信作为你工作中的首要目标。

推销大师吉拉德的成功，也是源于他相信自己能成功的信念。小时候吉拉德的父亲总是给他灌输一种消极的思想——“你永远不会有出息，你只能是个失败者。”这些思想令他害怕。而吉拉德的母亲却相反，她给他灌输的是一种积极的思想：对自己有信心，你绝对会成功的，只要你想成为什么，你就能做到。从父母那里，吉拉德时时受到两种相反的力量，这两种力量一方面令他害怕，另一方面也让他产生信心。而最终，母亲传输给他的积极思想胜利，这就是为什么他能实现自己的梦想。

心理情境

小的时候，推销大师吉拉德成天沿街卖报，在酒吧里替人擦鞋，还做过洗碗工、送货员等。长大后做过电炉装配工和住宅建筑承包商，并曾经换过许多个工作，但没有一个能做出成绩的，也就是说35岁以前，他是个彻底的失败者。

后来，有朋友介绍吉拉德去一家经销汽车的公司，推销经理哈雷先生起初很不乐意。

“你曾经推销过汽车吗？”他问道。

“没有。”

“为什么你觉得自己能够胜任？”

“我推销过其他东西——报纸、鞋油、房屋、食品，但人们真正买的是我，我推销自己，哈雷先生。”

吉拉德已经重建了足够的信心，吉拉德并不在意自己已经35岁，也不在乎人们所认为的推销是年轻人干的这个观念。

哈雷笑笑说：“现在正是严冬，是销售淡季，假如我雇用你，我会受到其他推销员的责难，再说也没有足够的暖气房间给你用。”

生存的威胁已经使吉拉德变得更加坚强。“哈雷先生，假如你不雇用我，你将犯下一生最大的错误。我不要暖气房间，我只要一张桌子、一部电话，两个月内将打败你最佳推销员的纪录。”吉拉德信心十足，但实际上他并没有把握。

哈雷先生终于在楼上的角落给吉拉德安排了一张满是灰尘的桌子和一部电话。就这样，吉拉德开始了自己新的事业。

哈雷先生无法相信，在两个月内，吉拉德真的实现了自己许下的诺言，他打败了公司中所有推销员的业绩，还偿还了10万美元的负债，同时也买回了自尊！

心理分析

吉拉德的推销故事再一次验证了一个观点——内心不渴望的东西，它永远不可能靠近自己，作为销售人员，你必须得具有强烈的渴望成功的愿望，这一点非常重要。信心能使你产生勇气。假使我们对自己都没有信心，我们的顾客又怎么可能对我们有信心呢？

哲人说得好，你听到的并不一定完全正确，也不要因为他人的议论而妄自菲薄，否则就会陷入自卑的“心灵监狱”。的确，我们发现，总是有一些销售员，他们之所以总是妄自菲薄，主要是因为他们总是喜欢拿自己的缺点与别人的优点相比，他们要么认为自己专业能力不足、说话能力不如人，或者认为自己性格木讷，要么认为自己不可能在销售行业有所成功，最终，他们埋藏了自己的潜力。

以下是一些帮你建立积极的自我期望的方法，你不妨尝试一下：

首先，客观地认识自己。

不仅要看到自己的缺点，也要看到自己的优点，并客观地给予评价。要做到这一点，除了自己对自己的评价，还要注意从周围人身上获取关于自己的信息。比如，你认为自己学历不高，但是你的同事们都认为你头脑灵活，很有可塑性，你的客户们也认为你很有责任心，将这些全方位的评价综合起来看，你才能看到更优秀的自己，才能对自己形成全面客观的认识。

其次，全面地接纳自己。

真正的自我接纳，就是要接受所有的好的与坏的、成功的与失败的。不妄自菲薄，也不妄自尊大，不卑不亢，才能健康地发展自己，逐步走向成功。

你还需要积极地完善自己的不足。这些不足，指的是某些“内在”上的，比如，学识、技能、素质等。

另外，无论客户如何拒绝了你，都要保持积极的态度，与客户保持友好的关系。让客户看到你的好形象、高素质。这不仅对客户改变先前的看法有一定的帮助，而且也有利于销售员维护自我形象。

总之，作为销售员，一定要有自信，对工作和生活要永远充满激情，对自己要有良好的期望，同时还要有顽强的意志，抗高压的精神，以及不断学习和积极向上的心态，并且在工作中要用心做事，还要勇于承担责任。如果能做到这些，那么在不久的将来，你必定能够迈入营销高手的行列，从而触摸到成功的光芒。

强烈的“我可以”的信念，你有吗

我们都知道，积极的心态是成功销售的关键。因为它会首先影响你的内心和你的情绪，并体现在你说话的语气、面部表情动作上，进而把你这种思想和情绪传染给你的客户。所以，作为一名合格的销售员，一定要相信自己可以做到，要有强烈的“我可以”的信念，并通过多种方式培养自身积极进取的心态。要知道，积极心态蕴含无限潜能。

世界酒店大王希尔顿，用少量资本创业起家，有人问他成功的秘诀，他说："信心。"

美国前总统里根在接受《成功》杂志采访时说："创业者若抱有无比的自信心，就可以缔造一个美好的未来。"

那么，现实生活中的销售员们，你不妨问问自己，强烈的"我可以"的信念，你有吗？

心理情境

王文在进入现在这家公司之前并不是从事推销工作的，但是他很有自信，很有干劲，认为自己一定能做好这份工作，并主动学习一些专业的销售知识。满腔抱负的他原以为自己会在销售行业有个好开始。但问题开始了，他发现，原来并不是每个客户的购买情况都是可以用专业销售知识来概括的，客户总是有解决不完的问题。就这样，在前几次的销售中，王文都以失败而告终。

但是王文并没有因失败的打击而绝望，他认真地分析了自己的优劣所在：自己虽然拥有丰富的销售上的理论知识，但没有实践经验。所以，他在制订日常销售计划的时候，为自己增加了一份计划，多学习一些所销售商品的知识、与人交往的技巧方面的知识，以此来弥补自己销售计划的缺陷。

为了能成为一名金牌销售员，王文不断努力，利用业余时间进行自我补充和自我完善，深入了解公司相关商品的优点与不足。逐渐地，王文已开始能面对与客户接触过程中出现的各种"小插曲"，后来，他自告奋勇地接了一家集团公司的生意，并签约成功，这使王文的自信心大大增强。

情境分析

王文之所以能战胜销售中遇到的挫折和失败，并抓住别人不敢抓住的销售机会，成为自己梦想中的金牌销售员，就归结于他有愈挫愈勇的自信心和能成为金牌销售员的信念。

的确，从事销售行业，免不了要遭到客户的拒绝，甚至是不断反复的

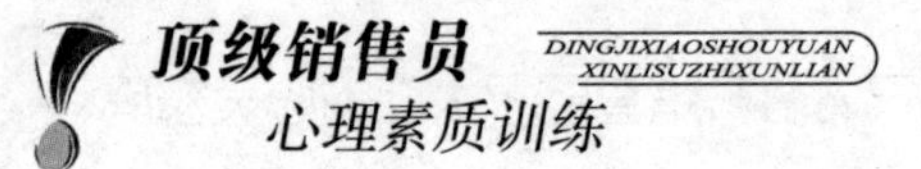

拒绝，如果没有顽强的斗志和必胜的信念，免不了会丧失信心，产生逃避思想。而只有你做到自信，相信“我可以”，最终才会有人相信你。举个很简单的例子，销售人员如果在与客户谈判时，没有自信，只会怯场，那么很可能就会思维混乱，甚至语无伦次、漏洞百出。这样的一个销售人员只会让客户轻视，不会愿意与你做过多的交谈。

可见，只要你有必胜的信念，你就能成功。当然，做到以上这些并不容易，这需要销售员自己调整好自己在销售前的心态：

1. 做好准备工作，减轻心理负担

有些销售员在销售过程中，表现消极，无法轻松地与客户交流，一部分原因是因为销售员的准备工作不够充分，害怕应付不过来。因此，销售员若能在销售活动进行前，做足准备，是能从一定程度上减轻心理负担的。

2. 多做心理暗示，鼓励自己

事实上，心理状态的良好与否，主要还在销售员自己。在销售过程中，销售员不要让自己的心情被客户的表现所左右，无论客户的情绪怎样，始终保持良好的销售礼仪和销售态度，在内心多做自我鼓励，相信自己能做好，你这种良好的素质，无形中为产品加了分。

3. 未雨绸缪，分析客户

销售员最怕遇到的是阴晴不定的客户，这会儿聊得很好，一会儿又暴跳如雷，根本不给销售员说话的机会；也有一些客户，无论销售员说什么，都不买销售员的账。实际上，这都是因为销售员在与客户沟通前，对客户分析定位的前期工作没做好。人与人是有差异的，在性格、爱好、购买习惯都是不同的。因此销售员只有在销售活动进行前，做好客户的分析工作，然后列出一些应对策略，无论客户怎样变脸，也能轻松应付，销售员自己也不会手忙脚乱。

4. 愈挫愈勇，重燃自己的工作热情

销售工作最考验的是人的耐性，因为每个销售员都要面对客户的打击，销售业绩的考核，时间一长，很多销售员都会失去当初的热情。正因为如此，有一些销售员选择了放弃；也有一些销售员，服务态度差，对客

户失去耐性，即使产品再好，也无人问津；而那些能坚持，对客户不失热忱和诚意的销售员，便走出了自己的销售瓶颈，深得客户的赞赏。

总之，作为销售员，我们一定要有强烈的“我可以”的信念，要保持高度的工作热情，这样才能在工作中所向无敌、勇攀高峰！

销售工作并非低人一等

对于一些销售新人来说，他们对销售行业可能存在一些误解，比如他们认为现代的销售市场就是买方市场，就要尽可能地让客户满足，所以他们在与客户沟通和交流的时候，显得卑躬屈膝，一味讨好。其实，这样的心态不只是存在销售新手身上，即使是那些从业多年的销售前辈也可能未曾走出这样的销售怪圈。

尤其是当下的销售工作很注重服务意识，这更让一些销售人员在客户面前低人一等，其实这是一种完全错误的心态。

如果销售人员在内心深处认为销售工作是一个卑微的行业，认为做销售是一件没面子的工作，那在客户面前，他们不自觉地就会变得低人一等，过于谦卑。他们常常这样想：“如果我不服务好客户，不对客户尊敬有加，不按照客户的意思去做，那客户就不会购买我的产品了。”

其实，这样想是对销售工作的误解。销售与其他行业一样，只是与其他工作的具体内容不同。销售人员并不是强制客户去购买，而是在替客户解决问题，帮助他们改善生活，所以，你是客户的朋友，客户的顾问，与客户是平等的，所以，你根本没有必要在客户面前表现得卑躬屈膝、低三下四。要知道，你只要自己看得起自己，客户才会看得起你，也才会信任你。

心理情境

晓梅是刚从学校毕业的学生，选择了电脑销售这一行，但天生胆怯的她，每次拜访一位客户对她来说都是一次挑战，因为在她内心似乎总是有一个想法，那就是：销售人员比客户好像低人一等。这个想法在她内心始终无法排遣，为此，她丢了很多生意。

一次，她向一位公司的经理推销电脑，其间不断讨好对方，这让经理十分反感。经理看了看电脑，觉得质量不错，但最终并未购买。经理说："你用不着这样谦卑，你推销的是你的产品，而不是同情。你这样子，谁还会信任你，买你的东西呢？"

情境分析

其实，晓梅的想法是错误的，我们与客户是平等的，在你从事推销活动之前，假如你感到害怕，那么，销售目的是不可能达到的。

作为一名销售人员，每天都要面对许多不同类型的客户，因此你必须具备许多不同的能力和技巧。要让你想结识的人也愿意结识你，就需要表现你自己，也就是要随时随地地表现出你的能力，让别人都注意你，这就是你的生存之道。

而且，在销售行业，最大的忌讳就是在与客户交流时低三下四、卑躬屈膝。作为一名销售员，如果你连自己都不尊重的话，又怎么能指望别人尊重你呢？在客户面前唯唯诺诺，不但不会让客户信任你、欣赏你，反而会让客户对你这个人失望，进而也会对你销售的产品失去信心。

对于那些没有摆正销售心理的销售员，要记住以下两点：

1. 正确理解销售工作

任何一位销售精英的经验都告诉我们，销售工作并不低人一等，它是一种职业。只要你放下一味讨好的心态，抱着一种为客户解决问题的态度去做事，那么销售成功的时刻就不远了。

2. 销售工作也能助你实现人生价值

俗话说"不想当将军的士兵不是好士兵"，我们参与工作，不但能获得物质上的报酬，即获得物质资料外，还能够使人得到精神上的满足。

一些人误认为销售工作低人一等，其实不然，销售工作也能助你实现人生价值。销售是一种服务性的职业，你可以为客户排忧解难、帮助客户提升生活品质，从中你也能获得客户的认可和尊重。

我们固然要承认销售是一项考验人意志的工作，因为我们在销售中可

能会遇到这样那样的挫折和打击，但是如果我们成功地征服了这些困难，反而会获得更大的成就感。

3. 大方地与客户交流

客户是上帝，但客户与你在人格上是平等的，我们要不卑不亢地和客户交谈，你要记住，你的目的是要达成销售目的，因此，在说话时凝视对方的眼睛，大大方方，才能表现出你的内在风采，如果你在与客户交谈时不能平视对方的眼睛，视线太低，不免使人轻视，视线太高，又显得过于傲慢。

总之，在销售中，低三下四的销售姿态，不但会使产品贬值，也会使企业的声誉和自己的人格贬值。如果你是一名刚刚进入销售行业的信任，不管面对什么样的客户，都不要认为销售是一种丢面子的工作，你完全可以从销售工作中获得你想要的成就感，所以，你应该保持不卑不亢的态度，至少应该与客户平等相待，只有这样，才能从根本上赢得客户。

自信开口，敢说敢卖才能做好销售

作为销售员，我们都知道一点，销售是靠嘴吃饭的，开口说是说服客户、取得销售业绩的前提条件。但现实销售中，有一些销售新手和缺乏信心的销售员，在销售中总是消极被动，不敢开口，而最终结果要么是成绩不佳，要么是放弃销售工作，所以，在销售界，人们常说，敢说才敢卖，如果你不能自信和大胆地与客户沟通，那么，销售将无从谈起。

心理情境

老周是一名销售精英，从他20岁开始从事礼品推销的工作到现在已经有二十年的时间了，在这二十年的时间里，他从一个对销售一无所知、遇到客户就怯生生的新手成长为一个顶尖的销售员。他清楚地记得自己第一个月的销售业绩是零，但是现在他每个月的销售业绩可以达到几十万，他现在已经是公司的业务经理了。每次老周在培训公司的销售员时，总会说这样一番话：

“大家都知道，我曾经对销售一无所知，第一个月的业绩为零，我害怕和客户说话，我害怕客户会不购买我的产品，越是害怕，我越是不敢说话，一开口就会语无伦次。但后来，我告诉自己，我一定要成为最顶尖的销售员，我会成功的，所以后来，不管遇到什么样的客户，我都要尝试着与其沟通。

那是第一次，我将产品推销出去。那天，我主动与一位女顾客说话，为了引起她的注意力，我顺手举起剃须刀说：‘你要剃须刀吗？’她用奇异的眼光看了一下说：‘啊！剃须刀！？你有没有搞错啊！我又没有长胡子，要剃须刀干吗啊！’我微笑着看了她一眼，然后右手拿起手上的剃须刀，轻轻地放在她的桌面上，然后又轻轻地动一下桌面上的剃须刀，接着深情地对她说：‘哪！剃须刀是男人三大宝之首，每个成年男士都要剃胡子的，6月19日，父亲节就快到了，你想象一下，6月19日那天，当你爸爸，接收到这份礼物时，那开心的样子，你喜不喜欢？’‘是啊，我怎么没想到呢？’结果，这位女士很爽快地买下了我的剃须刀。自从这件事之后，我自信多了，我感受到了主动开口为自己带来的益处。在这里，我也想告诉大家，做销售一定要敢说，如果你不愿意开口，你就不要做销售。”

情境分析

案例中老周说得很对，要想成为一名出色的销售人员，第一步要做的就是自信、大方和勇敢，越是害怕、紧张，越是会出现以下几种状况：当你站在客户面前，准备向他介绍产品时，突然不知道该说些什么，大脑一片空白，无法开口，即使开了口，也是战战兢兢、语无伦次；当你拿起电话，准备向一位陌生客户推介产品时，不知道该如何说起；你敲开了客户的家门，面对出来的准客户，你神色慌张，不知所云……而这些，都是来源于你心理上的恐惧。

要知道，客户总是喜欢和大方、健谈的销售员谈话并做生意，而对那些说话、行为扭捏的销售员不可能有好印象。那么，作为销售员，该如何

克服自身恐惧，敢于主动开口呢？

1. 多做准备，减少恐惧

做足准备是减轻恐惧感的最好方法。你可以从以下四个方面做到：见面第一句话跟客户说什么、客户会有什么疑问、你该如何回答这些疑问、如果客户拒绝你该怎么办等等。

2. 锻炼在众人面前说话的能力

通常情况下，人们一般只会在面对很多人的时候，才表现得更为紧张和不安，因此，销售员不妨练习如何在众人面前自如的说话，交谈的内容多以轻松的话题为主，这样可以大大提高销售员与客户交流的勇气。

3. 给自己难度，挑战自己

推销看似不可能销售出去的产品也是能让销售员克服恐惧的一种方法，比如，销售员可以选择一个时间，规定自己要给男士卖女士内衣，这看似不可能成功，但一旦成功了，销售员内心就会受到极大的鼓舞：推销看似不可能销售出去的产品我都有勇气进行下去，那么在面对准客户时，还有什么不行的呢？

因此，销售员如果想完成推销工作，提高销售业绩，就必须摆正心态，克服恐惧心理，争取做到心无杂念，让自己彻底放松，时常鼓励自己，然后信心百倍地与客户沟通。

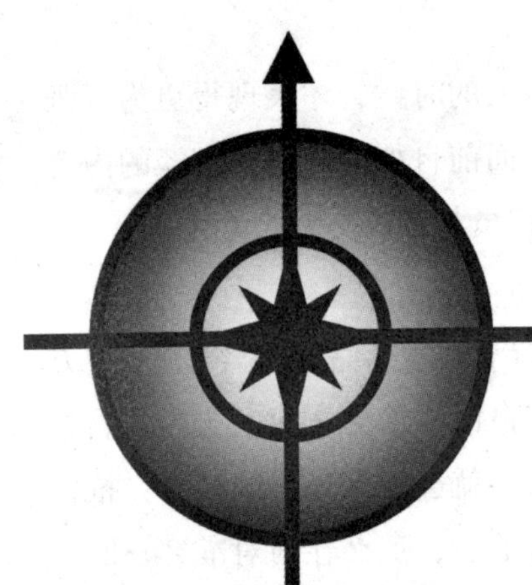

第02章

锻造信念：唯有热爱让自己业绩提升

不论哪种行业，要想获得成功就必须要有工作热情。销售行业更是如此。这是因为热忱是这个世界上最有价值的也是最具有感染力的一种情感。另外，每一个想获得良好业绩的推销员，都必须要到处奔波，甚至还需要面对客户频繁的拒绝。因此，对销售工作没有足够的热爱的活力是断然做不好推销的。而其实，热情是靠自己创造的，而不是等顾客燃起我们的热情火焰，因为从某种程度上说，客户的打击只会让你泄气。因此，从现在起，你要不断努力，唤起你自己的满腔热情，从而感染你的客户！

热爱是做好销售工作的前提

我们都知道，不管什么样的事业，要想获得成功，首先需要的就是工作热情。热情之所以重要，不仅是因为它可以使销售员激发出本身的潜能，也是因为客户有这种需要。客户总是喜欢和热情、开朗的销售员谈生意，因为客户认为，拥有热忱态度的销售员总是能带给他们快乐的感受和周到的服务。所以说，要想成为一个优秀的销售员，我们首先就要热爱自己的工作，热爱才能产生工作激情，才能让自己更加努力，并且拥有愈挫愈勇的动力。

然而，现实生活中，可能有些人对销售行业存在一些误解，他们认为，销售是见不得人、存在欺骗性的职业，但无论别人怎么看，作为销售员自己，我们一定要热爱自己的工作。而实际上，我们每个人都在进行自我“推销”，不管你是什么人，从事何种工作，无论你的愿望是什么，若要达到你的目的，就必须具备向别人进行自我推销的能力。只有通过自我推销，你才能取得成功，才能实现你的美好理想，达到你的目的。

可以说，商业社会的到来已经把现代社会完全变成了一个推销商社会，无论我们从事什么样的工作，我们都需要推销。我们无时无刻不在推销自己的思想、观点、产品、成就、服务、主张、感情等。这种事情对于任何人来说都是确凿的事实，不管是邮递员、政府官员，或者是商人，进而是教师，或者校长也好，都无法否认这个事实。

“盛田昭夫”并不是所有人都知晓，而对于“索尼”电器就是家喻户晓了。1986年，盛田昭夫所写的《日本·索尼·AKM》一书出版，书中有这样一段话：“如果只有独特的技术，生产出独特的产品，是无法让事业成功的，更为重要的环节是产品销售。”

确实，对于任何一家企业来说，产品销售都是最为关键的部分。任何一家效益好的企业，都会把销售摆在最为重要的位置上。那些优秀的企业家，也都是重视销售、看重销售员的。

因此，作为推销员，如果有谁说瞧不起推销这门职业或者瞧不起推销员，你就可以理直气壮地盯着那个人的眼睛认真地说："正是由于我和像我一样的人在从事销售工作，你才能拿你挣的全部收入买东西，这些东西是从谁那里买的？"

成功的起点是热爱自己的职业。无论做什么职业，世界上一定有人讨厌你和你的职业，那是别人的问题。"就算你是挖地沟的，如果你喜欢，关别人什么事？"

为此，从现在起，你要相信以下几点：

1. 推销是一项很伟大的职业

你要记住，推销并不卑微，相反，它很高尚、有意义。新时代的到来，更决定了推销是一项造福他人的职业，没有推销，人们的生活便失去便捷。正是广大推销员的辛苦工作，消费者可在最近的地方购买到想要的产品，也正是推销员的努力工作，人们才有更多的时间去感受生活、享受生活。我们既然从事推销，就要正确认识推销这个职业，对这一职业充满信心。

2. 相信自己

自信是成功的先决条件。一个人连自己都不相信，又何谈成功呢？你只有对自己充满自信，在客户面前才会表现的落落大方，胸有成竹，你的自信才会感染、征服消费者，用户对你推销的产品才会充满信任。

日本有位推销高手，他每天见客户前，到洗手间对着镜子，将一只手的大拇指与食指放进自己的口腔内，进行肌肉扩展，一边扩张一边大声说："我是最棒的！我是最好的！"目的是培养自己的信心。

自信来自于成就，因此，你要学会在工作点滴中体味成就感！比如，你可以目标分解法，当你实现了某些小目标后，你的成就感会油然而生；而如果你再将每天的工作分解，分解到每个事项，每个时段。及时办理，及时检查，及时总结，每完成一件事，就是一项成就，每天所有的事都完成，就是一天的成就。你只有积累这种小成就，才会积累成最终的成就；你只有每天去体味成就，才有信心与勇气继续走下去！

自信根生于有学识、有能力的运筹帷幄、决胜千里的感觉。它与那种腹中空空、头重脚轻的自傲感觉是截然不同的。

3. 相信你的公司和产品

推销员不仅要相信自己销售的产品，更要相信公司是一家有前途的公司，是一家长远的公司，能时刻考虑员工的利益、客户的需求的公司。

同时，你更需要相信自己所推销的产品，只有这样，才能在向客户推销的时候做到胸有成竹，不卑不亢！

总之，任何一位推销员都要热爱你的推销事业，当你全力以赴进行你的推销事业时，就是你收获的时候了！

热情能帮你拿到订单

我们都知道，销售是与人打交道的行业，面对陌生推销员的推销，没有人会乐意直接掏腰包，并对推销员说："欢迎、欢迎，您来得正好！""真是雪中送炭！"果真如此，就用不着推销员了。你从举手敲门、客户开门、与客户的应对进退，一直到成交、告退，每关都是荆棘丛生，没有平坦之路可走，这也是一个逐渐磨灭推销员热情的过程，这个过程中，销售员不仅要面对众多繁杂的工作，有时还要遭遇客户的白眼和指责，情绪难免会受到影响，如果销售员不能及时调整情绪和心态，让自己重燃热情，不仅会影响身体健康，还会影响工作，甚至使公司或企业的声誉和形象受到影响。

推销大师乔·吉拉德曾说："有件事很重要，大家都要对自己保证，保持热情的火焰永不熄灭，而不像有些人起起伏伏。"美国著名女企业家玫琳·凯说："对每个推销人员来说，热情是无往不利的，当你用心灵、灵魂信赖你所推销的东西时，其他人必定也能感受得到。"

所以，热情是一个优秀的销售员不可或缺的素质，也是一个企业对所有员工的最基本的要求。热情的销售员往往能更快博得客户的好感。有些销售员虽然在向客户介绍产品时非常努力，但却仍然无法吸引客户，就是因为他们在介绍产品时缺乏热情，就好像一个学生在毫无感情地朗读课文，无论如何也不会吸引他人的注意。

心理情境

小秋是一名优秀的房地产促销员，很多客户购买了她所推销的房子后，仍然与她保持着密切的关系，有的甚至还成为她的朋友，并帮她做生意，她为什么能获得如此成功呢?

原来，小秋在进行推销的工作中，不只是单纯地向客户推销房子，而是“送温暖到家”，真诚地帮助每一位顾客，帮助他们解决生活中的麻烦。比如，她会经常给自己的顾客打电话嘘寒问暖，定期到顾客家中拜访，询问他们房子的使用状况。如果出现什么问题，她会及时帮助顾客解决物业纠纷。此外，当她的顾客乔迁新居后，她还会准备一份精美的礼物登门拜访，安排新住户加入当地的居民俱乐部，帮助他们融入全新的生活环境。小秋的热情和细心，让她的顾客们感动不已。于是，那些她服务过的顾客，都会热心地把自己需要买房的亲戚朋友介绍给她。这样，小秋的口碑越来越好，业务也就越来越兴旺。

情境分析

客户总是喜欢和那些热情的销售者谈生意，因为任何人都希望自己有一个良好的心情。案例中的推销员小秋就是用热情和细心来维系和客户的关系的。可见，与人为善，用热情打动他人，不但能为你赢来好人缘，还能帮助你敲开客户的心灵。

那么，我们该怎样在开场语言中体现自己的热情呢?

1. 事前鼓舞自己

“没有知识的业务员是浪费时间，没有激情的业务员是浪费生命”。你要知道，热忱与笨拙的虚情假意会带来两种截然不同的结果。前者是搭起沟通的桥梁，后者却要毁掉这座桥梁。所以，为了能以高度的热忱与客户对话，你不妨在进行销售之前，先给自己来一段精神讲话，或说些鼓舞的话。虽然自己对自己来一段精神讲话这种方式并不普遍，但是却极为有效，其效果就像教练对球员讲话一样。当你去见一个客户之前先给自己来一段精神讲话，推销的时候就会讲得更好，也会更成功。

2. 态度诚恳，声音响亮

在与客户沟通的过程中，要让客户感到销售员是诚实的，客户是不愿意和一个虚伪狡诈的人沟通的。因此，销售人员说话一定要恰如其分，符合双方的身份，不然，就会引起客户的反感。

另外，销售员一定要不卑不亢，声音响亮、亲切地与客户交谈，这样才能使客户感到愉快，从而对销售人员产生信任。热情的语言也决定了态度的热忱。

3. 保持微笑

销售开场中，我们要设法避免重复、机械式的手势或回答，否则，这将是一次生硬、冷淡的销售开场。“伸手不打笑脸人”，这是千百年来流传的一句谚语，只要我们经常锻炼脸部肌肉，随时保持微笑，学会微笑，就能用真诚的微笑去感染他人。

销售开场中，我们确实需要好口才，但真正的好口才来自于对客户热忱的态度。只有热情的语言，才能表现出对客户的尊重，让客户有亲切感，从而产生对销售员的信任。

总之，对销售员来说，锻炼自己的热情非常重要，热情开朗、积极乐观的心态不仅能让自己摆脱压力的阴影，轻松地工作，还能感染周围的同事，更重要的是，销售员在工作中保持高度的热情，就能创造一个良好的销售环境，给客户留下一个好印象，为工作积累更多的客户资源。

找到销售中建立自信心的方法

作为销售员，如果你要受人欢迎，那你必须具有绝对的信心，这一点非常重要。信心使人产生勇气。假使我们对自己都没有信心，世界上还有谁会对我们有信心呢？当然，自信不是孤芳自赏，也不是得意忘形，而是一种激励自己奋发向上的一种心理素质，更是一种以积极的心态面对销售难题的乐观情绪。

我们先来看看伟大的汽车推销员乔·吉拉德是怎么建立自信的。

心理情境

吉拉德曾经遭遇过人生的一次低谷，欠债达6万美元之多，连最起码的温饱都成了问题。“一种恐惧主宰着我，为了逃避银行的人和债主，我把车子停在离家几个街区以外，然后，步行至住处的房后，从墙上的一个窗口偷偷进出，终日鬼鬼祟祟!真的。”那时的乔·吉拉德就是这个样子!

“我还跟孩子玩不诚实的游戏，我实在怕得要命，害怕法院送达员想出一个进入我家的法子，然后把令状交给我。我告诉小乔和格雷丝，我们和隔壁、对面的邻居正在玩比赛——一个不开门的游戏，我告诉他们谁先打开门谁就输了。当然，这些战术并没有奏效，我很快失去了房子、车子，随着它们一起失去的还有我的自尊。”

白天来临时，妻子告诉我一点可吃的食物也没有了。忽然间，我觉得填饱肚子成了我全部的心愿，但当时我几乎一点信心也没有。我跪下去祈求上帝还我信心，经常发生的事发生了——上帝和我的妻子与我同在。

每当我极度沮丧时，妻子朱丽姬就搂住我说：‘吉拉德，我们结婚时空无一物，不久就拥有了一切。现在我们又一无所有，那时我对你有信心，现在还是一样，我深信你会再成功的。’

多么伟大的妻子！但让我悲痛欲绝的是她却因病早逝（1979年初就去世了），在她短暂的生命中从未抱怨过，也从未对我失去信心。在那一刹那，我了解了一个重要的真理：‘建立自己信心的最佳途径之一，就是从别人那儿接受过来。’”

情境分析

以上，我们可以发现，吉拉德总结出，“建立自己信心的最佳途径之一，就是从别人那儿接受过来”。他的自信正是来自于他的妻子。他告诉所有的销售员，结交乐观自信的人——这样的人能带给你积极向上的奋斗动力，无论任何时候你都不要畏惧失败。

自信对于任何一个销售员的重要性不言而喻。那么，销售中，有哪些建立自信的方法呢?

1. 自信来自于分析、了解、知己知彼

（1）销售行业内部，不同的公司，不同的产品，有着不同的市场前景，需要不同的专业知识，因此，销售员可以根据自己的专业、喜好，选择自己喜欢的行业及和自己能力匹配的行业。

（2）不仅要了解你同事的能力、学习他们的销售经验等，还要知晓竞争对手的优势以及不足，从而看到自己的产品优势，了解其卖点与不足。

（3）了解客户的真实的需求，及愿意付出的成本。

2. 做足准备

销售员可以从以下几个方面做准备：

（1）在开发新市场之前，你需要对你所开发的市场作调查和了解，并对你所销售的产品的价格、销售渠道等作好明确的定位，并拟好相应的开发策略。

（2）拜访客户之前，你不妨审视一下自己的穿着打扮是否得体，干净、利落的外在形象会让你信心倍增。

（3）提前预约你的客户，并准备好产品样品、说明书、报价表等。

（4）与客户交谈，要仔细观察对方，了解其关注点、需求，分析客户类型，为自己下一步推销奠定基础。

如果你什么都没准备好，面对客户怎么可能会有自信呢？难道凭着——“谎话说过千遍就是真理”的自欺欺人的忽悠就能让客户买单吗？

3. 喜欢自己、相信公司、相信你的产品

（1）相信你所在公司的实力，相信通过集体的努力，你所销售的产品一定能在市场上占有一席之地。

（2）客观地评价自己的能力，的确，你可能存在一些不足，包括你还很欠缺一些销售经验，但通过不断地努力和学习一定会是最棒的。

(3)站在客户的角度换位思考,了解客户的真实需求,在提供比竞争对手更能满足客户需求的产品或服务的同时也获取应得的利润,双方各取所需。

4. 真正的自信源自于销售实践——通过不断地挑战自己、不断地拿下订单的成功经验积累。

（1）能力才是底气。自信源于丰富的专业知识、熟练的销售技巧及不断地学习提高，要与时俱进。

（2）自信者最直接的表现就是做事不人云亦云，有自己的主见，并坚持做自己认为对的事情。

（3）良好的业绩才是自信的源泉。

（4）自信是一种坚持，从事销售工作，要有一种精神，那就是不到成交，绝不轻言放弃。

（5）自信不是自以为是。

你始终要记住，客户始终是上帝，要始终对客户尊敬有加，而不是自以为是，认为你独占某一产品资源就对客户颐指气使或者把客户当成待宰的鸡。

总之，当你总是在问自己：我能成功吗？这时成功对于你来说只是“水中月，镜中花”。当你满怀信心对自己说：我一定成功！这时收获的日子离你就很近了。

对产品有信心，表达才更令人信服

作为销售员，我们都知道，我们工作的最终目的，就是要把产品推销出去。但销售行业是与人打交道的行业，人与人交往，就要将心比心。作为销售员，无论你推销的是什么，你都要信任你的产品，才能在推销的时候把这种积极的情绪传达给客户，并感染客户。试想，如果销售员对自己的产品和对客户提供的服务都没有信心，又怎么能让客户产生购买信心呢？

而现实销售中，一些销售人员在听到有人质疑自己的产品质量，或者对产品有某些不满时，就开始把推销失败的原因归结于产品质量的低下，而这样做是不对的。要知道，在竞争激烈的现代商业社会，产品也越来越同质化，同类产品在功能、质量、性能上有什么大的区别？没有！产品既然已经获得各方面的认证，就是合格产品，也是公司最好的产品，一定可以找到消费者或者是购买者。因此，在整个推销过程中，你都不要对你推

销的产品产生什么怀疑，相信你推销的产品是优秀产品之一，这样，你的表达才会让客户深信不疑。

心理情境

小张是一名优秀的厨房灶具推销员，他口才过人，思维敏捷，善于洞悉客户的心理。但在一次推销中，他还是失败了。

那天，他在一个商场内举办灶具推销活动，他热情洋溢的介绍，引来了众人的围观，现场气氛也非常活跃，已经有几名顾客准备购买了。这时，他的邻居也到场了，问他："小张，既然你认为这种灶具这么好，但你家为什么不使用这种灶具呢？"

小张想了想说："这是两码事，不能混为一谈。我们公司的灶具非常好，我早就想买一套用了。但是，你知道，我最近的经济状况不太好，孩子的学业花了我一大笔钱，我的妻子也有病住院了。这些事情让我的支出大大增加了。我一直想拥有一套公司的灶具，但我近来的支付能力很有限，所以只能过一段时间再买了。"

听他这么一说，原来已经决定购买的顾客改变了主意。他们说："既然你都不用你的产品，我们又怎么能相信你呢？"

情境分析

销售员小张没有卖出自己的产品，主要还是因为他让客户觉得连销售员自己对产品都没有信心，没有使用过自己的产品，这样的销售员、这样的产品还能让客户信任吗？

小张失去客户说明了一个问题，那就是销售员的心态从很大一个程度上决定了销售员的业绩，倘若销售员对自己所销售的产品都没信心的话，客户是无法产生信任的。

现实销售中，一些业绩不好的销售员，常归咎于产品自身的原因，比如产品的质量、性能等，而实际上，我们自己也知道，同样的产品，我们不能销售出去，但其他销售员却可以，并且还会出现销售该产品的销售冠军。这一点告诉我们，业绩的好坏主要取决于主观条件，而不是一些客观条件，你要始终对自己推销的产品充满信心。那些对产品满怀信心，对公司、对自己充满信心的销售员，他能从心态上感染客户，让客户看到销售员和产品的实力，从而让客户愿意购买。那么，销售人员如何才能树立对产品的信心呢？

1. 筛选好产品，保证推销给客户的产品质量

产品最终是要推销给客户，产品的质量好，才是树立好口碑的前提。如果你将假冒伪劣产品或者有问题的产品卖给客户，那么，最终会自断自己的财路，甚至惹上麻烦。

所以，销售员在推销产品前，一定要对同类产品进行筛选，要选择出优质的产品，因为，产品质量始终是销售成功的前提，只有质量信得过的产品才是销售人员增加收入和高效销售的前提。如果产品无法为客户提供利益与价值，即使世界上最优秀的推销员，也不能保持持续的销售额。

2. 热爱产品，“以身试用”

要知道，客户几乎无法拒绝真正热爱自己产品的人，因为这些人真诚，会把自己的试用经验与客户分享，他们用行动给客户最好的证明。

3. 多使用正面、积极的语言

销售员在与客户交谈的过程中，在言辞间尽量不要传递消极、负面的信息，而应该尽量使用积极正面的语言，并不断鼓励客户尝试。

比如，当顾客表示某种儿童食品价格过高时，你可以这样正面解释产品贵的原因：“孩子的健康是最重要的，这是我们公司销售员的工作原则。所以我们的食品都是经过各种食品机构的检验，质量非常有保障。”

总之，销售员在推销前，一定要先选择优质产品，并亲身试用，让自己对自己推销的产品信心满满，从而让客户和你一样对产品充满信心，然后愉快信任地接受它，购买它。只有当销售员对产品信心不移时，才能一举攻破客户的“心防”。

即使被拒绝，也要重燃激情

拒绝，是令世界上每一个销售员都头疼的问题。但是，不存在拒绝，就不存在销售，真正成功的销售员，也是从被别人拒绝的难堪中一步步走出来的。如果一个销售员从来没有听到过客户的拒绝，那么他就不是一个真正的销售员，没有哪个客户一见面就和销售员签单的。在一定程度上，客户拒绝就像吃饭穿衣一样普通常见，是销售过程中一个必然存在的部分。美国著名成功学大师杰弗里·P·戴维森曾说过："通常情况下，当客户说过7次'不'之后，交易就会成功了。"

不得不说，经常被拒绝会令人变得非常沮丧，但作为销售员不能以正确的心态面对客户的拒绝，那么就很难得到客户的认同，也容易影响自己的心情。

心理情境

客户试用完产品觉得不合适，准备离开。

销售员："这位小姐，请留步。请问您试过之后觉得还满意吗？"

客户："不满意。"

销售员（微笑）："我是真心为您服务的，并真诚向您请教：您能告诉我是哪方面不满意吗？因为这是我们店里新到的货，我们要及时地关注客户对它的反映。另外，如果您不满意这件上衣，我再为您推荐其他几款。"

客户："你这小姐服务态度真好，那行，还有什么新款，我再看看。"

情境分析

情境中的销售人员在面对客户拒绝的时候，仍然是以积极的心态向客户请教，这样的销售员才是合格的，即使这次她没有卖出去产品，但她谦虚、大方的态度会让客户感到她是以负责的心态来推销产品的，这名客户自然成了她的准客户。

的确，作为销售员，面对拒绝，难免感觉受到了打击，但不能就此放弃，而应该重燃激情，并保持积极的状态，如果发现客户的拒绝只是一种自然而然的防范心态，就需要以比较温和轻松的方式继续沟通，如果客户真正地拒绝，那么就保持优雅的礼貌，把精力放在发展客户关系上，不论客户有没有购买产品，一旦建立了良好的客户关系，以后自然会拒绝变少，接受变多。

而要做到这些，销售员就要做到有个好心态：

1. 有点阿Q精神

销售代表训练之父耶鲁马·雷达曼说：“销售是从被拒绝开始的！”世界首席销售代表齐藤竹之助也说：“销售实际上就是初次遭到客户拒绝后的忍耐与坚持。”那么我们应该以什么样的心态来面对它呢？

销售员要有点阿Q精神，这种精神并非消极，它会让你面对挫折越战越勇。就连杰克里布斯也曾这样说：“任何理论在被世人认同之前，都必须做好心理准备，那就是一定会被拒绝二十次，如果您想成功就必须努力去寻找第二十一个会认同您的识货者。”所以，推销中我们应把拒绝看成是我们的路标，一路上数着被拒绝的次数，次数越多，心里就越兴奋，告诉自己达到二十次拒绝时就会有一个认同者了。这才是真正的阿Q精神。

2. 要习惯被客户拒绝

对于客户的拒绝，销售员必须积极、正面对待，并要逐渐习惯这种拒绝。其实，有时候，客户的异议与拒绝反倒是对产品感兴趣的表现，试想，如果客户对你的介绍充耳不闻，甚至漠不关心，那么，他就没有购买意向，你的努力也就是白费，所以，销售员要在心里鼓励自己说：“被拒绝的次数越多越意味着将有更大的成功在等着我。”

3. 调整你的情绪

真正有成就的销售员是愈挫愈勇的，因为他们了解客户的心理。所有的客户基本上都会习惯性地对销售员有防御心理，总是习惯于拒绝销售员，因为这样，就能争取销售中的主动地位，拒绝销售员也是他们争取更多利益的武器。因此，在沟通的过程中，销售员千万不能因为客户的拒绝

就表现为沮丧和恐惧。有时候，只要积极一点，即使已经被拒绝了，还是有挽回大局的可能。

如果每逢遭遇客户拒绝就情绪消极、轻言放弃，这样的销售员是很难获得成功的。无论最后能否实现成交，我们都应该以一颗平常心去面对。

在销售过程中，很多客户都会在一开始就对销售员推销的产品表示了异议，进而迅速否定。其实，客户提出异议是很正常的事，而这通常也是客户对你的产品感兴趣的一个信号。但是销售员在面对这种情况时，往往不是对客户提出的拒绝进行识别，而是想尽快化解客户的拒绝，但越是这样越会引起客户的不信赖。所以当遇到这种情况时，销售员可以积极引导客户，让其说出产生异议的缘由，这样你才能了解事情的真相。

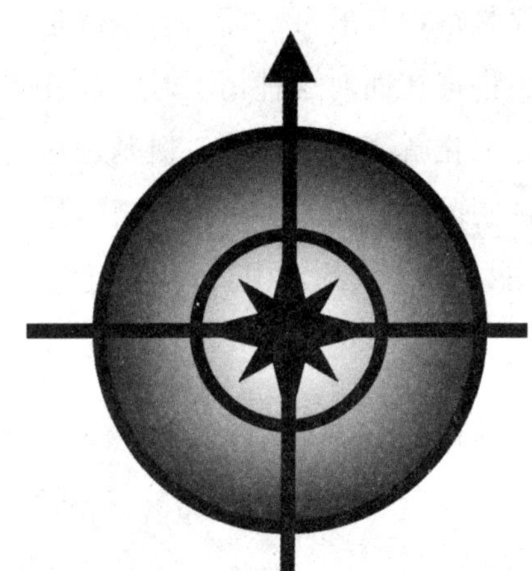

第03章

心态积极：每一个订单都需要不断努力

作为销售人员，也许你会问："心态也会影响口才的发挥？"回答是肯定的。你的心态会影响着你的情绪，影响着你的语言组织能力，影响着你的说话的速度和语气，所以影响着你口才的发挥，最后就影响到你与客户沟通的效果。一个销售员的成长必须经历心态的修正和锻炼。在销售过程中，被客户拒绝、被他人打击是在所难免的，它需要付出更多的艰辛和汗水，所以从事销售的你要懂得只有具备良好的心态，在与客户交谈时，你才会游刃有余、收放自如。

不要因为别人的打击而颓丧

销售工作最需要的就是恒心和坚持，很少有一次就能成功的销售，所以在遭到客户的拒绝时，不要气馁，要坚持给客户时间和机会来决定，然后利用自己的口才去打动他们。

埃里希·诺伯特是德语地区最著名的管理和销售培训专家之一，他曾说过，“不要害怕客户任何形式的拒绝，只要你抓住一个关键点：弄清客户拒绝购买的真正原因，那一切问题就会像医生找到了病因一样变得明朗起来。”所以，从事销售工作，我们必须要做好心理准备，你随时都有可能被拒绝，但你依然需要不断拾起你的信心。可能面对数以千计次的打击后，你已经信心全无了，你会想：“我真的要放弃了！”“这行我干不下去了。”而这，就是销售失败的最大原因，要战胜这一点，除了你自己给自己鼓气外，别无良策。

心理情境

丰田公司极其重视推销员的自我管理教育。在自己管理自己的方法上，如对工作的认识、建立价值观念、养成计划性、培养实践能力、妥善安排时间、不间断地学习、注意健康、克服工作上萎靡不振的情绪以及如何全神贯注地工作等有关方面的教育，公司都抓得很紧。有一篇文章反映了丰田公司推销员自我管理的真实情况，文中写道：

“我认为所谓的自我管理，首先就是苛求自己。我把一个星期的工作计划分为上午和下午两部分，把要走访的地方6等分。星期一走访葛饰区立石路的1—100号街，星期二走访第101—200号街，星期三……这样一个星期结束以后，就转完了我所负责的整个地段。我把这种做法一直作为绝对的、至高无上的命令来执行。所谓硬闯和推销管理工作，都安排在每天下午去搞。上午专搞接洽生意或类似接洽生意的工作，从下午4点起，搞交谈、修车等工作。我的工作计划大体上就是如此，并坚决执行——这就是我的推销计划，也就是自己管自己。

“参加工作的第一年，往往都是我一个人在街道上转来转去，觉得非常难受又寂寞，有时也深感推销工作非常痛苦。可是，每逢这时，我就勉励自己说，自己痛苦的时候别人也痛苦。说老实话，我想如果推销工作是一帆风顺的，也就无所谓自己管理自己了。自己管理自己这个问题之所以受到重视，是因为任何人都不能随心所欲地去做事情，因为今天一去不返，人们才要求这么严格。我也经常有精神不振的时候，遇到这种情况，就在星期天去登山。当我一步一步地克服了前进中的困难而登到山巅时，那种激励的心情简直就和接受订货、交出汽车时的激动心情完全一样。”

情境分析

从这两段话中，我们发现，这位推销员的这句话：“我想如果推销工作是一帆风顺的，也就无所谓自己管理自己了。”的确，如果不存在打击与拒绝，也就不存在销售工作了，以这样的信念激励自己，能帮助我们销售员克服内心的很多负面情绪。

所以说，推销员没有所谓的先天资质，推销员要靠自己去创造、塑造！最重要的必备条件就是，你要有高昂的工作士气。工作士气高昂的推销员比工作士气低落的推销员能发挥出数倍的效率。

那么，作为销售员，该如何在受到打击时激励自己呢？

1. 努力工作，淡化负面情绪

每个公司都会给每个员工制订计划，一名优秀的推销员，也会给自己定一个目标，为这个目标努力，去争取成果。与此同时，销售员自身要努力学习专业知识，学习其他销售员身上的优点。等到业绩上升的时候，那些内心的郁结自然烟消云散，那些打击你的语言也就如同一阵风一样已经消失了，因为你强大的内心已经坚硬无比。

2. 自我激励，给自己打气

作为销售员，我们必须有打不垮的精神，一定要相信自己的口才、能力，充满自信和希望，即使遇到困难，遇到客户无情的拒绝与打击，我们

也要在内心告诉自己“我是最优秀的，您一定会接受我们的产品”，并用自己的思路让顾客选择我们的产品。

积极乐观的销售员才有感染力

不论哪种行业，要想获得成功就要有工作热情。销售行业更是如此。这是因为热忱是这个世界上最有价值的也是最具有感染力的一种情感。然而，热情来源于销售员积极乐观的态度。你只有积极、乐观，才会消除客户的冷漠、拒绝，换取顾客对自己的信任和好感，才能将产品真正销售出去。

心理情境

一名销售员想向一外企推销一批新的测量仪，他想方设法找到采购部的王经理，请经理的秘书把自己的名片递进去。毕竟采购部掌握着整个企业的粮仓，这位王经理架子不小，秘书恭敬地把名片交给他，一如预期，他不耐烦地把名片丢回去：“又来了！”秘书很无奈地把名片退给站在门外的销售员，然而销售员不以为然地再次把名片递给了秘书。

“没关系，我下次再来拜访，所以还是请王经理留下名片。”

拗不过销售员，秘书硬着头皮再次走进办公室。经理生气了，将名片撕成两半，丢给秘书。

秘书不知所措地愣了，经理更气，从口袋里拿出10块钱，“10块钱买他一张名片，这总够了吧。”

岂料当秘书把10元钱递还给销售员时，销售员很开心地高声说：“请您跟你们王经理说，10块钱可以买我两张名片，我还欠他一张。”随即再掏出一张名片交给秘书。

突然，办公室传来一阵笑声，经理走了出来，“这样的销售员，我不得不见一见啊。”

情境分析

即使被打击和拒绝了很多次，这名销售员依然愈挫愈勇，并用幽默打动了客户，我们不能不被他积极的心态所折服，即使这位董事长这次没有适合的项目与这位销售员合作，但如果下次有合适的项目，肯定会想到这位销售员。这就证明了，只要我们在客户面前积极一点，即使被拒绝了，依然有可能扭转局势，销售成功。

无论客户如何拒绝了你，都要保持积极的态度，与客户保持友好的关系。让客户看到你的好形象、高素质。这不仅对客户改变先前的看法有一定的帮助，而且也有利于销售员维护自我形象。那么，在销售中，销售员应该从哪些方面做起，从而保持积极的心态呢？

1. 用积极、正面的语气说话

同样意思的话，用积极、正面的表达方式，让客户听起来，会舒服很多。

例如："不好意思，打扰你这么久了。"

这是一句在面谈结尾的话，表面上看，很符合语言习惯，客户的回答应该是："没关系。"

可是，我们再看看另外一种说法："非常感谢借用您宝贵的时间。"恐怕面对这句话，客户的回答是："哪里，并不是很久。"

很明显，第二种说法比第一种好得多，因为销售员是处在主动的地位的，给客户的感觉，销售员也比较大方。

2. 注意语言的表述

"您是采购部的负责人吗？"

"采购部是您负责吗？"

乍一看，这是同样的话，只是不同的表述，可实际上，这两句话差别很大，给人的感觉也不一样：第二句明显比第一句话让人舒服很多，对方会觉得"我还是很出名的呢，外人一眼就看出来我是部门的负责人呢"，这是一种无形的赞美，当对方听到这句话时，自然会很高兴，接下来的销售工作也就顺利的多。

3．要注意否定措辞的表达

销售中，不仅存在客户拒绝销售员的情况，有时候，销售员也会遇到必须对客户说“不”的情况，此时，销售员就一定要注意措辞，比如，当客户要求订货，可是恰好库存已经没有了，这时候，销售员该如何回答客户呢？我们看以下两种回答方法：

“真不好意思，我们没货了。”

“由于需求过旺，暂时我们有点供不应求。”

很明显，从这两种回答中，我们可以看出第二种比第一种好得多，第一种语气生硬，而且没有给客户留下还会有货的希望；第二种，则说出了货物短缺的原因是由于需求大，这暗示客户：产品销路好，质量肯定过硬，货物会继续补充，客户可稍等一点时间，合作会照常进行。显然第二种回答对商品销售大有益处。

时刻微笑，让客户愿意亲近你

人们常说“伸手不打笑脸人”。微笑是一种智慧，是一个人的名片。作为一个推销员，你能否成功开发客户，把自己的产品推销出去，往往取决于你留给客户的第一印象。在客户的第一印象中，你的衣着打扮固然很重要，但最重要的是你的精神状态。所以，当你踏入客户的办公室时，如果你让客户首先看到的是一张阳光灿烂的笑脸，那么，你留给客户的第一印象就非常好，因为亲切而又自然的笑容永远是受欢迎的。

现实销售中，一些销售员感叹去拜访客户时，总是被客户拒之于门外，而导致销售业绩老是上不去，这是为什么呢？其你不妨回想一下：你对客户微笑了吗？没有微笑，哪还有生意？你只有真心热爱自己的本职工作，才可能有真正天真无邪的笑容。热爱自己的工作，对它充满信心，这就是你微笑的真正源泉。

所以说，作为销售员，一定要把微笑当成一种习惯，用真诚的微笑去感染他人。学会经常微笑，就要经常锻炼脸部肌肉，让自己随时都能露出笑脸。

心理情境

世界最杰出的十大推销大师之一的日本销售员原一平，曾在日本保险界连续15年获得全年的销售冠军，而他成功的杀手锏之一就是“微笑”，他掌握了38种微笑，为了征服一个顾客，曾经使用了30种微笑。

关于长相，可以说，原一平其貌不扬，他只有1. 53米。和很多保险推销员一样，在刚开始从事这一行业时，他在半年来都没有卖出去一份保险。那时候，为了生存，他只得睡在公园的长椅上。

原一平自己知道，单就长相，自己毫无优势可言，但他知道，微笑是获得他人信任的法宝。为了获得这一法宝，原一平开始每天一早就在公园里向每一个所碰到的人微笑，不管对方是否在意或者回报他微笑，他都不在乎。终于有一天，一个常去公园的大老板对原一平的微笑发生了兴趣，他不明白一个吃不饱的人怎么总是这么快乐。于是，他提出请原一平吃一顿饭，可原一平却请求这位大老板买他的一份保险，老板答应了。接着这位大老板又把原一平介绍给许多商场上的朋友。

通过这件事，原一平初次尝到了微笑的魔力，后来，他通过进一步观察发现世界上最美的笑是婴儿的笑容，那种天真无邪的笑，散发出诱人的魅力，令人如浴春风，无法抗拒。因此，他开始练习微笑。

经过长期的练习，他掌握了38种笑：逗对方转怒为喜的笑，安慰对方的笑……

情境分析

可能很多销售员都会羡慕原一平的销售业绩，但你做到了和原一平一样微笑吗？世界上最伟大的推销员乔·吉拉德也曾说：“当你笑时，整个世界都在笑。”我们最应当问自己的一句话就是“醉人的笑容你有没有”！

在人们的工作和生活中，没有一个人会对一位终日愁眉苦脸的人产生好感。相反，一个经常面带微笑的人，往往也会使他周围的人心情开

朗，受到周围人的欢迎。在一般情况下，如果你对别人皱眉头，别人也会用皱眉头回敬你；如果你给别人一个微笑，别人就会用更加灿烂的微笑回报你。

可能你会产生疑问，天生木讷的人，该怎样学会微笑呢？而且，人是复杂的感情动物。或多或少都会受自己的情绪左右。当工作有障碍的时候，当心绪特别糟糕的时候，当误会或委屈的时候，当失意的时候……又该怎样以微笑面对客户呢？对此，我们不妨从以下几个方面努力：

1. 生活中多加练习

为了能够使自己的微笑让别人看起来更加自然，发自内心的真诚，原一平曾经这样练习微笑：他假设各种场合与心理，自己面对着镜子，练习各种微笑。因为笑必须从全身出发，才会产生强大的感染力，所以他就找了一个能照出全身的大镜子，每天利用空闲时间，不分昼夜地练习。根据多次的练习，他发现嘴唇的闭与合，眉毛的上扬与下垂，皱纹的伸与缩，种种表情的"笑"都表达出不同的含意，甚至于双手的起落与两腿的进退，都会影响"笑"的效果。

2. 摆正心态

现实中有许多推销员不爱笑。为什么？是因为他们天生不会笑吗？不是！很多时候因为他们的自我意识太强。由于这种人自我意识太强，一紧张就不容易笑出来。即使笑出来也很勉强，脸部肌肉显得非常僵硬，有时这种笑比哭还难看。所以，如果你脸上实在笑不出来的话，那就用眼睛去笑。虽然眼睛里的笑没有脸上的笑容那样好看，但毕竟也是发自内心的，客户也能感受得到。

3. 无论客户是什么样的态度，都要表现你的风度

作为营销人员，你始终要记住，客户是上帝，因此，不论对方持什么态度，你一定要坚持微笑，表现风度。但并不是任何一个销售人员都能做到这一点，鉴于此，我们不妨采取作家李佩甫的中篇小说《学习微笑》中提到的一个方法，即"在一些场合，在一些不想笑而又必须微笑的场合，你就微笑地把嘴张开，露三分之一的牙齿，这样就会带出一些笑意。"

总之，作为一个销售员，如果脸上总是能面带微笑的话，那对于你来说就是一笔巨大的无形资产。即使你的笑容不是那么阳光灿烂，那也不重要，重要的是你时常保持着微笑。

始终精神饱满，热情展现

对于销售人员来说，无论你卖的是什么产品，要想打动客户，就必须有热情。销售过程中，销售人员热情与否一般体现在具体的语言行动上。试想，在与客户交流时，如果你语言死板，不苟言笑，客户是不会买你的账的。也就是说，你没有热情，他们也会失去热情。为此，你需要时时提醒自己要保持热情，不仅是对客户的热情，更重要的是对销售工作、对于生活和生命的热情。

心理情境

三年前，林晓薇还是这家咨询公司的市场推广员，而现在，她已经做到了培训经理的职位。在销售行业的成功，得益于她一直用饱满的精神状态来与客户打交道。公司的同事都说她的声音很好听，那么婉转、动听，让人听着很享受。

一次，她被派到日本的分公司进行培训工作。报到的第一天，日本的公司代表们就盛情邀请她作演讲。当时，不会日语的她直接用汉语演讲。虽然她的日本同事都听不懂汉语，也不了解她台词中的意义，却觉得听起来令人非常愉快。

林晓薇在演讲中，语调渐渐转为低沉，最后在慷慨激昂、悲伤万分时戛然而止。台下的观众鸦雀无声，同她一起沉浸在悲伤之中。而这时，台下有一个男人笑了，他是陪同林晓薇来日本的助理，因为林晓薇刚刚用汉语背诵的是一首中国的古诗，并没有演讲什么销售经典。

情境分析

案例中，我们发现，一个人仅凭声音便可以感染他人，甚至可以完全控制对方的情绪。销售人员若能让自己的声音拥有感染力，那么，你的销售业绩一定也能百尺竿头。

中国有句古话说的好：欲取之必先予之。一个成功的销售员，一般都懂得用热情感染客户，他们懂得在关键时刻为客户送上最贴心、周到的服务，用热情表达对客户的尊重和敬意，做客户最热心的顾问，为客户量身定制所需产品和服务，甚至为客户精打细算，不让客户花一分冤枉钱，让客户时时体会到你对他的热情，感觉到你不仅仅是在销售产品，想赚他的钱，而是想帮助他，满足他的需求，提高他的生活质量，为他的健康幸福着想，这样，签约成交才会瓜熟蒂落，顺理成章。

那么，具体来说，销售员该怎样让自己始终做到精神饱满呢？

1. 培养客户至上的态度

人活于世，没有谁不希望得到他人的肯定，甚至可以说，得到别人的肯定是很多人不断追逐的目标。因此，你的客户，无论他默默无闻或身世显赫，文明或粗野，年轻或年老，都有成为重要人物的愿望。

在广告界，有如下广告词："精明的少妇都使用……"、"你值得拥有……""白领阶层的人士都会使用……"这些广告语简洁、明了，但却包含一层含义：购买此商品以后，就会感到心满意足，就是进入了某个社会阶层的标志。这样的广告揭示的最本质事实是：人人都希望获得名誉、地位以及被人认可，而这更印证了销售界人们常说的："客户就是上帝。"因此，作为推销员，你若想获得客户的认定，就必须明白"客户至上"的道理，并培养客户至上的态度，以服务的心态对待客户。

2. 注意你的交往细节

你对你现在所从事的工作是否足够有热情，会在你的行为、动作、语言上尽显出来。比如，当你与客户见面、握手时，同时说："很高兴见到你。"但如果你说话有气无力、握手畏畏缩缩，那么，客户就会觉得你是个死气沉沉的人，从而对你失去好感。

而如果你在说这句话的时候，面带微笑，语气活泼，那么你的热情就会自然地传递给客户。在工作中，对周围的人说“谢谢”，要真心实意，言必由衷；说“早安”，要让人觉得很舒服；说“恭喜你”，要发自肺腑；说“你好吗？”语气要充满深切的关怀，这样形成一种习惯，你的言词便自然而然地渗入真诚的情感，你也就拥有了引人注意的能力了。

如果你是个缺乏热情的人，那么，建议你运用这样一个心理暗示，每天都对自己说：“我要变得热情！”并让这个自我激励深入到潜意识中去。当你在奋斗过程中精神不振的时候，这样的潜意识就会引导你采取热情的行动，变消极为积极，让你焕发奋斗的活力。

3. 要配合适当的表情和动作

作为销售人员，与客户沟通时，一定要注意措辞和语气。这一点非常重要，如果与客户沟通时说话表情冷漠，动作呆板，那么，即使再生动的语言也不能起到良好的效果。因此，我们一定要重视表情和动作的作用，讲话时一定要配以自然的动作、亲切的表情，使顾客心情愉快，但切忌不可夸张或矫揉造作，以免顾客反感。

当然，太热情了也不好，因为凡事都应有个适量。人是有差别的，有的人喜欢跟热情的人交流，有的人却不喜欢跟太热情的人打交道，这是跟人的性格有关的。

还有一点需要特别注意，这也是很多销售员容易忽视的问题，就是要把自己的热情变成经常性的习惯。与客户交流，最忌讳的就是忽冷忽热，尤其是已经成交签约后，更要注意你的态度，绝不能一改前态，温度随之降了下来。因此，无论何时，销售员都要保持足够的热情。

另外，我们还应该看到顾客背后的力量，“回头客”非常重要，口碑更重要。而能否拉到回头客，还要视销售员能否做到持久热情待客，一旦口碑好了，名气出去了，客源就会越来越多，销售事业就会越做越好，越做越大，因此实现自己的人生目标就水到渠成了！

如何消除销售中的不良情绪

自古以来，在所有成功者的身上，都有一个共同的特征，那就是热爱自己的工作。任何一位销售精英都认为热忱对销售起着至关重要的作用。热情之所以重要，不仅是因为它可以使销售员激发出本身的潜能，也是因为客户有这种需要。客户总是喜欢和热情、开朗的销售员谈生意，因为客户认为，拥有热忱态度的销售员总是能带给他们快乐的感受和周到的服务。所以说，要想成为一个优秀的销售员，我们都要在语言中表现自己的这种热情，用热情去打动客户，唤起客户对你的信任和好感。这样，交易才能顺利完成。

心理情境

原一平是日本著名的保险推销员。

有一次，他前去拜访一位客户。之前，他曾了解到此人性格内向，脾气古怪。见面后果真如此，有次他们谈得正欢，他却突然烦躁起来。他还清楚地记得那次他们谈话的情景。

“你好，我是原一平。”

“哦，对不起，我不需要投保。我向来讨厌保险。”

“能告诉我为什么吗？”他微笑着说。

“讨厌是不需要理由的！”他显得有些不耐烦。

“听朋友说你在这个行业做得很成功，真羡慕你，如果我能在我的行业也能做得像你一样好，那真是一件很棒的事。”原一平在说这些话的时候，语气温和，而且还是一脸的微笑。

听原一平这么一说，那人的态度略有好转：“我一向是讨厌保险推销员的，可是今天我却不忍拒绝与你交谈。好吧，你就说说你的保险吧……”

显而易见，在接下来的交谈中，他们谈到他们感兴趣的话题，彼此都兴奋地大笑起来。最后，这位客户愉快地在单子上签上了他的大名并与原一平握手道别。

情境分析

任何一个推销员都可能会在推销工作中遭受种种挫折，但你一定要及时调整状态，积极乐观起来，一个失去了斗志的销售员，即使产品与服务再好，也难以让客户产生购买的欲望。

其实，不管什么样的事业，在走向成功的道路上，一定会有这样或那样的困难或挫折，难免会产生一些不良情绪。

在推销工作中，销售人员受到挫折与打击再平常不过了。那么，作为销售员，若要拥有良好的业绩，就须及时消除自身的不良情绪。那么该如何做呢？我们该如何在每次推销前消除这种不良情绪呢？

1. 树立自信的形象

我们的行为方式，往往都是自己思想品质的外在体现，如果我们在行动上畏畏缩缩，便很难让客户将我们与热忱联系起来。因此，我们在销售前，不妨将自己打扮得自信些，让心情爽朗起来，就像乔每次出门前，都会问自己，我这身装扮，客户会不会买我的账？

2. 即使被拒绝也要态度良好

我们在与客户沟通的过程中，不管对方是什么态度，都要以良好的销售语气与之交谈，让对方看到我们良好的职业形象和职业素养。

3. 始终坚信自己的产品

某油脂公司在要求自己的业务员拜访客户时，出门前都要大声朗诵“我的产品是最好的！最好的！最好的！最好的！最好的！”一次比一次声音大，气势雄伟！然后再整理衣着后出门。久而久之，即便受到质疑，内心也不易受不良情绪干扰。

一些推销工作者，在听到客户抱怨公司产品质量上存在一点点不足时，就开始“杞人忧天”，甚至自己也抱怨公司产品质量低下，这是不利于推销的。只要公司产品符合国家标准、行业标准或者企业标准，就是合格产品，也是公司最好的产品，一定可以找到消费者或者是购买者。在整

个推销过程中，不要对你推销的产品产生什么怀疑，相信你推销的产品是优秀产品之一。能不能达成交易，取决于你的认真与技巧。

除此之外，如果你认为你的业绩不好，原因在于产品，我们不妨分析一下：任何一家公司、任何一种产品都有推销业绩优秀的推销员，每个公司都有推销冠军。产品有问题，他们为什么可以卖出去，并且让消费者感到满意。你为什么不行？所以说，业绩的好坏主要取决于主观条件，而不是一些客观条件，你要始终对自己推销的产品充满信心。

在销售中，一定要及时消除自身的不良情绪，把快乐的、热情的、细心的一面传递给你的客户，让自己的业绩更上一层楼。

销售切忌烦躁不安、急于求成

销售员与客户沟通的目的是为了完成购买，很多销售员希望销售活动能简单地完成，于是，在遇到沟通不顺的情况时，就会显得急躁不安。实际上，销售员要明白，无论什么事，“心急吃不了热豆腐”，要讲究水到渠成，时机没把握好反而会让所有努力都白费。有很多销售人员因性子太急，做事总是匆匆忙忙，最终导致了销售的失败。

心理情境

杨先生和妻子经济条件不错，在郊区买了一栋别墅。

有一天，杨先生和太太出门办事，让七岁的儿子自己在家玩，但回来的时候，他们却发现孩子不见了，这可吓坏了杨先生和他太太。于是开始分头去寻找。他们还报了警，郊区本来就很大，找个小孩更是很难，但还好，警察和周围的一些居民也开始帮忙寻找。

但是，就在杨氏夫妇快急疯了的时候，一直向他们推销保险的小刘来了，他认为，此时正是可以推销人生和财产保险的时候，于是他凑到杨先生跟前，开始推销他的保险，当时杨先生很生气，没好气地说：“拜托，等我把儿子找到再说好吗？”

谁知小刘看杨先生没有排斥，便开始喋喋不休，大谈保险的种种好处，还想让他停下来听他讲，这下可把杨先生气坏了，他太太更是生气，杨先生忍无可忍地对小刘大吼："你如果肯帮忙把我儿子找回来，那么保险业务的事情咱们日后找个时间再谈。但是，我警告你，你现在要是再跟我提什么见鬼的保险业务，就请你先滚出去！"

推销员小刘被客户杨先生说得面红耳赤，夹着公文包灰溜溜地走了。杨先生这才注意到，这个保险推销员名义上是来帮助自己找儿子，实际上却早就计划好要来乘机做推销，他越想越生气，等小刘走出去，他就狠狠地把门摔了一下。不过，最后，在大家的帮助下，杨氏夫妇还是找到了那调皮的儿子。

但是从此以后，杨先生很痛恨这个叫小刘的保险推销员，当他打听到小刘的底细后，由于自己在商界有一定的名声，就跟很多经理和老板打招呼，让其不要买小刘推销的保险。这下小刘的业务就可想而知了。

情境分析

情境中的保险推销员小刘在销售行业有如此结果，就是因为他太心急了，不知道看情况做事，杨先生当时十万火急，可是小刘却不知深浅，向客户推销保险，让杨先生很反感，可见，是小刘自己断送了自己的销售之路。相反，如果销售员小刘在客户丢失孩子的情况下，细心地帮助杨先生找到孩子，客户一定心存感激，事后再商量保险的事，那结果定会大大不同。

急功近利，行事冲动，是很多销售活动失败的重要原因。销售员一定要把握好销售中的各种分寸，在恰当的时间对客户进行推销，要给客户足够的思考时间，因为客户在做出买不买、买多少、何时买等决策时，都不是一时冲动，而是要权衡各种客观因素，如产品特征、购买能力等，同时还要受到主观因素的影响，如心情好坏等。因此，销售人员应该给顾客合理的考虑时间，并耐心等待顾客作出决定。

面对客户的推迟、拒绝，甚至刁难，销售员在与客户交谈时如果想做

到不慌乱、不着急，就要放弃内心的消极心理。因为消极心理会导致销售员烦躁、不安，对于实现销售没有任何益处，只会使其面临更多的问题。

那么，如何克服销售过程中焦躁不安的心理，让你的言谈更加理智、平和、有效呢?

1. 心态平和、不骄不躁

俗话说得好，欲速则不达，销售中也是一样，有时候，你越想给客户留下一个好印象，越想让客户尽快购买，内心越急躁，就越是无法完美地表达自己的想法。但如果心态平和，把与自己交谈的客户当成自己的朋友，肯定会轻松得多。

2. 有恒心，能坚持

“有志者、事竟成，破釜沉舟，百二秦关终属楚；苦心人、天不负，卧薪尝胆，三千越甲可吞吴。”

销售员在与客户谈判时，一定要有恒心，才会守得云开见月，直到观察客户有欲购买意向时，就立即抓住时机，然后一步一步让客户做出成交决定。

3. 沉默是金，以静制动

俗话说：沉默是金。销售员在与客户交谈有时也需要沉默，因为当你沉默时，会让客户觉得你实在为难，无法答应他的要求，并且在沉默时，给了客户更多表达的机会，从而你会在客户的诉求中获得更多需求信息，以便你适时地调整销售思路。这样以静制动，你会取得较多的利益。

“只要功夫深，铁杵磨成针”，这个道理每个人都知道。成功推销产品不是一蹴而就的，对于客户的拒绝、刁难，销售员应戒骄戒躁，以一种平和的心去与客户沟通。

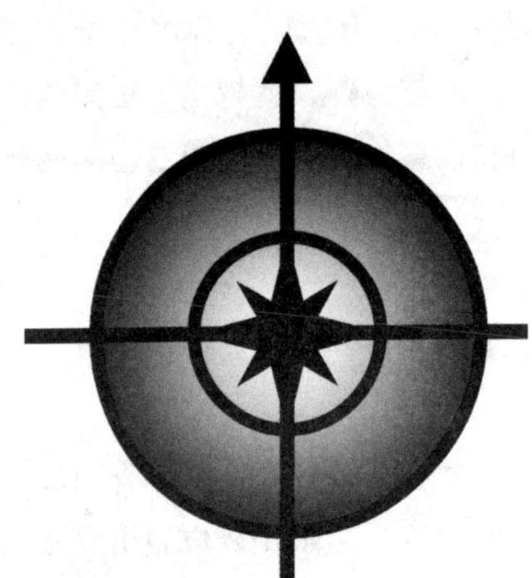

第04章

排解压力：扫清销售中的心理障碍

任何一名销售人员可能都深有感触，销售工作确实是一个必须要付出更多努力和艰辛的工作，所以不少销售员会问：当自己感到疲惫、对工作产生厌烦情绪时，该做什么来调整自己呢？但当你感到身心俱疲时，一定要多给自己一点时间，要么睡觉，要么沉浸于自己的爱好之中，当然，每个人的解压方法都不同，总之，你要放下手头的推销工作，这样，你就能快速恢复、获得力量。

你可以让销售工作有趣些

推销大师乔·吉拉德曾说："有人说我是天生的推销员，因为我十分热爱销售工作，我确实认为，我早年成功的主要原因是我热爱推销工作……在他们看来，推销工作是单调乏味的苦差事。在我看来，它却是一场比赛。"的确，一个出色的推销员，总是热情洋溢的，并且会感染身边的同事、客户，他似乎总是给周围的人传达一种信息——我很快乐，因为我很忙碌的。而正是这样一种慷慨激昂的销售热情，引起客户的注意和兴趣，给客户留下深刻的印象，从而更有助于推销工作。

其实，快乐是一种良好的情绪，当你感觉工作有价值、有干劲时，工作起来就会愉快，此时，你这种快乐的情绪就会无形中传染给客户，这样，推销成绩自然就会好起来。反之，你若觉得工作没意思、没价值，那么工作时一定很不愉快，这种低沉情绪同样也会传染给客户，当然推销成绩不可能理想。

你一定有过这样的体验：工作中你与同事闹了别扭，或者遇到什么工作上的难处，甚至被领导批评等，便会觉得工作没兴趣，没有乐趣。而上班时感到工作没有乐趣，下班后回到家并不一定能得到解脱。因为休息是工作的延伸，工作开心，下班后心里便会想着工作的欢乐，而且回味无穷。

所以，如果你想成为一名优秀的推销员，首先你就要学会把推销变成一件有趣的事。

心理情境

美国布鲁金学会以培养优秀的推销人员而闻名于世。学会在每一期学员毕业时，会设计一道艰难的推销题目让学员去尝试，如果谁能完成这项推销，就把一只刻有"最伟大的推销员"的金靴子奖给他。

在布什当政那年，这项考题为：把一只斧子推销给布什总统。考题难倒了许多学员，他们认为，总统什么也不缺，即使总统想要一只斧子，也会有人去购买，所以把斧子推销给总统是不可能的事。

然而，有一位推销员却做到了。这位推销员对自己很有信心，他通过全方位的调查，了解了布什总统的情况。知道他在得克萨斯州有一座农庄。于是，他给布什总统写信道："我有幸参观了你的农庄，发现里面有很多枯死的小树。所以我想，你一定需要一把斧子来砍伐树木。我这里正好有一把，它是我祖父留传下来的，很适合砍伐枯树……"

不久，这名推销员收到了布什总统的汇款。他自然也得到了那只金靴子。

情境分析

表面上看，谁会认为一个国家总统会需要一把斧头呢？但这位推销员却坚信总统是需要的，并且他还成功地推销出去了这把斧头。而促成这次推销的成功，就是他不惧困难的勇气和开阔的思路，他并未把自己的眼光局限在客户总统这个头衔上，而是观察到了客户有座"农庄"和"枯死的小树"，于是，他让客户明白自己需要这把斧头。那么，如果是你，你能将这一推销工作变得如此生动有趣吗？

那么，作为销售员，我们该如何发现销售工作的乐趣、又该如何让销售变得有趣些呢？

1. 推销工作是最自由的职业

推销是最自由的职业，它的自由主要表现在时间上。没有人规定你上下班的时间，没有人规定你今天必须去推销。

2. 推销工作能展现并提升你的能力

你不仅要把推销当成你工作的平台，还要把握住它给自己的各种成长与学习的机会，这样，你的努力会日复一日、月复一月明确地呈现出成果。反过来，一种好的工作态度能从仪容、谈吐、眼神、神采和举止中流露出来，所以，推销员可以通过阅读优秀的书籍、参加专业的训练或向成功推销员学习。

3. 推销工作可以广交好友

销售本身就是与人打交道的行业，我们卖出去的不仅是产品，更是我们的口碑。很多优秀的推销员，在成功推销的同时，还能与客户交朋友，他们能做到广交天下友，笑迎八方客。因为具有良好的人际关系，他们的生意也越做越广，同时，他们能从不断推销成功与结识朋友的过程中获得乐趣，反过来，他们又以最大的热情投入工作。

4. 养成良好的生活、工作习惯

推销是一项高强度的工作，无论谁，要想成为一名优秀的推销员，就必须努力、勤奋地工作，但如果没有良好的工作习惯，毫无规划甚至超过一定的限度，那么，可能造成不良的后果，因而，我们在紧张的工作之余，还要懂得调剂，适当的调剂可以使平日紧张的工作情绪得以放松，再回到工作岗位时，效率会更高，也更能感觉到工作中的乐趣。

推销员可以通过培养自己的兴趣爱好或者参加体育活动，给自己的生活添加更多的色彩，保持身体的健康状态。像慢跑、游泳、登山或其他类似的活动，都有益于健康。

总之，如果你能把推销做成功，那么不管将来你转向什么职业，你都能够成功。推销这一行，可以说是成为万能选手之道。如果你现在是一名推销员，你一定要“干一行，爱一行”——热爱你的工作，并努力从销售工作中获得自我提升，开阔你的思维，让销售成为有趣的一件事，那么，你就是成功的！

用你的耐心去融化客户的抱怨

在销售过程中，我们经常遇到客户的抱怨，可能是产品质量问题，可能是售后服务问题等，能否处理好客户的抱怨，体现了我们的销售水准。所以，任何一个客户来投诉时，无论开始的脾气有多大，销售员必须耐心地听，鼓励客户把心里的不满都发泄出来，那么客户的情绪就会越来越小，像漏气的皮球那样。所以，我们可以说，耐心是融化抱怨的最佳方法。

心理情境

一天，某饮料公司经理办公室突然闯进一位先生，直接对经理大喊大叫："你们哪里是饮料公司，简直是要命公司！只顾着自己赚钱，都掉进钱眼里了！你们眼里还有消费者吗？万一你们的产品把我们消费者喝出个好歹来，看你们怎么收拾！没有一点社会责任感！典型的奸商！"很快，秘书准备叫保安，但被经理拦下了。

这位经理不紧不慢地说道："先生，究竟发生了什么事情，请您告诉我，好吗？"

"你自己看吧，饮料瓶里居然喝出玻璃碎片，这简直是谋杀，我要告你们！"这位先生把一个饮料瓶重重摔在办公桌上。

经理拿起瓶子一看："怎么会发生这种事，太骇人听闻了，人吃了这东西会要命的，先生，这都是我们的错！"他立刻拉住对方的手，"请你快告诉我，你家人有没有误吞玻璃片，或者被玻璃片割破口腔，咱们现在马上送他们到医院治疗。"

这时，这位先生的火气消了些，说，没有人受伤。

听了这话，经理轻松了很多，然后向对方表示歉意，承诺愿意赔偿这位先生的损失，并表态，以后一定杜绝这种事情的发生。最终，这位先生的火气全消了，满意地离去。

情境分析

其实，有时候，客户的抱怨并不是什么大问题，而是希望获得一个满意的答复，这时，就要看我们的态度了，这才是客户最在意的。此时，如果我们能够抱着尊重他们的态度，认真倾听他们的抱怨，并适当表达安慰和同情，他们一定会把我们当成朋友，情绪自然也会缓和下来，这样，很多问题就容易解决了。

在销售与服务中，除了微笑是一种巨大的力量外，耐心也具有强大的

征服力量。耐心是赢得客户的关键素质之一。爱因斯坦说，耐心和恒心总会得到报酬的，这句话对于销售人员处理客户投诉是再合适不过了，因为你在面对客户投诉带来的各种麻烦时，只要能够平静从容、耐心对待，最终问题必定会得到圆满解决的。

为此，我们需要做到：

1. 以理解的心态倾听

这就要求我们在面对客户时，要将我们置身于客户所处位置上，设身处地地为其着想，从对方的角度去理解客户的内心需求，而不能将我们的意念、猜测等强加到对方头上。这样才能保证对所获信息的理解更加符合客户的本来意思。

2. 全面性倾听

这是保证能充分、全面听取客户心中问题的最好的办法。这需要我们不仅要全面从沟通中获得客户所要表达的完整含义，同时不要放过对方语言之外所表达的意思，包括其所表达的情感、语音语调等。沟通时对客户的表达有疑问的，要采取向对方提问等方法来确保理解的正确性。

3. 不要打断

面对客户投诉，我们要认真倾听，让客户先将所抱怨的问题说完，然后再站在客户的立场上来说服客户，给客户逐一解决问题。因此，销售员在面对客户投诉时，不要急于表达自己的观点，要让客户多说、自己多听。如果客户刚一说话，你就打断，“我明白你的意思了”“你的问题是……的吧”，这样很容易激怒客户。

销售员要明白，客户向你投诉，很大程度上他是在倾诉他心中的不满和意见，他希望你能认同他的观点，对他的处境表示同情，然后帮助他们去解决问题，他们不希望听到的是销售员的解释、说明或辩护。

4. 善加提问

当客户抱怨完后，我们要停顿几秒，然后要和案例中的这位经理一样询问对方：“请你快告诉我，你家人有没有误吞玻璃片，或者被玻璃片割破口腔，咱们现在马上送他们到医院治疗。”这类询问表达的是一种关心。另外，通过提问可以真正弄清对方的意思，避免不必要的误解，也可以表明你在认真聆听，与对方形成呼应，并能对客户加以引导，让对方跟着你的思路走，让对方感受到重视，也可弄清对方对你的话理解到什么程度。

5. 及时地说声“对不起”

很多时候，我们在面对顾客时，都难以说出道歉的话，因为你会觉得事情不一定是你的责任，而实际上，“对不起”或“非常道歉”，这并不一定表示都是我们的错，而是为了表明我们对顾客不愉快的经历的一种遗憾的同情和理解，并且，你不用担心顾客会因为得到了我们的认可，进而变得越发的强硬，因为认同的智慧会缓和客户的情绪，更有助于解决问题。

当然，在听完客户的抱怨后，我们还应该给客户一个解决方案或者明确的答复意见，如果自己能够解决的，马上为客户解决；如果当时无法做出解答的，要做出时间上的承诺，并把处理的建议、日期和方法告诉客户。在处理过程中，无论进展如何，到承诺的时间就一定要给客户答复，直至问题的解决。

放下面子，太爱面子有碍销售

我们都知道，中国人素来都爱面子，但很多时候，我们必须要放下面子才能办成事，假如你是一个下属，希望能升职加薪；假如你是一名病人，希望能找到一个医术高超的医生解除你的病痛；假如你还为工作发愁，希望能找到一份如意的工作；假如你急需用钱，希望能筹借到这笔钱……这些都需要你放下面子努力争取，达到自己心中所愿。假如你是一名销售人员，你也必须放下面子，没有任何一位客户愿意与趾高气扬、自高自大的销售人员打交道，更别说购买他们的产品了。然而，我们发现，有些人似乎对销售这一工作存在偏见，认为那一定是卑躬屈膝、低三下四的，所以不愿意从事销售工作，尤其是年轻人，他们年

轻气盛，更不愿意放下面子。其实销售只是很多工作中的一种，放下面子，并不等于低人一等，只要坦诚地与客户打交道，秉持不卑不亢的态度，能站在客户的角度上想一想，面对客户的不满时，多说几句“对不起”及“你看咱们这样好不好”等，那么你的销售之路就会顺畅很多。

心理情境

陈晓是一名电脑推销员，他从事推销才几个月的时间，为了让他得到历练，一次，公司总经理交给他一个任务：将一批电脑卖给某家民营企业的技术部。陈晓经过打听，该公司负责采购的秦主任是个有名的好大喜功的人，并且说话趾高气扬，他想对经理说换成其他的任务，但是经理却告诉他：“对于这样的客户，一定要舍得下面子，最好采取‘向师傅推销’的技巧，切记的是要绝对肯定他是你的师傅，抱着谦虚、尊敬、求教的心情去见他，一切的推销必须无形，伺机而动，不可勉强，不可露出痕迹，方有效果。”

于是，陈晓带着经理教给他的方法，来拜访这位秦主任。

见了面，陈晓谦逊地说：“秦主任，今天，我来拜访您，绝不是来向您推销。过去我读过您关于采购经验的大作。并且，之前我听过您关于现在电脑市场的分析的讲座，说实话，我们代理的电脑确实还是有点缺陷的，今天我就是想来听听您的指点……”陈晓说话时一脸的诚恳。

秦主任听了后，心里又是同情又是舒畅，于是带着慈祥的口吻说道：“年轻人，振作点。其实，你们的电脑也不错，有些设计就很有特点。唉，我看连你们自己都搞不清楚，譬如说……”秦主任谆谆教导，陈晓洗耳倾听。这次谈话没过多久，生意成交了。

情境分析

这则案例中，推销员陈晓之所以能拿下一块难啃的骨头，就是因为他肯放下面子，用求教的态度与客户沟通，这样，满足了对方的自尊心，赢得了对方的好感，自然也就成功了。

因此，作为销售员，我们在与客户沟通时，必须得放下面子，具体来说，我们可这样做：

1. 过好心理关

把别人当成师傅，谦虚、尊敬地与客户交谈，把推销融于交谈中，无形中销售成功。所以，在销售中，我们不要摆架子、虚张声势，当然也不要贬低自己，只有你摆正好心态，才能真正做到姿态上的不偏不倚，将自己真正融入到销售工作中。

2. 多把说话的权利交给客户

比如，客户有异议时，销售员要让客户说清楚他拒绝的理由，并认真听取客户的意见，进一步判断客户的需求情况。其实，让客户多说，销售员不仅可以了解客户对你的建议的接受程度，而且可以平息客户的某些不愉快的情绪，让客户有了一定的宣泄后，沟通起来就好多了。

3. 适当使用讨教的语气求教

与客户交谈，把其放到较高的位置上，并虚心地请教其问题，能满足其某种成就的虚荣心和好为人师的心理，可见，有时，对客户的请教也是一种委婉的赞美方式。真诚地去请教客户，往往是打开销售之门的一把钥匙。比如，你可以这样说：

“陈总，我早就听说过您白手起家的故事，我真的很想请教一下您，当时您是怎么做出决定来创业的呢？”

“听说您是通信方面的专家，想请教一下您……”

“专家就是专家，您提的问题都与一般人不一样，都提到点子上了……”

“张先生，您在营销方面这么有研究，有机会一定当面向您请教……”

“李总，您公司目前在物流服务领域做得这么成功，当初您是怎么想起来开展这项业务的呢？”

用这样的方式引发对方的思考，创造他说话的机会。而且，你也可能会因为让他有了说话的机会，而引发他对你的好感。

美国一位著名的哲学家说：“驱使人们行动的最重要的动机是做个重

要人物的欲望。”可见，放下面子、说话谦逊，抬高客户，才会让对方感到愉悦舒服。这也是我们在进行销售工作之前必须要摆正的心态和必备的说话技能！

控制情绪，绝不与客户争执

任何一位销售员，都知道“顾客就是上帝”的道理，客户是否购买产品，直接关系到我们的销售结果乃至生存状况。所以，销售中，不管遇到何种情况，我们都要控制自己的情绪，随时保持良好的销售态度，不要说那些随心所欲的话，更不要与客户争吵，得罪客户。

心理情境

小张是一家首饰包装盒生产商的销售员。一次，他与一个珠宝商进行洽谈，好不容易什么都谈妥了，小张准备提出成交要求，但是出乎意料的是，客户经理此时却表示，商店里还有一批礼品盒没用完，把那批用完后一定来订货，答应最迟一个月，小张此时却是心情糟糕透了，他心想，怎么能如此出尔反尔呢？但考虑之后，还是觉得要从长远考虑，因此，极力控制了自己的情绪，并没有表现出来，而是欣然接受了。但一个月后，当小张按照约定前来签约时，对方却表示，有意购买另一家更便宜的装饰盒。小张此时心中有股无名之火想发泄，但小张心想，即使再有情绪，也不能生气，否则这笔生意真的泡汤了。于是，他深呼吸了一口气后，与客户进行了新的一轮周旋。

小张：哦，可以冒昧问一下是哪家公司那么荣幸能和贵公司合作吗？

客户：A公司。

小张：不错，据我所知，A公司的礼品盒确实比较便宜。但是，刘经理你想过没有，像贵公司这么有品位的珠宝商，当然需要配等次相符的礼品盒，否则很难突出贵公司珠宝的优越品质，您说呢？

客户：当然……

小张：我想如果为了价格便宜而影响贵公司珠宝在客户心中的完美品质，这是非常不值得的，您说是吗？

客户：也是，不过他们的礼品盒也不错……

小张：对，他们的质量也不错，但是您要知道卖珠宝的B公司就是用的这家工厂的首饰盒，但是B公司的珠宝品质是无法与贵公司相提并论的，而我们公司的宗旨和贵公司一样，品质决定一切，所以，我建议您再考虑考虑。

客户：嗯，你说得也对。

小张：那您看您还有什么疑问或顾虑吗？

客户：没有了。

小张：那我们先把合同签了吧！（拿出合同，顺利签单）明天还是后天送货呢？

客户：下周一吧！

情境分析

案例中，销售员小张之所以能挽回销售局面，让客户重新决定购买自己的产品，就在于他能控制自己的情绪，客户前后以各种借口拒绝购买，他不但没有与客户争执，而且耐心、细心地劝说客户。

在销售中，随心所欲地说话是一大忌。可以说，任何一个销售员，要想获得良好的销售业绩，就必须要控制好自己的情绪。在销售中，随时可能会遇到让我们气愤、伤心甚至无奈的事，那么，作为销售员，我们该怎样控制好自己的情绪呢？

1. 加强自身修养

一个具备良好修养的人，一般是不会轻易动怒或者生气的。所以，为了使销售成功的概率更高，销售员都要加强自身的修养，宽容大肚，具备耐心，能克制自己的情绪，不管发生什么样的事情，都绝对不会随口而言。

2. 不要反驳客户

假如客户所说的某些话是错误或不真实的，销售员绝不能直接反驳，

那样会让客户很没面子，甚至对你大动肝火。这时，如果客户所说的话是无关紧要的，销售员就可以置之不理，继续谈话；如果客户对于你的产品或服务有误解，你就应该采取先肯定后否定的谈话方式，如“您说的没错，但……”，也就是先同意对方的观点，然后再以一种合作的态度来阐明自己的观点。

3. 注意遣词用句

销售员在遣词用句上要特别留意，说话时态度要诚恳，对事不对人，切勿伤害了客户的自尊心，并要让客户感受到你的专业与敬业。

总之，作为销售员，我们始终要谨记，客户是我们的上帝。我们随时都要保持良好的销售态度，面对销售中的种种状况，我们都要拿出耐心和诚意，心平气和地与客户沟通，才能让销售变得顺利。

学会享受忙里偷闲的乐趣

我们都知道，现代社会，人们为了生活，四处奔波，工作和生活的压力常常使得我们喘不过气来，在销售行业尤其如此，销售员的薪资、生活状况、荣誉都是与销售业绩挂钩的，所以，不少销售员们四处奔波、不放过任何一个推销机会。然而，从事销售工作久了，难免有些疲惫，所以，不少销售人员急切地希望寻找到一种能帮助自己减压的方法。我们也发现，市场上也有各种付费的方法，诸如服用维生素药剂，各种放松疗法等，我们不能否定这些疗法的功效，但最好的方法还是要学会自己调节，学会忙里偷闲。

心理情境

琳达今年23岁，毕业后她做起了保健器材的推销工作。每天，她都要与客户打交道，她需要经常游走于各个谈判桌、饭桌之间，不停地出差，不停地坐飞机，她已经厌烦了这种生活，甚至是恐惧。她觉得自己必须要放松一段时间了。于是，这天，她带上读书时代最爱的小提琴，来到了离市区很远的河边。

听着潺潺的流水声、空谷中鸟儿的啼叫，呼吸着新鲜的空气，琳达拉起了小提琴，那些熟悉的旋律又浮现在脑海中，那些所谓的客户、订单、酒桌等都抛到脑后的感觉真好，不知不觉间她睡着了，醒来后，她感到了前所未有的放松，她心想，也许音乐能让自己的心静下来。

从那次以后，琳达重拾了自己当年的爱好，每逢周末，她都会花上半天的时间练小提琴，陶醉在自己喜欢的音乐里，她很享受。

情境分析

的确，可能在销售工作中，一些销售员和故事中的琳达一样，总是四处奔波，总是硬着头皮应付各种各样的客户，长时间下来，他们疲惫不堪、精神紧张，却不知如何调节。其实，如果你能学会忙里偷闲，有自己的兴趣爱好的话，你的心情也会得到舒缓。

因此，忙碌的销售一族们，从现在起，不妨先善待自己，让自己的身心都偷一下懒吧：

（1）每天打扮得干净利落，出门前照照镜子，对自己笑笑。

（2）交几个知己，寂寞时叫他们陪陪，要么逛逛商场，要么一块吃饭，要么在家小聚，几个小菜，几杯美酒，知心话儿一吐为快。

（3）下班路上听听音乐，不会觉得疲劳，还会觉得是一种享受。

（4）枕头下始终放上一些书，读书可以益人心智，怡人性情，滋养人生。

（5）学会合理规划时间，留出一些时间处理突发情况；即使没有出现这些突发事件，你也能给自己一个放松和休息的机会，或与父母、朋友联络一下感情、考虑一天工作中的得失等。

（6）玩玩文字，写写自己的心情故事，自我安慰，自我欣赏，自我陶醉。

（7）买适合自己的衣服，穿出自己的气质，让同事们啧啧称赞的不一定是高档的服装。

（8）偶尔买一套和平日不同风格的服装，换换自己的心情，也给别人

一个惊奇。

（9）经常变换发型，当然要与服装搭配。

（10）处几个异性好朋友，当然不是情人，男人是理性的，女人是感性的，在生活中遇到什么事情，他们能诚心诚意地给你些建议。

（11）养几盆名贵的花，像照顾孩子似的照顾它，看着它开花了，长新枝了，你会有成就感。

（12）保证睡眠充足，足够的睡眠会使皮肤光洁细腻，是天然的美容方法，还不用花钱。

现实生活中，不少销售员觉得累，就是因为他们不懂得放松自己。我们的工作是销售，但我们也该享受生活。懂得调节自己、完善内心修养，提高自身能力，这样你就会拥有更大的空间和更好的生活质量，心也就更积极，更乐观向上。

当然，放松之余我们依然要热爱销售工作。詹姆斯巴里说：“快乐的秘密，不在于做你所爱的事，而在于爱你所做的事。”工作在我们的人生中占据了大部分最美好的时光。比尔·盖茨有句名言：“每天早上醒来，一想到所从事的工作和所开发的技术将会给人类生活带来巨大的影响和变化，我就会无比兴奋和激动。”热爱才能带来激情，才有源源不断的工作动力，忙里偷闲就是为了有更充沛的精力面临新的挑战。

劳逸结合，千万不要透支生命

曾经有人说，人的生命只有两种状态：运动和停止。现代社会，处于重压下的人们每天都在拼命地工作，一些行业尤其是销售行业更是忙碌，不少推销员有时是24小时不停地工作，虽然双休日时能够在家小睡个懒觉，但恐怕心也不会那么淡然。诚然，用持之以恒的精神拼搏、奋斗是每一个销售员必备的素质，但并不意味着要一刻不停地奔波与忙碌。做事适可而止，会休息才会工作，只有做到劳逸结合的销售员才能有更充沛的精力投入到新的销售工作中。

因此，身为推销员的我们在工作之余，一定要懂得休息，只有劳逸结合，才有更高的工作效率。

心理情境

有个成功的企业家，他的成功可谓是一路艰辛。他从十几岁就开始给别人帮工，帮别人推销产品，每天都是早起晚睡的，整天都是忙忙碌碌，好像他就没有休息过，也没有参加过任何的娱乐活动，那段日子，他的梦想是，将来自己有一间铺子就好了。

几年后，他终于开了一间铺子。生意不错，此时，他告诫自己，自己的生意，更不能放松，于是仍然起早贪黑，匆匆忙忙，休息时间更少了。他想，等将来生意做大了就好了。

又过了几年，他的生意果然做大，拥有了数间很大的门市，每天货进货出几百万元的资金流动，他更不敢放手给别人去做，还是自己苦拼，联系货源，接待客户，管理账目……没黑没白，忙得如有狼在后面追一般。看他真的好辛苦，有人就劝他：“你放一放可以吗？好好地休息一天，看看世界会不会大变！”

他回答：“不行，我不做时，别人会做的，前面的那些大户们我会追不上的，后面一些中小户又逼上来，放一放，我会落在后面的。”

终于有一天，他累倒了，被迫躺在病床上不能动了，以前高速运转的日子一下子停下来，他终于可以静静地想一下匆匆而过的人生了。有一次，他看到一个病人被抬进手术室再也没回来，那个病人很年轻，刚刚还与自己谈过出院后要去旅行。他看着对面空空的病床，心不由得一震，顿时大彻大悟了：人由生到死其实只是一步的事，这一步，自己却走得太过沉重啊！一直以来，自己的名利心太重，想要的太多，然而真正得到的却很少。如果不是这次病倒，他会一直拼到五十岁、六十岁，甚至更久，没有娱乐，没有休息，最后两手空空地离开这个世界，这是一件多么可悲的事啊！康复后，他像换了一个人似的，生意还在做，只是不那么拼命了，他不再去追前面的大户，也不怕后面的小

户追上来，甚至错过一笔很有赚头的生意也不会在意，人们还经常可以在高尔夫球场上看到他，有时他也慷慨地与他的家人坐飞机到外地旅游。

他终于懂得了生活的意义。

情境分析

每一个销售员都应该从这位企业家的身上获得启示，生命如此的脆弱，人生苦短，我们当然需要努力地工作，但我们也不能忘记，除了工作之外，还有很多值得我们追求的东西，如健康、幸福等，因此，和故事中的企业家一样，我们也应及早幡然悔悟，才能收获一份最本真的快乐，让生命得到有意义的延伸。

那么，作为销售员，该怎样做到劳逸结合呢？

1. 学会有条理地工作

你应该合理分配工作、休息的时间，把握好生活节奏。对于推销这一工作来说，也是要进行合理安排的，比如出发前，你要做足准备工作、多了解客户的资料和产品信息等，只有做到这些，才能在销售时做到有的放矢，避免时间的浪费。

2. 多锻炼，保持充沛的精力

不知你有没有这样的体验：当情绪低落时，参加一项自己喜欢又擅长的体育运动，可以很快地将不良情绪抛之脑后。这是因为体育运动可以缓解心理焦虑和紧张程度，分散对不愉快事件的注意力，将人从不良情绪中解放出来。所以，如果你在工作中感到累了，就做做运动吧，适量的体育运动可以消除疲劳，减少或避免各种疾病。

3. 保持充足的睡眠

我们必须坚持每天八小时的睡眠，晚上不要熬夜，定时就寝。中午坚持午睡。充足的睡眠、饱满的精神是提高工作效率的基本要求。

4. 保持愉快的心情，和同事融洽相处。

每天有个好心情，做事干净利落，工作积极投入，业绩自然高。另一方面，把个人和集体结合起来，和同事保持互助和友好的关系，适当地参加同事间的小聚会，把工作暂放一下，小小的放松是为了更好地工作。

总之，在日常的推销工作中，我们只要合理安排时间，懂得调节自己，做到劳逸结合，既把工作做到最好，又让自己的生活丰富多彩，那生活的质量自然也是优等的。

第05章

克服恐惧：销售员就要敢说敢做敢直面拒绝

美国销售大师罗杰·马尔腾说：“恐惧足以摧残人的创造、冒险、大无畏的精神，它足以磨灭人们的个性，使人的精神机能逐渐软弱，大事业不是在恐惧的心情下所能完成的。”克服恐惧心理，直面不同客户，是销售成功的关键。

别让恐惧使你语无伦次

很多销售员，尤其是新手，因为害怕，在销售中总是出现恐惧心理，于是，他们在进行推销工作时，面对客户，常常不知所措，原本准备好的销售话术忘得一干二净，大脑一片空白，即使开了口，也是语无伦次、不知所云……

这些都是心理上的恐惧导致的，心理学上这样解释道：“说话者由听者的表情、动作及眼神中，自认为听者对自己的说话方式及内容表示反对。”可见，在别人面前说话紧张的原因，就是你把自己的意识和注意力转移到了令你不安的对象身上，或者是你的潜意识中认为对方对你所陈述的内容不满，你产生了犹豫或者恐惧的心理。正如下边情景中的销售员一样：

心理情境

笑笑是一名办公用品推销员，在给客户吴总打电话之前，她已经做好了充分的准备：公司名称、经营范围、客户名称、公司规模等。

准备就绪后，笑笑心想：“今天上午一定要联系到吴总，否则被竞争对手抢先，就不好办了。”笑笑知道吴经理每天下午都不在公司，所以，要想找到他，通常在上午打他办公室里的电话最好。

可是就是在打电话前却退缩了，想了很多情况，一直快到11点，她想，自己无论如何是要给吴总打电话的，否则今天上午就将一事无成了，笑笑终于拨通了吴总的电话，可是就在电话铃响的时候，笑笑的心里还在想，如果吴总不喜欢自己该怎么办？如果吴总不愿意与自己见面又该怎么办……就在笑笑的心里暗自揣测的时候，吴总接听了电话。

笑笑急忙向吴总介绍自己，“吴总，您好，我是……我是××公司的销售员，我叫……王笑笑，今天给您打电话主要是想介绍一下我们的产品……”介绍完产品后，笑笑出了一头汗。

听完介绍，吴总表示“现在已经有好几家厂家与我们联系了，而且我们已经与其中的几家厂家进行过一些合作，所以我们不打算再花费精力与其他厂家再谈这件事了”。

吴经理说完之后，笑笑心里又是一阵慌乱，她此刻早已将自己准备好的应对方案忘得一干二净！结果呢，与吴总的第一次交流就在草草的几句话之后结束，毫无疑问，销售也以失败告终！

情境分析

很明显，情境中的销售员笑笑，失去了这一次销售机会，就是因为她在与客户交谈中，显得紧张，语无伦次。她的这一紧张表现，是因为她没有克服自己的恐惧心理。与客户交谈时，销售员越是慌乱、恐惧，就越容易导致销售的失败。

其实，要想与客户有效沟通、顺利成交，销售员就要做好被拒绝的心理准备，同时更要积极寻找克服恐惧的方法。比如，销售员可以做到以下几点：

1. 做足准备

做足准备是减轻恐惧感的最好方法。你可以从以下四个方面做到：见面第一句话跟客户说什么、客户会有什么疑问、你该如何回答这些疑问、如果客户拒绝你该怎么办等。

2. 学会正面自我暗示

有些销售员在被客户拒绝以后，总是不断地在大脑中重复想象被拒绝后对自己产生的不利影响，越是这样想，内心越是恐惧。即使遇到新的客户，销售员依然带着这种心理与之交谈，于是，恶性循环，生意始终做不好。其实，当遇到客户拒绝时，也不要把这些事放在心上，要想法将其从自己的头脑中清除，并不断提醒自己，过去的失败并没有给自己造成任何损伤，它们给予自己的是十分宝贵的经验。

3. 给自己加强推销任务

在销售行业，销售员的生存状况是直接和销售业绩联系在一起的，也就是说，销售员越努力，拿到的订单越多，销售员的成就感就越强。为了消除恐惧感，销售员在努力完成自己销售任务的基础上，可以为自己安排额外的任务，那就是要强制自己必须在单位时间内拜访一定的客户并取得一定的进展。比如，每天多拜访一到两名客户，多完成两三个订单。如有必要也可以为自己设定一定的奖惩措施，这样不仅可以激励自己不断努力，对于提高自己的销售业绩也会起到很大的作用。

随时做好被拒绝的心理准备和应对措施

作为销售员，不知你是否有这样的经历：当你鼓足勇气与客户谈话，但却看到客户那张冷冰冰的面孔时，你不知该如何打开僵局？当你经过无数次碰壁，情绪已经降到最低点时，你不知该如何去面对下一个客户……这类问题对于每一个推销员来说，可以说是家常便饭。此时，你是不是已经决定放弃？你会不会以同样冷若冰霜的态度面对下一个客户？面对这种冷遇和挫折，一个优秀的推销员往往会让自己先对自己微笑，然后调整心态，带着这种微笑出现在下一个客户面前，然后以热诚、积极的销售语气成功吸引客户与之交谈，继而为成功销售奠定基础。

心理情境

小王是个连接器推销员，他很爱动脑筋，每次推销前，他都会事先将问题考虑周全。这天，还是和往常一样，他要去一家大公司去推销连接器，但小王通过资料发现，这家公司已经有合作者，但他还是自制了一套说辞。

果然，当他来到这家公司，介绍完自己公司的品牌以后，客户问起了产品的制造厂商，然后说："谢谢你，辛苦了。不过很抱歉，前几天已经买过了。很对不起，我不能跟你合作，因为制造工厂有我的朋友在那里，不向我的朋友买好像说不过去，而最重要的是，人家是大公司，我还是相信大公司的产品。"

"是这样啊？您跟××公司的王先生是朋友啊？××电器公司的产品

在这一行是数一数二的，信誉卓著。不过我们公司出的产品也不落后，请您看一看吧！我们这个连接器保证绝不亚于电器公司的连接器。我知道贵公司一向都是使用高级品的，最合适不过了。为了求得进步，您采用我们公司产品试试，也不会对不起朋友的公司呀！是吧？”

那客户说：“好吧！那就用一次试试看。”

小王从这家公司出来后，叹了一口气：“幸亏早有准备啊。”

情境分析

我们发现，面对销售员的推销，客户似乎总是有很多原因拒绝，针对客户的拒绝，一些经验不足或者心态不好的销售员可能会心生恐惧，最终也知难而退，放弃推销。其实，如果我们能像案例中的小王一样，作好被拒绝的心理准备和应对措施，是能帮助我们顺利渡过这些销售的难关的。另外，这些正体现了一个销售人员的水平。

其实，只要从事销售这一行，销售员就要做好经常被拒绝的准备，良好的心态是每个销售员所应具备的。一位著名的行销大师曾说：“任何形式的推销，都是从被拒绝开始的，不经历过被拒绝，就不是真正意义上的推销。”然而，我们每个人都不希望被拒绝，所以当拒绝发生后，我们的心情会变得非常糟糕，甚至想到逃避。无论如何，当我们面对拒绝时，我们都要明白：

其一，销售员最重要的是要表现出自己的自信，有自信才能说服客户，而你的慌乱和恐惧，恰恰显示了你的不自信。

其二，客户总是喜欢和大方、健谈的销售员谈话并做生意，而对那些说话、行为扭捏的销售员不可能有好印象。并且，有恐惧心理的销售员，在恐惧心理的作用下，销售活动往往会不断拖延，而此时，竞争对手已经乘虚而入，生意就这样被人抢走。

仔细分析一下，便不难看出，销售员之所以与客户交谈时，神色紧张、语无伦次，通常是恐惧心理在作怪，而恐惧的来源是害怕被拒绝。要解决这一问题，销售员就必须勇敢、平和地去对待被拒绝。

当然，要想扭转销售局面，面对客户的拒绝，销售人员还应做好应对措施，具体来说，需要做到：

1. 保持应有的礼貌

即使被客户拒绝了，销售员也不要忘记对客户的尊重和应有的礼貌，不要因为客户没有购买就横加指责，相反，一如既往地对客户礼貌有加，即使客户这次不需要，下次有需要的时候，一定会购买。

2. 坚持最后三分钟

有些客户是相当反感死缠烂打的销售员，聪明的销售员能在客户的语言和动作中察觉出客户是否真的拒绝，对于那些有需求的客户，销售员不妨再坚持三分钟，告诉客户，“三分钟，只要三分钟就好！”面对这样坚定、诚恳的语气，客户一般不会拒绝。销售员可以抓住这个机会打动客户，为接下来的销售打开局面。

3. 从拒绝中总结经验教训

要弄清楚客户不愿购买的真正原因，不断地分析自己的销售技巧，确定有待改进的地方，然后付诸实践。埃里希·诺伯特是德语地区最著名的管理和销售培训专家之一，他曾说过，“不要害怕客户任何形式的拒绝，只要你抓住一个关键点：弄清客户拒绝购买的真正原因，那一切问题就会像医生找到了病因一样变得明朗起来。”

寻找新客户，让老客户为你牵线搭桥

销售中，有时候，我们和客户宣传我们的产品如何如何好，价格如何如何优惠，在他们中的某些人看来，这有点像王婆卖瓜自卖自夸。而如果让客户帮你介绍客户，由于有了中间人的穿针引线，你的拜访和面谈次数一定会降下来，同时成功率也会大大提高。成功之后，就意味着又有更多的新名字被介绍，重新开始另一个销售程序。如此循环下去，你就会有越来越多的客户，此时，你的客户就变成了你的摇钱树。

可见，老客户为我们牵线搭桥远比我们强势的销售手段要有力得多，同时还能直接产生效应。一个优秀的推销员懂得并且敢于开口让老客户为

自己介绍客户。

心理情境

岑雪是一家从事电子配件销售公司的销售顾问。有一次，公司开会，准备举办一次展销宣传活动，可是怎么才能让这次活动奏效呢？大家众说纷纭。后来，销售经理建议，邀请那些老客户帮忙，可是，老客户会帮忙吗？说到这儿，大家都建议让岑雪出马，因为她的口碑很好，公司很多客户都是冲着她来购买产品的。

一个星期以后，活动开始了，在活动现场，一个老客户道出了当初为什么购买岑雪产品的经过，事情大致是这样的：

客户："你知道，我负责采购的是一批关键零件，质量相当重要。"

岑雪："嗯，这个我知道，贵公司一向以高质量著称。而我们公司也很注重产品的质量，因为产品质量就是公司的名片，有质量问题的产品，一旦卖给客户，就等于毁了自己的声誉。另外，我们以前也和其他一些知名电子企业做过交易，所以对500强企业的采购模式有了一定的了解。"

客户："哦，你说的这些话倒都是实话，估计，对电子行业的产品，也是个行家。那你们给知名电子生产商提供的都是什么配件？"

岑雪回答说："您过奖了，我们给知名电子厂商提供的配件类型比较齐全。您也知道，他们对产品质量的要求几乎达到了吹毛求疵的地步。我记得有一次，我们与一家名企合作，当时，他们备选了十个公司的产品，但他们却花了一个多月的时间考察每家公司的产品。我们也没有想到，最后他们跟我们公司签订了两年的合约。"

客户对此也有了兴趣，他问道："为什么他们最后选择了你们呢？"

岑雪："这主要是因为三个原因，首先，我们的加工工艺和生产流程都是国际上最先进的。其次，我们在供应商中是唯一一家采用进口材料的，这就确保了我们的使用时限长；同时，他们也很满意我们的售后承诺。所以，最后我们成了赢家。"经过近一个小时的详谈，最后客户和岑雪已经就价格问题达成了一致，他们约定第二天进行具体的签约事宜。

当时，参加活动的其他新老客户听完后，纷纷都说要和岑雪所在的公司继续合作。

情境分析

在这个推销实例中，我们发现，岑雪无疑是一个很出色的销售顾问，这些老客户都愿意主动帮忙，也就是看在她的面子上。而这次展销宣传活动的成功，也是因为她的老客户关系。可见，让老客户为我们宣传，比我们自身叫卖效果要好得多，因为客户的一句话，胜过我们直销员的千言万语，那些客户都是一个个活生生的例子。

老客户的推荐非常有效，如果销售人员想快速定位有效客户，就一定要利用好这个资源。然而，我们发现，一些销售员却对此感到陌生和恐惧，他们认为向老客户开口是一件很没面子的事，其实这是一种误解，只要你态度诚恳，产品质量过硬，老客户是愿意帮助我们的。

具体来说，要想得到老客户的帮忙，我们需要做到：

1. 为客户提供额外服务

销售员在情况允许时，还可以向客户承诺会为其提供一些额外服务，当然前提是不对自己或公司的利益造成威胁。比如你可以告诉客户：“最近我们公司要举行一个礼品大放送的活动，上次听说您喜欢喝茶，我就多给您准备一盒。”这样，让他觉得你是在很用心地跟他做生意，这样他才会信任你，并主动帮助你。

2. 对老客户要经常表示感谢

客户帮我们介绍新客户，如果我们觉得这是理所当然，不对客户表达谢意的话，那么，客户只会觉得对你的帮助毫无意义，只有经常感谢他们，他们才会乐意持续地帮助我们挖掘新客户。

3. 不要为了推销而推销，真正关心客户的利益

为此，我们就必须从顾客的角度来推销，并要注意一些细节，要尽量在每一个细节上做到让客户满意，如果营销人员的服务超出了顾客的预期，就会打动顾客的心，使顾客的满意度提升为对产品和服务的忠诚度。比如，我们可以这样告诉客户：“我觉得这款贵的××反倒不适合您，您没必要花那么多钱买它。”而当客户体谅到你的用心后，也会更加信任

你，并把周围的朋友介绍给你。

4. 敢于开口，主动要求客户帮我们宣传

很多销售员尤其是那些销售新手，会觉得要求客户帮忙介绍是一件难以启齿的事，因为他们觉得这对自己的名声很不好。其实这种想法是错误的，只要我们说法适当、态度诚恳、方式自然，客户是乐于帮助我们的。

练习当众说话，能助你逐渐消除恐惧

我们都知道，对于从事销售行业的人来说，口才的力量是巨大的，销售员的口才如何，直接关系到他的业绩如何，然而，不少销售员因为内心恐惧而限制了口才的发挥，为此，每个销售员在从事推销工作之前，都有必要克服自己的恐惧，其中很有效的方法是练习当众说话。

在美国曾经有一个调查，人类的14种恐惧中，排在第一位的恐惧你知道是什么吗？是当众说话！在一群人面前说话真的有这么恐怖吗？可能你也有这样的经历，学生时代，你活泼开朗，和同学们打成一片，但只要老师让你上讲台朗诵课文，你就会面红耳赤，甚至结结巴巴。爱默生曾经也说："恐惧比其他任何事物都更能击败人类。"即便那些演说大师，也会紧张，只是在逐渐的努力中，他们克服了恐惧。所以，我们可以说，如果我们连当众说话的恐惧都能克服的话，一定能成为一个敢开口的销售人员。

心理情境

小林是一名刚毕业的大学生，从学校毕业后，他进入了一家民营企业当销售员，实习期间的主要工作任务是进行电话推销。这天，他紧张地对着话筒机械地说："陈先生吗？你好！我姓林，是××公司的业务代表。你是成功人士，我想向你介绍……"

电话那头的陈先生直率地说："对不起，林先生。你过誉了，我正忙，对此不感兴趣。"说着就挂断了电话。小林放下电话，硬着头皮又打了半个小时，每次和客户刚讲上三两句，客户就挂断了电话。

打完电话以后的小林垂头丧气地准备拨打下一个电话，这时候销售经理走了进来，对他说："刚才我留意了一下你的推销过程，我发现，你很紧张，这是推销的大忌，销售员连这点自信都没有，客户怎么相信你，不过话说回来，你是销售新手，难免会不自信，其实你可以去练习一下当众说话，比如去参加一些演说培训，或者有意识地在公共场合说话。我相信这会对你有帮助。"

在经理的建议下，小林果真去报了一个夜校，主要是培养演讲能力，刚开始在班上上课的时候，小林连站起来说话的勇气都没有，但经过了一个月的心态和技能培训之后，他的说话能力有了很大的进步，更重要的是，他已经完全不对与客户沟通有任何恐惧了，现在，无论是电话推销还是上门拜访客户，小林都能做到游刃有余，并且，他还被经理称为"全销售部进步最快的销售员"。

情境分析

在这里，我们看到了一个羞怯、紧张的推销员因为练习当众说话而逐渐变得自信和干练的过程。

我们任何人都明白，一个人要想在公共场合说好话，也是要自信满满的，而恐惧是良好表达的天敌，一个人在"不敢说"的前提下是"说不好"的，唯有卸下恐惧的包袱，在语言中注入自信的力量，你才能成为一个敢于表达的人。所以，从另外一个角度说，在公共场合练习说话的过程，就是逐步克服恐惧的过程。

当然，在公共场合说话，也需要你克服紧张，为此，你可以做到以下几点：

1. 坦然面对和接受自己的紧张

你应该想到自己的紧张是正常的，很多人在某种情境下可能比你更紧张。不要与这种不安的情绪对抗，而是体验它、接受它。要训练自己像局外人一样观察你害怕的心理，注意不要陷入到里边去，不要让这种情绪完全控制住你："如果我感到紧张，那我确实就是紧张，但是我不能因为紧

张而无所作为。”此刻你甚至可以选择和你的紧张心理对话，问自己为什么这样紧张，自己所担心的最坏的结果可能是怎样的，这样你就做到了正视并接受这种紧张的情绪，坦然从容地应对，有条不紊地做自己的该做的事情。

2. 积极暗示，进而淡化心理压力

你不妨以林肯、丘吉尔这些成功的演讲者为榜样，他们的第一次当众演说都是因紧张而以失败告终的，并在心里对自我进行积极暗示：紧张心理的产生是必然的，也是不能避免的，我不该害怕，我只要做到认真说话，就一定能说好。怀着这样的心理，你的紧张心理会慢慢缓解下来。

3. 事先应做好充分准备

准备充分，自然能自信上场。也就是说，在你开口前，你要想好自己到底要表达什么，怎样才能表达好，做好这几方面的准备，就没什么可担心的了。

所以，我们在进行推销工作前，一定要克服自己的恐惧，并学会一些消除恐惧的方法，其中就包括当众说话这一方法，只有这样，你才能不断消除表达时的恐惧，成为一个会说话、会表达的推销员。

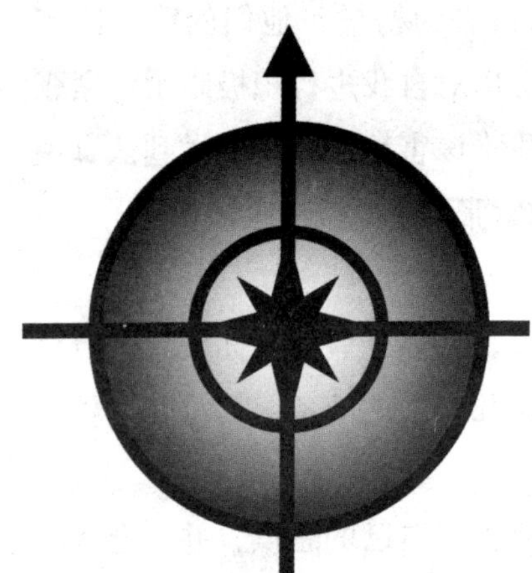

第06章

责任在心：销售员有担当才能有业绩

很多销售员认为，良好的沟通能力就是能说会道，在介绍产品时侃侃而谈，在争取订单时游刃有余，其实并非如此。这些只是销售员在与客户沟通时必备的口才技巧，除此之外，销售员还要有良好的心态，其中最重要的一条就是要有责任心，即对产品负责；对客户负责；对公司负责；对自己负责。不仅如此，这种责任心还要让客户从你的言谈中体会到。

对产品了如指掌是对客户的负责

对于销售人员来说，要想把自己连同产品都推销出去，仅仅博得客户的好感是不够的，更重要的是赢得客户的信任，使其最终购买你的商品才是目的所在。因此，有关商品的专业知识是销售人员必须掌握的。业务素质应该是销售人员的基本硬件。销售人员只有做到对产品了如指掌，才能对客户提出的问题对答如流，并熟练地向客户展示产品。同时，只有具备了专业的丰富的产品知识，才能信心十足，才能产生足够的热情，成为销售专家。实际上，许多顶尖销售人员最引以为傲的，不是自己的销售业绩，而是他们在其产品或服务方面的渊博知识无人能及。

心理情境

一天，店里来了一位男顾客，这位顾客看了条皮带，似乎没有要买的意思，于是销售员热情地迎了上去：

销售员：“您好，先生，来选购皮带吗？我们是国际品牌专柜，以您的气质来说这里的皮带都比较适合。”

客户：“是吗？国际品牌？”

销售员：“对，我们的皮具是意大利品牌，在款式和材料上都走欧美风。”

客户：“什么国际品牌？你们只是挂了一个意大利的牌子而已。”

销售员：“那我就不清楚了，我们确实是意大利品牌，从意大利进口的成品。”

客户：“是吗？”

销售员：“您随便看一下就知道，你看看这条皮带，它的做工绝对非常好。而且我们现在卖场中的部分皮具，比如皮鞋，正在6折销售。这边的皮风衣都是参与折扣活动的。看那款褐色的皮鞋其实就非常适合您。至于您看上的这条皮带，它有个好处就是，无论您配什么衣服，都会搭配的很好，因为它的颜色很中和，不信，你可以试一下，来体验一下实际效果。”

客户：“恩，我随便看看。你们没有赠品吗？别家的都打6折，还会有不少的赠品。”

销售员：“是的。不过赠品不重要，关键是皮带的质量好不好。没有赠品我们也没有办法。”

客户：“那您这样也太缺乏竞争力了。就这方面其他的店明显比你们要好很多。”

销售员：“您又不是来买赠品的。”

客户转身离开。

情境分析

情境中的销售员的失误就在于没有及时处理客户提出的各种问题，在客户提出问题的时候，并表现出了不耐烦的情绪。

可见，销售人员若想成功说服客户，使客户购买产品，那么，首先，你就必须对你的产品了如指掌，才能将产品的优越性以最吸引人的方式或语句展示给顾客。

其实，无论什么样的客户，都希望给自己推销产品的销售员是个业内的精英。所以销售员要了解所售产品的相关知识，以便给予客户更好的服务。而对于那些事事皆通型的顾客，销售员则更要注重对商品知识的了解，因为一旦销售员在与客户谈话中出现错误，首先遭遇尴尬的就是销售员自己，最重要是影响销售成效。所以，每个销售员都要对产品透彻地了解，都应该是自己所销售产品乃至公司所有产品的专家，因为顾客即便是了解再多，也很难了解到所要购买商品的方方面面。这就需要销售员针对商品给予顾客足够的介绍。具体来说，你可以从以下方面了解产品知识：

1. 产品的名称

有时候，产品的基本特征甚至特殊性能、特殊含义等都会包含在产品的名称里，销售员必须要加以了解。

2. 产品的技术含量

现代产品技术含量都相对来说较高，而一个产品的技术含量的多少，销售人员应该心知肚明。在销售时，要扬长避短，引导消费者认识产品。

3. 产品的物理特性

任何一个产品，都有型号、规格、颜色、大小、尺寸等，这些销售员必须要熟悉。

4. 产品的效用

因为消费者之所以选择购买某种产品，正是因为该产品能够给消费者带去他所需要的效用。因此，销售人员应该知道产品能够为客户带来什么样的利益，这是应该重点研究的地方。

因此，销售人员还应该注意以下几点：

品牌价值：随着现在人们的品牌意识的提高，对于很多领域内的产品，消费者比过去更加注重产品的品牌知名度。

性价比：这是理智的消费者会着重考虑的因素，在购买某些价格相对比较高的产品时，这种考虑会更加深入。

特殊卖点：指的是产品蕴含的新功能、其他产品所无法提供的功能等。

服务：现在人们越来越关注产品的售后服务，但是，产品的服务不仅仅指的是售后服务，还包含销售前的服务和销售中的服务。

做客户的知己，忧客户之所忧

通常来说，我们都有几个自己可以倾吐内心的死党，也就是人们常说的“知己”。人们对陌生人抱有戒备心理，但却对自己的知己信任有加。因此，作为销售人员，在与潜在客户沟通的过程中，如果能与客户做知己，真正做到忧客户之所忧，那么，便能让客户信任你。

现实推销中，可能一些销售员会产生疑问，为什么客户总是把我当出气筒，总是向我倾诉不快，其实此时，你应该庆幸，你的客户已经开始信任你了，他的心扉已经向你敞开，希望得到你的回应和帮助。而实际上，作为销售能手通常都懂得察言观色，在客户尚未道出自己的苦恼之前，他们就能主动替客户说出。

为此，作为推销员，我们一定要具备博大的爱心，结合客户不同的心理状态，真诚付出，让客户看到我们的责任心，继而接受我们所销售的产品或服务。

心理情境

这天，化妆品推销员小雪来到某准客户家，开门的是位年轻的太太，很明显，这位太太很不高兴，脸上还挂着没擦干的泪水，小雪赶紧说："太太，您怎么了，遇到什么伤心的事情了吗？"

客户："没有，您是哪位，我不认识你！"

小雪："我是一名化妆品推销员，在敲开您的门之前，我是准备向您推销产品的，可是当我看到您一脸的愁容，我觉得我有其他的使命了。"

客户："真是很感激你，其实，我没什么事。"

小雪："家家有本难念的经，我能理解，尤其是咱们女人，要操持好一个家，努力经营好一段婚姻，真不是一件容易的事。"

客户："你说得太对了。我的丈夫就是一个永远不知足的男人，我这么努力，家里家外，他却一回来就跟我吵架，甚至连我做的饭都不吃，我都不知道该怎么办了，难道他也喜欢上了别的女人？"

小雪："太太，我觉得您需要勇敢一点，要和您的丈夫谈谈，这样问题才能解决，不然即使您伤心，他也不知道啊。"

客户："你说得有道理。我是该找个机会和他摊牌。对了，你刚说你推销化妆品，都是什么样的产品？"

小雪："……"

情境分析

当面对关系不紧密、甚至完全陌生的销售员，这位太太即使"心有

千千结”，也不愿向小雪倾吐，而当小雪以坦诚的态度道明自己的原本来意和对自己的关心，她对小雪的防备心就稍微松弛了一点点，而当后来小雪谈到一个女人的难处时，更让她感同身受，于是，她的心就彻底向小雪敞开了，也就把小雪当成了情感倾诉的对象，主动问及产品更是水到渠成的事。

这里，要表达我们对客户的责任心，我们就需要把客户当成真正的朋友，与客户交谈时千万不能带着强烈的目的性，不要每次见到客户都谈论推销，你不仅会给自己很大压力，感觉很不自然，也会无形中给客户压力，感觉你目的性特强。如果把客户当作真心朋友相处，你会很轻松，在业务上更会有意外收获。因为，如果你单纯把自己与客户的关系保持在买卖上，你就会以产品为导向的与客户交往。而把自己作为客户的知心朋友时，你在和客户的沟通中就会以客户需求为导向。这两种导向的不同，最终会决定你在事业上的收获不同。

具体来说，我们需要做到：

1. 从情感上关心客户

日本著名的保险销售能人山田正皓在接受一家杂志的访问时曾说："与客户接触时，一走进门，要让客户感觉舒服，而不要让其感觉到压力，他们就会和你建立长期的业务关系，他们会逐渐喜欢上你、信任你。这个原则年复一年跟随着我，成为我开展销售业务的基石。你先别管任何其他的技巧，也不要去尝试它们。你只要想办法让客户觉得和你在一起很舒服，喜欢并且信任你，让他们觉得你是来为他们提供服务的，而不是来卖东西的就行了。"

山田正皓在销售过程中总是竭尽全力地鼓励和关心客户，使客户感到温暖。客户把他当成知心的朋友，这对他的销售工作发挥了积极的作用。二十几年来，他因业务关系结识的朋友超过数千人，而且大部分都保持着联系，这又为他的销售工作产生了不可估量的扩展作用。

2. 体会客户的心情故事

一般来说，当客户心中不悦的时候，对于我们的推销会采取拒绝的态度。当听到客户的拒绝，你应先要求自己想到的不是责怪客户的不通人情，而是要帮客户编一则心情故事。或许他周末没休息好，所以和我说改天再说；或许他刚被老板骂，心情不太好；又或者……

总之，不要先想客户的不对，而是先站在客户的立场，帮他编一个理解他的心情故事，好好体会，品尝人间百态，这不也是一种销售的收获吗？

这就叫作同理心，通常你以这样的心态和客户交流，客户会觉得你是个值得心事托付的人，会把你当朋友看待。当客户对你倾诉的私人故事越多，就证明他越信任你。

3. 认真倾听，鼓励客户多说

如何让客户对我们掏心掏肺，很简单，那就是不断鼓励他说，这其中，更需要我们懂得如何倾听：倾听时绝不可左顾右盼、心不在焉；倾听时要懂得反馈，向对方表明你对其情感的理解；可以适当的重复客户的话，这表明你正在认真听。

当然，如果客户存在某些我们能为其解决的难题，行动比语言更有说服力，你的帮助一定会让他对你感激万分，成功推销也就不在话下！

平和地对待客户，让客户满意

销售员虽然只负责销售，但毕竟产品是从销售员手上售出的，销售员对自己所卖出的产品负责，这是一个销售员乃至整个企业的立身之本，更是一个销售员最起码要具备的素质。产品售出后，遇到客户的抱怨，销售员要找出原因，给客户一个合理的解释，千万不要为自己和自己的产品找借口，那是一种推脱不负责任的表现。

然而，面对客户找上门，一些销售员却这样应对客户：“我只负责销售，卖出去就不关我的事了。”“公司又不是没有售后服务部门，你们找错人了，我不管这事。”“你当时买的时候本来就是特价的产品，一分价钱一分货的道理，谁让你当时不买贵的？”

心理情境

陈爽是一名手机销售员，每天他都会遇到各种各样的顾客，当然，也少不了那些投诉抱怨的客户。

这天上午，一位小姐怒气冲冲地找到他，对他说："你这手机有问题吧？我昨天买回去后，就把内存卡插进去了，可是完全没显示……"听完客户的抱怨后，陈爽并没有生气，而是让客户拿出手机，他重新为客户装了一次内存卡，这时，居然有显示了。此时，陈爽对客户说："您昨天肯定是安插内存卡的时候，没安插好，接触不良导致的。"客户这才恍然大悟，有点不好意思，说："真对不起，是我弄错了。"这时，销售员说："这不能怪您，我昨天应该先把关于手机的各项使用说明都讲清楚的。"听完这些后，客户很满意，又为自己男朋友买了一款手机。

上午的事情刚解决完，下午又来了一个"找茬"的老客户，当时陈爽正准备午休，客户冲进来，对陈爽说："我要退货！"陈爽很纳闷，对客户说："产品有什么问题吗？"

"我是想问一下，我上次在这儿买的手机，为什么还没到一个月，价格就降这么多？你们得赔偿我差价，或者直接退货！"

"小姐，您先别急，我非常理解您现在的心情，您一定觉得价格降了这么多，您买得不划算，其实，还是有很大区别的。像您购买的这种手机，功能强大，外形靓丽，颜色多样，在您购买时我们这个柜台可是独一无二的啊，可以说您是一位时尚达人了，而现在市场上的确出现一些和我们产品差不多的手机，价格也便宜很多，但您是这款产品的引领者，您应该觉得高兴才对啊，您说是吗？"

情境分析

案例中，我们发现，手机销售员陈爽很擅长处理客户的抱怨，在面对两种完全不同的抱怨时，他始终能处变不惊，针对不同的情况，采取不同的应对措施，最终都让满腔怨愤的客户满意而归。

可见，销售人员在面对客户提出产品存在问题的时候，一定要有一定的灵活性，一来是不要让客户的情绪影响了你，自己也跟着生气，并为自己找借口，二来要以平静的心情听完客户的抱怨，从中弄准事故产生的原因，然后采取针对性的解决措施。

那么，具体来说，我们该怎么做呢？

1. 找出客户产生抱怨的原因

要做到成功化解客户的抱怨，首先就要了解清楚客户抱怨的原因是非常重要的。客户抱怨的问题一般有以下几种：

（1）产品自身的原因，比如：商品用途狭窄；功效减退或消失等。

（2）售后服务上的问题，比如，客户会产生这样的抱怨：你们的售后服务太差了吧，怎么和售前相差这么大？

（3）客户自身的原因，如客户没有能按照产品的说明书的要求正确使用商品，或者机器的使用程序颠倒，从而使客户抱怨；或者客户受到外界一些因素的影响，对产品产生不同的印象，故而产生抱怨等。

当然，客户产生抱怨的原因还有其他，这都需要我们在具体地处理抱怨前就挖掘出原因，然后对症下药，加以解决。

2. 对症下药，消除客户的抱怨

（1）客户对产品不满意。针对这一点，我们一定要重新树立产品在客户心中的形象，重新诉求产品的卖点，让客户觉得买得值。比如，我们可以和案例中的手机推销员陈爽一样，强调客户当初购买产品的抉择是明智的。

（2）客户由于使用不当造成问题。对此，我们一定不要将责任加于客户身上，而应该归咎于自己，承认自己没有把情况说明清楚，然后再向客户重新演示产品的正确使用方法。

当然，关于客户的这一抱怨，我们完全可以避免，那就是，当客户购买产品后，我们应详细告诉客户要仔细阅读产品的说明书，以及使用产品时，按照产品说明书上的要求正确使用。

（3）关于服务上的抱怨。关于这一抱怨，销售员或多或少地有些责任，有些销售员在听到客户关于服务提出抱怨时，经常会用：“客人

很差劲”“最近消费意识抬头，客人的要求越来越多，真是拿他们没办法”“消费者保护法是把消费者宠坏的法律，对我们而言根本很难做到”这些理由来责怪客户。这种处理方式是万万不可的。对此，我们一定要保持良好的态度，表达对客户的尊重。直销界流行这样一句话：“客户永远是对的”。要让客户对我们的印象改观，良好的服务态度就是你最有力的证明。

因此，销售员在面对客户抱怨的时候，一定要先冷静地分析、查明真相，并且思考如何处理，确实找出客户是因为哪种不满而产生抱怨的原因，然后针对具体原因，加以解决，使客户满意而归！

售前售后都要对客户尽职尽责

任何一个销售员都知道，良好的售后服务是留住客户、形成良好口碑、塑造企业良好形象的重要前提。销售员负责的是销售工作，但是仍然要尽最大的努力帮助客户解决售后问题，做好售后服务工作，不管客户遇到什么问题，都要尽心为其解决，切忌推卸责任，要知道，客户不会同一个不负责任的人合作两次。

心理情境

曾经有记者问世界顶级销售大师乔·吉拉德：“我知道你从事这个汽车销售的第二个月，你就一下子卖出了最好的成绩——一天18辆车，这个纪录到目前都还没有被打破过。那么，在您从事汽车销售的职业生涯中，有没有什么原则是你一定要遵守的。”

而乔·吉拉德的回答是：“当我乔·吉拉德卖给你一辆车以后，我要做三件事：服务、服务、还是服务。有人问我：‘乔治，我一个月只卖掉4辆车，都有点照顾不过来客户了。你怎么做到的。你的业绩可是平均一天卖6辆，你怎么权衡。你怎么为这么多客户提供服务。’一个月卖掉四五十辆车对我来说太容易了，我与一家很有情调的意大利餐厅签有合约，在每月的第3个星期三，我会邀请客服部的36位同事，他们是维修汽车的技工，邀请他们来与我一同进餐。我给予他们关爱，重要的是他们也表现出对我的爱。所以当客户来的时候，我的助手去客服部能请出4位技工，二话不说打开工具箱马上开始修理你的爱车。在那之后你会去找谁买车，乔·吉拉德。因为我给你们关爱，卖车时我会给你承诺，因为我卖给你车后会告诉你，我绝不会对这辆车置之不理。你叫艾迪，对吗？艾迪，我决不会抛弃这辆车，我会一直关注这辆车。无论你何时何地需要我，我都会给你的车提供超乎想象的服务。投之以桃，报之以李。通过口碑相传，乔·吉拉德的服务尽人皆知。全美国的人蜂拥而至，来我这里买车。”

情境分析

估计任何一个销售员都羡慕乔·吉拉德的销售业绩，那么，我们也应该和他一样重视对客户的售后服务。当我们把产品卖出去以后，并不是就万事大吉了，相反，这正是下一次销售的开始。客户购买完产品，无论是对产品质量、使用方法等存在疑问，还是维修工作，我们都应做到不遗余力地为客户解决，只有让客户满意，才可能打开新的销售大门。乔·吉拉德所谓的口碑营销，也就是这个道理：如果你的产品和服务都非常优秀，价格也合理，有时不用你要求，客户也会介绍他身边的人找到你。

那么，销售员该如何做好售后方面的工作呢？

1. 推销完毕之后对产品和客户进行追踪

当我们把那些产品推销出去之后，我们还要和那些客户保持联系。这样，我们可以更加了解客户的要求，还可以知道他们是否对我们推销的产品感兴趣，我们还可以在和客户交流的时候，进一步了解客户的新的需求。如果当我们了解到那些客户对我们所推销的产品存在着某一些问题，对我们所推销的产品有一些意见的话，我们一定要在最短的时间内采取措施，以满足客户的需求并表示抱歉。这样，可以延长我们的销售员同客户之间联系的时间。在推销之后和客户保持联系，并在联系的过程中，让客户感到自己购买此产品是明智的，这样会增加他们再次购买我们的产品的

机会和可能性。

2. 建立客户“发泄机制”，及时弥补客户的不满

日本企业家松下幸之助被誉为“经营之神”，他曾说过：“客户抱怨时，我们一定要以礼相待，耐心倾听对方的心声，并尽量使他们满意而归。因为从某种角度上来说，他们会成为你的产品免费的间接推销员。”作为销售员，我们应该理解客户，并建立客户“发泄机制”，认真倾听对方的抱怨，而只有这样才能为客户提供优质的服务，同客户建立长久的合作关系。

3. 做好定期的回访工作，令客户感到你的责任心

销售工作中，我们常常要进行一些售后工作，比如回访，回访是指公司客服部门相关负责人，向本公司的客户回访有关本公司的产品及服务的态度及一些问题，从而达到更好的服务，来提升公司的形象。所以，做好客户回访是提升客户满意度并为之带来新客户的重要方法。客户回访对于维护老客户来讲更重要，通过客户回访，可以令客户感受到你的责任心，还可以得到老客户的认同，创造客户价值。充分利用客户回访技巧，使客户回访得到意想不到的效果。

就电话回访客户而言，避免客户在当天接到两次回访的电话，因为有的客户会产生反感，为了将我们的售后服务做到更好，对此，销售员最好将本周的回访客户统一在周五或周六，以问候的形式进行回访。另外，通过回访，要从中发现问题，客户反应的问题当时能解决的就在当时解决了，没有解决的在本周内解决。要从回访中提高客户对你的满意度。

总之，销售员只有做好售后服务工作，取得客户的满意，才能处理好与客户的关系，与他们交朋友，得到他们的信任、欣赏，这样才有可能通过他们找到新客户。

励志做一个尽职尽责的销售员

责任心决定了一个人处事的态度，更决定一个人做事的高度，销售中也一样，一个尽职尽责的销售员不仅可以获得客户和领导的信任，也可以有较好的销售业绩。而对于企业来讲，企业更愿意将一块市场、一个任务交给有责任心的销售员，因为很多时候，一个企业的命运是和产品的销售业绩直接挂钩的。一个有责任心的销售人员会千方百计努力去完成实现自己的发展，而一个没有责任心的销售人员则会得过且过，过一天算一天，最终将自己的命运断送在自己手中，正如足球行业中的一句话所说“态度决定一切”，用在销售人员身上则是：责任决定态度，态度决定一切。

这就告诉销售员，在销售的过程中，只有你拥有强烈的责任心，客户才会信任你，才会购买你的产品，你的企业、你的事业才会发展壮大。

心理情境

琳达是一家保险公司的销售员，她的销售业绩一直在公司排第一，这与她总是对客户知冷知暖有很大的关系，因为她总是对客户负责，每当她的客户发生意外时，她都会在第一时间拜访他。

又一次，她的一名客户在自家门前的巷子里被人抢劫了，损失了几千块钱的人民币，还有手机、首饰。这位客户在琳达手中买过一份人寿保险，但没有买财产保险。这次客户发生这样的事情，琳达担心客户的财产受到很大的损失。因为她知道客户没有买财产保险，这次遭抢一定让这位客户压力重重。

琳达赶紧拜访这位客户，一见面她就问道：“你没事吧？”

接着又说第二个问题：“您有什么重大损失吗？”

第三句话是：“都怪我不好，当时没有坚持请您购买财产保险，以致今天我不能帮您减少损失，为您分担经济压力，我今天只能为您分担精神压力。”

第四句话是：“面对您的遭遇和处境，我非常焦急，也非常心痛，我会尽我所能为您提供帮助。”

琳达的几句话让客户很感动，在接下来的一段时间内，琳达经常去客户家里陪她聊天，安慰她，并量身为其定做了一份财产保险。最后，在不到半年时间内，这位客户购买了这份财产保险。

情境分析

销售情境中的琳达是一位优秀的销售员，因为她总能从客户的角度出发考虑问题，对客户负责。的确，只有让客户感受到你是个有极强的责任心的人，他才会放心购买产品，也只有这样，客户才可能不断与你合作。

要成为一名有责任心的销售员，你需要从以下几个方面努力：

1. 对产品负责任

要想让生意有长久的发展，产品的质量是重中之重，这是一个公司上到领导层，下到销售员应该共同的责任，也只有这样，才能得到客户的信任，也才有长期的合作。

2. 对客户负责任

作为销售员，我们的最终目的是卖出产品不假，但要明白，客户是我们销售业绩的最终来源，同时，销售员卖出的不仅是产品，还是一个优秀的销售员和公司的信誉。只有对客户负责，并关心、体谅他，客户才能把你当作自己的朋友，让彼此之间的关系更加亲密，让客户看出你是一个值得交的朋友，是个有责任心值得信赖的人，这样才能有把握抓住机会，成为一个出色的销售者。

3. 对公司负责任

真正优秀的销售员，会把自己当成公司的一分子，和公司荣辱与共，而也有这样的一些销售员，在谈到公司的时候，使用的通常都是“他们”而不是“我们”，仿佛自己不是公司的一员，自己和公司的利益是对立的，这样的销售员，就是对公司不负责任。真正优秀的销售员，在销售的时候，不是单纯地为了销售而销售，而是把销售当成自己的事业，努力地为自己的团队争取利益，这样的销售员工作起来才会快乐，因为他有归属感，只有对公司负责，才能在公司给你提供的这个舞台上成长、成熟，最后成功。

4. 对自己负责任

对客户、公司、产品负责，其实，归根结底是要对自己负责，我们要明白“我在为谁工作”的问题，你是在为自己工作！“负责任、要敬业”

应该永远是每个人在工作中遵守的原则，而销售员也应该永远用这样的态度来对待自己的工作。

如果销售员想成为优秀的销售员，不妨用这种方式来证明自己，把推销产品当作自己的事业，从心里认为这是为自己在工作，而不是为公司工作。

总之，责任心是取得成功的基础，没有责任心，再怎么努力也枉然。销售员从从事销售工作的那一刻就要学会对产品、客户、公司、自己负责，并有效地与客户沟通，让客户感觉你值得信赖，从而与你建立稳定的、长久的合作关系。

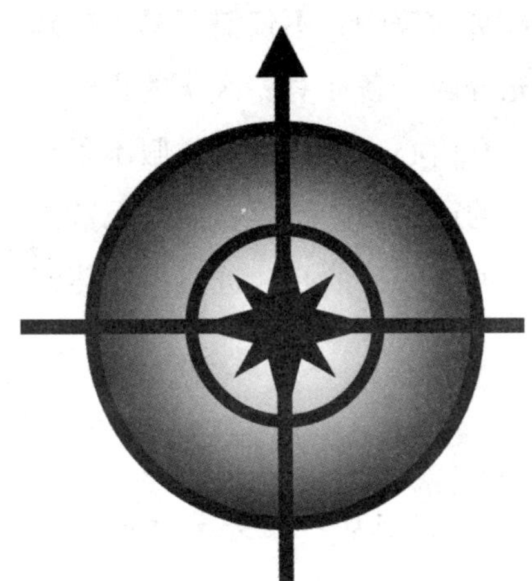

第07章

正视挫折：每一次失利都是鼓励

很多销售员，尤其是刚刚从事销售行业的新人，总是害怕被客户拒绝，面对客户的否定态度，他们会表现出沮丧或是泄气，然后一蹶不振，没有勇气再去面对销售工作。其实作为一名销售员，遇到挫折、遭到客户的拒绝是再正常不过的事情了，推销大王乔·吉拉德曾经说过这样一段话："客户拒绝并不可怕，可怕的是客户不对你和你的产品发表任何意见，只是把你一个人晾在一边。所以我一向欢迎潜在客户对我的频频刁难。只要他们开口说话，我就会想办法找到成交的机会。"所以，任何一名销售员，都必须要有愈挫愈勇的勇气，要敢于面对销售过程中出现的任何风风雨雨，要从挫折中学习经验和教训，只有这样，才能将自己历练成为一位优秀的销售员。

别颓废，销售就是要愈挫愈勇

有人说，销售其实是一种创意式的苦力活，如果你想成为一个优秀的销售者，一旦从事推销工作，就不能有丝毫的停顿，不仅需要马不停蹄地面对许许多多的客户，而且还必须要有充分的准备面对一次次的拒绝。这无疑是对你信心的打击。要是连自己都没有信心，连自己都说服不了自己，又怎么能说服顾客、感染顾客来购买你的产品呢？所以，面对无数次的挫折、失败，你都别颓废，一定要有愈挫愈勇的自信心，迸发出狂热的热情，展现你良好的销售姿态！

心理情境

严林是一名很出色的建材推销员。有一次，他从一位老客户那里得知，某公司要购进一大批铝材。于是，在了解了这家公司的情况后，拨通了客户公司的电话。

严林：“周总您好！”

（停顿）

客户：“你好！哪位？”

严林：“我是××建材公司的销售顾问严林，您有听过我们公司吗？”

客户：“……好像听过。”

严林立刻道：“嗯，我从××公司总经理王先生那里听说贵公司要购买一批铝材，是吗？”

客户：“嗯，是的。”

严林：“太好了！您既然听说过我们公司，应该对我们公司的产品质量有所耳闻吧，王先生也和我们合作了很多年。您明后天哪一天比较有空，我们当面沟通一次？”

客户：“不好意思，这些天比较忙，没时间啊。”

严林："是的，王先生也特别跟我提过，说您事业有成，平时都非常忙，把时间安排得紧凑。所以为了不耽误您的事情，叮嘱我在与您见面之前，一定要打电话给您。您放心，我不会占用您太多时间，只要您给我10分钟，我会给您一个有前景的事业，您看是星期三还是星期四方便呢？"

客户："呵呵！你还真执着，那就周四上午吧。"

严宁："谢谢您的夸奖，请问是9点还是10点呢？"

客户："那就9点半吧。"

严林："好的，那我们就周四上午9点半见！祝您工作顺心，周总再见！"

客户："谢谢，再见！"

情境分析

的确，在与客户沟通的时候，难免被拒绝，而且不只一次，对此，一些销售新手或者耐挫力差的销售人员往往就会选择放弃，但案例中的销售员严林是值得我们学习的，面对客户的拒绝，他不但没有退缩，而且巧妙地使用了一些小技巧，就化解了客户的拒绝，让约访得以继续下去。

其实，那些能够发挥最大潜能的销售人员，个个都是能克服恐惧，勇往直前，不畏失败与挫折的人，因为勇气和胆识是构成顶尖销售人员的基本特质。所以，在销售中遇到挫折，我们一定要愈挫愈勇，重燃激情，具体说来，我们要做到：

1. 调整自己的心态：积极，乐观，向上

（1）"99%的拒绝才能换来1%的接受"的心理准备：

光有信心还不够，销售员还必须有抗打击和抗挫折的能力，要有"99%的拒绝才能换来1%的接受"的心理准备，只有这样，才会在受挫折时，重燃希望之火。

（2）不卑不亢：注意推销不是乞讨，客户在很多时候是需要我们帮助的。

（3）自信与自尊："推销是从被拒绝开始的"，正是有了"拒绝"，才有了业务员存在的必要；一见到业务员就笑逐颜开，张开双臂欢迎你的人很少，甚至让人觉得不正常。

（4）原则与信条："客户永远都是对的"，要了解尊重客户的要求，但不是要满足他的所有要求。实际上也无法满足他的所有要求。

2. 保持友好诚恳的态度

"客户永远是上帝"，这应该作为销售人员谨遵的信条。客户提出的拒绝，难免会让销售员感到懊恼，但是无论如何，销售员也要拿出销售员应有的热情和诚恳，耐心地与客户沟通。在与客户展开沟通之前，销售员最好将自己的观点在头脑中梳理一遍，剔除掉那些不够委婉的语句，将语言组织得完整、易于被人接受，然后放平心态，拿出真诚的态度去面对客户。

总之，作为销售员来说，无论在销售中遇到了怎样的挫折，都不能气馁，只要你有打不倒的精神，就不会有攻克不了的销售难题！

让绊脚石变成磨刀石

对销售员来说，如果遭到拒绝，就不再和此客户联系，或是认为不再需要对他尊敬，大骂一顿来解气，这实在是一种幼稚的解决办法。而真正聪明的销售者，就算遭到拒绝，销售员也保持一份处变不惊的坦然心态，以优雅的姿态、真诚的心意，给客户留下一个好印象，此时，他们或许会借此机会，问明客户拒绝的真正原因，帮助客户解决一些不在自己职责之内的问题。这样做，很有可能带来意想不到的收获，也许客户会回心转意使销售一举成功。

心理情境

一个销售员想和一家工厂的总经理见面，推销一些设备，经过几次预约，终于约到了经理，但实际上，这名总经理根本不知道他是来给自己推销的，当他走进办公室，把名片递给经理后，经理很生气，对秘书吼道："我说过多少遍，一切来搞推销的，我都不见。"没办法，如此坚决的客

户，销售员只能离开，可就在此时，厂房传来失火的声音，销售员心想："我才不管！"但转念想，还是去帮忙吧。于是，销售员跑到厂房，原来是因为机器老化而漏电导致的，由于对自己所推销的这类产品都相当熟悉，不到一会儿功夫，销售员就将机器修好了，而这些，正被赶到的经理看见了，在他的劝说下，经理买下了所有厂房需要的设备。

情境分析

可以说，情境中的销售员的成功是典型的"置之死地而后生"，因为没有谁会拒绝一个即使被拒绝依然帮助自己的人。销售员正是因为帮客户修理机器的机会，让客户明白了一个道理：工厂的机器的确需要换了。当客户已经没有心理防备，并对销售员有好感的时候，销售员进行推销自然容易得多。

客户似乎总是会对所要购买的产品存在着或多或少的异议，无论是价格还是质量，客户们都惯用怀疑的心理来看待。"产品质量真的那么好吗？""价钱为什么贵？"等诸如此类的疑问，常常成为客户购买商品时的心理定势。而一些销售员往往利用常规思维，去解决客户的异议，这往往会造成客户在心理上的优势。不妨试试下面的做法，可能会让你得到想不到的结果。当客户拒绝时先不要反驳，当客户在心理上慢慢恢复平静时，再问明客户拒绝的真实原因，这时客户已经没有理由再去隐瞒，那么针对客户的真实意图再开展销售工作就容易得多。

一般来说，客户之所以拒绝销售人员，会有以下几种原因：

1. 售后保障问题

如果客户曾经购买过售后服务不好的产品，那么在以后购买新产品时，肯定会对售后服务提出质疑，对此，销售员要尽量作全面的解释，对于那些客户提出的合理要求也要尽量满足。但是对于那些无法做到的服务项目，销售员还是要委婉地拒绝，不要一味地向客户许诺，以免失信而加剧客户心中对产品的不良印象。

2. 对销售员不满意

客户对产品产生异议，有时原因也来自于销售员本身。可能客户不喜欢销售员的形象，或者销售员的信誉不好，又或者是销售员缺乏经验、无法把握客户心理需求。因此，作为销售员在熟悉业务的同时也要遵守销售规范，保证自己以良好的态度、自信健康的形象面对客户，并与客户形成良好的沟通氛围，尽量从方方面面满足客户正常的购物需求。

在购买产品时，客户可能会因为存在一些消极心理而拒绝销售员，而这一定会对销售形成一定的阻碍，所以作为销售员，为客户多做一点，也许在你不经意的付出中，事情就发生了转机。

销售中的挫折亦能带给你经验

俗语有云："失败乃成功之母"，作为销售员而言，这句话不仅仅是一句至理名言，更应成为每个销售员的行动准则。因为在销售中，即使口才再好的销售员，也难免要遭遇失败。世界顶级推销员乔·吉拉德也是在经历了无数次的失败之后，才慢慢寻找到失败的原因，积累了属于自己的销售技巧。当然，做好销售，销售员除了不怕失败，还应该学会总结经验，因为每天的销售都是为下一次的成功做准备。

心理情境

乔治是一名优秀的汽车销售员，他曾有过这样一次推销经历：

有一天下午，一位客户西装革履、神采飞扬地走进店里，乔治凭借自己的经验判断，这位客人一定会买下车。于是乔治热情地推荐了一种最好的车型给他。那人对车很满意，但一问价钱之后，就打消了成交的念头，"太贵了……"变卦而去。

乔治为此事懊恼了一下午，百思不得其解。到了晚上11点他忍不住打电话给那人："您好！我是乔治，今天下午我曾经向您介绍一款新车，眼看您就要买下，却突然走了。这是为什么呢？"

"你真的想知道吗？""是的！""实话实说吧，小伙子，你的车很不错，可是我觉得你的车太贵了，我反复跟你说今年女儿考上商学院，

需要大笔的学费，我说了无数遍的女儿、女儿、女儿，可你却一直在说车子、车子、车子。实际上，我可以分期付款买车，可是为什么，你就不能理解一下我的心情呢？”

情境分析

案例中的乔治是个有学习精神的推销员，在自己被拒绝之后，他依旧打电话询问客户，了解自己被拒绝的原因。客户称产品“太贵了”，并告诉乔治自己的女儿需要大笔的学费，可是乔治并没有对客户的心情表示理解，而是在不断重复地说自己的车子，更没有分析对方的想法，所作行为的后果自然是“到嘴的鸭子飞跑了”。不过，相信乔治了解到前因后果之后，肯定会从中获得经验和教训，以帮助自己更好地进行下一次的推销。

销售过程中，客户总是有很多原因来拒绝销售员，在遭受拒绝的时候，销售员一定要想方设法寻找客户拒绝的真相，这样，才能对症下药，改变客户的想法，最重要的是，即便客户最终没有购买，我们依然从中学习到了销售经验。面对客户的拒绝，我们可以这样做：

1. 承认对方的拒绝理由

有时候，我们发现，客户拒绝我们的理由的确是实情，根本“无懈可击”。这时最好的方法就是点头承认，不要浪费时间去说服对方认可。实际上，无论客户的理由是什么，我们都不能立即反驳。

在销售中，最忌讳的就是销售员和客户唱反调、否定客户，这很容易引起客户的反感。我们要学会从客户的语言中识别出有价值的一面，然后对客户加以肯定。因为对于销售员给予的赞同和肯定，任何一个客户都是愿意接受的。

比如，当客户说：“现在我们公司自己的产品还没销路呢，所以不打算进货。”而你也知道那是事实，那就不要为此争论。你可以说：“这的确是每年这个时间段的市场行情。我能理解您的想法，同时我有一个新产品相信您会喜欢，因为到目前为止，还没有人经销，相信销路会非常好。”

2. 引导客户，让他自己回答拒绝销售员的理由

销售员与其自己猜测客户拒绝的真实原因，还不如让客户自己回答，因为这能有效避免信息的错误。而要让客户自己回答，只需让他们继续谈下去即可。也许，这正是他们要反对的原因——希望有人听听他们的看法。所以，你可以用问问题的方式引导他们谈话，一旦他们回答了自己的反对意见，情绪就会平静下来。

比如，如果当客户以“我听说你们的产品质量不过关”为由拒绝购买时，你可以这样引导客户：“李先生，我对您的这个看法很感兴趣，可否请您进一步解释一下呢？”或是，你可以直截了当地问：“为什么您这么认为呢？”

假如客户这里的“听说”是自己“杜撰”的，或者并没有很强有力的“论据”，这时，通常他们会坚持一阵子，然后就会承认这个问题并不是很重要。要让客户回答自己的反对理由，必须要有耐心，同时提一些引导性的问题，就会有非常好的效果。

3. 提供适当资料以解答客户拒绝的理由

很多时候，客户不购买，是因为他们对产品存在质疑，此时，在了解客户拒绝的真实原因后，我们就要拿出全面确凿的证据，以打消客户的想法，如老客户的感谢函、专家评断、客户使用满意的照片等。也可以向客户展示一些实例。而且越是生活化的实例越具有说服力。最后，在回答客户问题的时候，尽量简洁，不要花费太多的时间，如果你总是喋喋不休地讲述一个问题，客户会认为他提出的问题切中要害，而你很难给予良好的解决，从而降低客户对你的信心。

要坚信，方法总比困难多

优秀的销售员一般都能很好地抓住客户的心理，明白很多客户对销售员和产品存在一定的防御心理。的确，在推销产品的过程中，销售员难免会遭到客户的拒绝，“不用了”“没时间”“不需要”“没兴趣”是客户

拒绝时惯用的语言。客户一系列的否定都是在向销售员传达一个信息——在对产品说“不需要”。此时，对于类似的挫折，销售员一定要调整心态，因为没有拒绝，就不会有销售工作。对于优秀的销售员来说，几乎大部分的成功销售都是从客户的拒绝中争取来的。因此，对于那些说“不”的客户，销售员不应该表现出气馁，而是要用智慧和职业素质去感化客户，并开动大脑，要相信方法总比困难多。只有从根本上转变客户的看法和态度，销售工作才可能取得成功。

心理情境

菲菲是某大型美容会所贵宾卡推销员。一天，她站在公司门口闲溜达的时候，迎面走来一个中年妇女和一个年轻女孩，因长相几分相似，菲菲觉得应该是母女。女儿看上去大约有20岁，青春靓丽，十分漂亮，母亲看起来也很漂亮，气质华贵大方，年龄应该有40多岁。她们的皮肤都非常不错。根据多年的销售经验，菲菲认为这两位客户她应该争取一下。于是她迎了上去。

菲菲：“您好，小姐、太太。我是××美容会所业务员，请允许我……”

客户（小姐）：“最不喜欢去你们那里做美容了，请你不要打扰我们了，你们的任何产品我们都不需要。”

菲菲：“小姐的气质很好，皮肤也这么细腻白皙，看起来水灵灵的。应该日常的保养工作做得很好吧。”

客户（小姐）：“还行。”

菲菲：“您目前办的是哪家会所的贵宾卡呢？”

客户（小姐）：“当然是最好的。”

菲菲：“哦，是这样啊。不过太太您的皮肤也很棒啊，您也和女儿一直在同一个会所做美容吗？”

客户（太太）：“对，一直在同一个地方。”

菲菲：“小姐您接触过我们的服务吗？”

客户（小姐）：“接触？当然接触过，上次和一个姐妹来这里做美容，结果不知道用了什么，非常不舒服，脸上发痒。”

菲菲：“是吗？您用的是哪款产品呢？”

客户（小姐）：“就是去年你们会所新进的××型养颜霜，简直把我害苦了。”

菲菲：“真是对不起。首先我向您表示歉意。但是我想您也许没有弄清楚，我们的那款养颜霜是针对30岁到40岁的女士研制的，像您这样年轻的女孩，使用起来难免会不合适。可能当时我们的美容师工作疏忽了，真是对不起。”

客户（小姐）：“是吗？原来那款养颜霜是30岁到40岁的女性用的？”（吃惊）

菲菲：“是的，小姐。如果女性使用的美容产品不适合自己的肌肤年龄，脸部就会感觉不舒服，如果不及时停止，就可能出现脸部发痒的症状。”

客户（小姐）：“哦，是吗，原来是这样啊。”（恍然大悟）

菲菲：“对，其实，我们会所的美容师还是相当专业的，只是上次那个应该是新手，真是对不起，对了，我们这里又新进了一批针对您的年龄段的产品，而且，我们的美容师因为刚从国外培训回来，技术大有长进，您可以办我们这里的贵宾卡，这样，您母亲的所有费用都是半折优惠。”

客户（小姐）：“是吗？真有这样的好事？那好吧。我们办一张。”

情境分析

情境中的贵宾卡推销员菲菲遇到的两个客户，在刚开始都是有抵触心理的，因为在菲菲所在的美容会所做过美容，但却吃了苦头。但菲菲却以耐心的态度问出了客户抵触的原因，并做出了令客户满意的答复，同时，她还将公司的优惠活动介绍给客户，这样，客户的抵触心理也就彻底消除了。

其实，在销售工作中，客户的任何一种拒绝都有其内在的原因。在有些时候，客户会因为心理有一些不愿被外人触及的秘密而拒绝购买。对此，销售员固然不能直截了当地深究，然而不找出客户拒绝的原因，销售

工作就难以顺利进展。所以销售员就要采用较为委婉的提问或者交谈方式来探究真实原因，想办法让客户自己说出拒绝购买的原因。在使用这种迂回战术时，销售员一定要审时度势，注意措辞得当，表达适度，以免打乱与客户的沟通进程。

总之，面对销售中的挫折，只要我们不放弃，肯开动大脑，就能找到客户拒绝的原因，这是第一步。第一步迈得好，那么销售工作也就能进一步展开了。如果销售员能配合使用正确的销售方法和策略，那么销售取得成功也将不再可望而不可即了。

别放弃，没有拒绝就没有销售

有时候，销售员在推销的过程中，遇到挫折和打击在所难免，苦口婆心地劝说客户购买，但客户总是这也不行，那也不行，即使销售员一再退让，客户仍然不满意，甚至将推销员拒之千里。这难免让销售员们感到备受打击。但面对这种情况时，我们一定要振作起来。我们只要调整心态，用真诚的态度和积极乐观的心态去感染客户，是容易打开新的销售局面的。

心理情境

推销员敲开某住户的门，与女主人对话，当他说明来意后，对方的回答是：

“我们现在不需要。”

“没关系的，您现在很忙吗？看得出来，您虽然很忙，但脸上却一直洋溢着幸福的笑容，您的家庭一定很幸福吧。”实际上，女主人并没有笑，但听到销售员这么说，女主人果然笑了。

“噢，谢谢！我的确挺幸福的。”

“您丈夫对您一定也非常好吧，我看到屋内挂的全家福了。我知道您先生是一位事业成功、在业界有影响力的优秀人士。那句话说得没错‘每一个成功的男人背后都有一个伟大的女人。’”

“呵呵，哪里啊。我也没有对他的事业帮到什么忙，只是每次他回到家里，能吃到热气腾腾、可口的饭菜，能换上干净的衬衣，能看到可爱的孩子。”

“是啊，这就是一种幸福啊……”聊着聊着，女主人已经沉浸在幸福里了。

“其实，我们对你的产品还是挺感兴趣的，等我丈夫回来后，我们一块儿去你那里看看产品。”女主人居然主动提到销售的事。

“好，谢谢！这是我的名片。”

情境分析

案例中，这位销售员在被女主人拒绝后，仍然保持良好的态度，并对客户说了一些“动情”的话，从而试探出客户是一个感性的人，接下来，他便从情感的话题入手，谈到女主人的丈夫、家庭，从而获得了客户的认可，挽救了销售局面。

客户之所以拒绝我们，往往都是有其内在心理原因的，那么，客户说“不”的原因都有哪些？我们又该如何来解决呢？针对客户不同的情况，我们要采取具体应对措施：

1. 主观不喜欢

客户购买产品，很多时候是和自己的喜好有很大关系的，当然，一般情况下，这种客户一般都有一定的支付能力。当客户告诉销售员他不喜欢你的产品时，销售员不必做过多的解释，只需要用将产品的优势尽量传达给客户，并努力让客户参与其中。只要慢慢引起客户的兴趣，销售成功的机会还是很大的。

2. 先入为主的偏见

比如，由于同行的疏忽或者其他客户的口耳相传，导致了产品在客户心中已经有负面意见的存在，这时，销售难度就明显加大。这种客户一般会直接告诉销售员自己“不需要”。面对这样的客户，销售员一定要克服客户这种先入为主的偏见，了解客户产生偏见的原因，并做到实事求是地解决客户存在的疑虑，和客户真诚沟通，将客户的注意力转移到产品的优

点上，以此转变客户的观点。

3. 抵制心理

生活中，有些人的防范和自卫意识比较强，当销售员上门推销的时候，他们会很紧张、不安甚至害怕，对销售拒绝是出于本能。面对抵制心理严重的客户，销售员要特别注意自己的态度和用词，要使用舒缓、友好的语气与客户交流，营造出轻松、活跃的销售氛围，让客户体会到亲切感。当信任感与安全感在客户心中渐渐增强，其防范心理也就慢慢消失了。

客户在面对销售人员的推销时，总会提出这样那样的质疑，或者直接表示“不需要”，这并不意味着我们的销售工作无法开展，只要我们拿出足够的耐心与勇气，学会先肯定客户，缓解销售气氛，然后再知晓客户的真实意图，之后再进行销售就轻松得多。

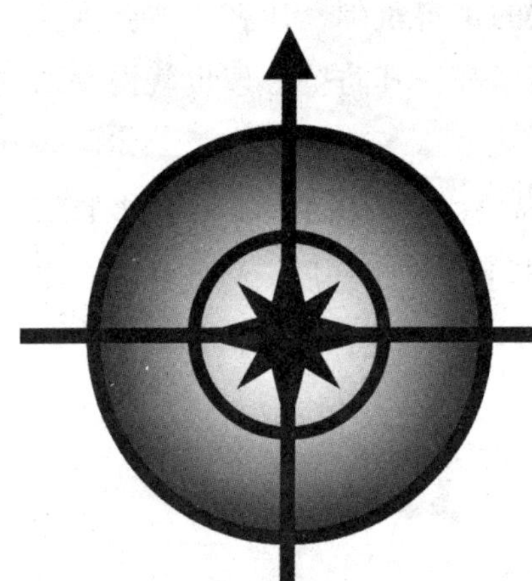

第08章

奋力进取：具有强烈的成功欲望

生活中，我们常听到这样一句话："不想当将军的士兵不是好士兵。"这其实就是一种欲望和野心。在销售行业，那些销售精英们之所以业绩突出，就是因为他们总是能做到奋力进取，让成功的欲望推动着自己继续努力。所以，销售员们，当你总是在问自己：我能成功吗？这时成功对于你来说只是"水中月，镜中花"。当你满怀信心对自己说：我一定成功！这时收获的日子离你就很近了。只要满怀信念、热情十足，你就能在工作中所向无敌、勇攀高峰！

欲望是业绩不断提升的动力

对于任何一位从事推销工作的人来说，他们都希望能有好的销售业绩。然而，在现实的推销工作中，一些成绩不佳的销售员总是充满疑惑，为什么那些销售精英的生意做得越来越好，而自己的产品却总是无人问津。如果你细心观察，就会发现销售高手们最大的特点是，他们总是怀着强烈的欲望，也就是进取心，他们相信自己一定能做成生意，一定能实现新的突破，而那些成绩平平的销售员则得过且过，认为只要完成领导交代的任务即可，久而久之，他们的热情也被磨灭，更别说有好的销售业绩了。

心理情境

世界顶级推销员乔·吉拉德做汽车推销员时，许多人排长队也要见到他，买他的车。吉尼斯世界纪录大全查实他的销售纪录时说：最好别让我们发现你的车是卖给出租汽车公司，而确实是一辆一辆卖出去的。他们试着随便打电话给人，问他们是谁把车卖给他们，几乎所有人的答案都是“乔”。令人惊异的是，他们脱口而出，就像乔是他们相熟的好友。

尽管乔·吉拉德一再强调“没有秘密”，但他还是把他卖车的诀窍抖了出来。他把所有客户档案都建立系统储存；他每月要发出1.6万张卡片，并且，无论是否买他的车，只要有过接触，他都会让人们知道他是乔·吉拉德，并记得他；他认为这些卡片与垃圾邮件不同，它们充满爱，而他自己每天都在发出爱的信息。他创造的这套客户服务系统，被世界５００强公司中的许多公司采用。

经过专门的审计公司审计，确定乔·吉拉德是一辆一辆把车卖出去的。他们对结果很满意，正式确认他为全世界最伟大的推销员。这是件值得骄傲的事，因为他是靠实实在在的业绩获得这一荣誉的。

同时，乔·吉拉德也是全球最受欢迎的演讲大师，曾为众多世界500强企业精英传授他的宝贵经验，来自世界各地数以百万的人们被他的演讲所感动，被他的事迹所激励。

情境分析

在销售界，可以说，乔·吉拉德本身就是一种品牌，乔·吉拉德认为，所有人都应该相信，我能做到的，你们也能做到，我并不比你们好多少。那为什么乔·吉拉德能做到，其他人却做不到呢？这是因为他对成功有着强烈的欲望，有了欲望才有热情。在销售中，这是一种企图心，没有强烈的企图心，就不会有足够的决心。要知道，业绩才是自信与热忱的资本，一个始终卖不出去产品、没有销售业绩的推销员，又何谈热情呢？因此，为了提高自己的热情，作为推销员的你，应该树立销售目标，并不断更新目标，这样，你的销售热情无形中就锻炼出来了。

那么，具体来说，作为销售员，我们该怎样激发我们对成功的欲望呢？

1. 明确的目标和计划

没有目标和计划的销售是很难成功的，因此，在推销之前你需要为自己制订一个详细的销售计划和目标，并根据新情况的出现不断调整目标，并严格地按计划办事。

2. 注重个人成长

学习其他有经验的销售人员的经验和销售知识，能缩短自己犯错的时间、少走弯路，使得自己尽快成长。

3. 不断挑战自己，接受更高难度的销售任务

业绩才是自信与热忱的阶梯，一个始终卖不出去产品、没有销售业绩的推销员，其热情会逐渐淡灭。所以，为了提高自己的热情，作为推销员的你，应该树立销售目标，并不断更新目标，让你的销售热情愈来愈高涨，并激励你不断开创新的业绩和客户资源。

4. 自我激励，时刻保持活力

有一位激励大师曾说过：“强烈的自我激励是成功的先决条件。”在

销售过程中，我们所面对的挫折和阻力，不仅大而且还非常多，但人们承受这些考验的能力是有限的。如果一再受到打击，我们的毅力和决心迟早会被攻破。所以，我们需要经常激励自己，给自己加油打气，这样我们才能时刻保持热情和活力，积极面对新一轮的挑战。对此，我们可用下面的话语来激励自己。

人的潜力很大，我能解决所有的问题。

办法总会比问题多，没有什么能难倒我。

我还可以做得更好。

交易就在眼前，就看我要不要跳起来去拿。

金无足赤，人无完人，所有人都会犯错。

世上无难事，只怕有心人。

只有登上山顶，才能看得更远。

这个世界从来不会给失败者颁发奖牌。

总之，对销售员来说，是否有对成功的欲望非常重要，它能锻炼你的热情，要知道，热情才能产生动力，才能让你摆脱压力的阴影，轻松地工作，并且，还能感染周围的同事，更重要的是，销售员在工作中保持高度的热情，能创造一个良好的销售环境，给客户留下一个好印象，为工作积累更多的客户资源。

与优秀者为伍，会有利于你的进步

年轻、没经验的销售员，总是羡慕那些从事多年的销售前辈，在推销产品的过程中得心应手。他们之所以成功一方面是因为有丰富的经验，另外一方面就是他们给自己编织了广大的客户关系网。在这一关系网中，都是比自己更优秀的人，这些人不但能帮助自己进步，更重要的是，他们还能为自己介绍客户，这样，他们的推销工作也就越来越顺，业绩也就相应地越来越好。而我们想过没，这些前辈也是由销售新手逐步走过来的，这些资源都是他们从一个个客户开始慢慢培养出来的。

在西方有句名言“与优秀者为伍”。日本有位教授手岛佑郎，研究犹太人的财商，他得出的结论是：“穷，也要站在富人堆里。”他后来还以此作书名，写成了一本著名的畅销书。这句话也是要告诉销售员们，要懂得经营自己的人脉，要与优秀的人结交。

从事销售工作，人脉资源的重要性早已毋庸置疑，我们凭借自己一人之力是很难成功的，而多结交一些优秀者，你会发现，你赚钱的机会无形中就增多了。而且，这两者是成正比的，你的人脉档次越高，你的钱就来得又快又多，这已经是人所不争的事实！所以不要再抱怨自己的业绩不好，这是因为你的人脉还不够丰富，还不够强大，因此你还不能够成功。如果你希望自己的财路越来越广，那么，就赶紧走进优秀者的队伍吧，这已经成为很多生意高手为人处世的重要法则。

张景的生意路就体现了人脉的重要性。他的生意如今已经做到了国外，有固定资产过千万。而十几年前，他还只是一个来自河南乡下的穷小子，他说：“我能有今天，靠的都是朋友的帮助。”的确，是人脉造就了他这个千万富翁。

心理情境

张景非常善于积累人脉，为了认识更多的朋友，他随身都带着自己的名片。他说：“哪天要是出去没有带名片，我会浑身不自在，就像自己没有带钱出去一样。”

大学毕业后，张景被朋友推荐去了一家珠宝公司任总经理，负责在上海拓展业务。工作期间，他认识了第一批上海朋友，其中有很多都是在上海的香港人。在这些香港朋友的介绍下，他加入了上海香港商会，又经推荐当上了香港商会的副会长。利用这个平台，他认识了更多在上海工作的香港成功人士。

后来，张景在朋友的推荐下开始投资房地产。由于当时上海的房地产已经开始火热起来，有时候即使排队都买不到房子。但在朋友的帮助下，张景通过一些朋友，不但很容易买到房子，而且还是打折的。几年后，在

朋友的建议下，张景又陆续把手上房产变现，收益颇丰。据张景介绍，他目前的资产已经超过八位数，朋友则有两三千个。他说，自己的事业因为得到朋友的帮助，才会这么顺利，包括开公司，介绍推荐客户和业务等，各种朋友都会照顾我，有什么生意会马上想到我。

情境分析

从张景一笔笔生意成功的事实中，我们能得到一些启示，这就是要懂得给自己结一张关系网。在这张关系网中，优秀者越多，就越有机会赚到金钱，就越能实现自己的理想与抱负……这就是培养人脉的重要性。

假设你现在准备在生意场上大干一场，那么，你现在最缺的是什么？你当然会回答“资金和技术”。那么，如果你没资金怎么办？而此时，如果你有足够丰富的人脉资源，那么资金和技术问题就能迎刃而解了。

一位著名的企业家通过“十年修得同船渡”的方法结识许多社会名流，他的经验是：“在每次出差的时候，我都选择飞机的头等舱。一个封闭的空间，不会有其他杂事或电话干扰，可以好好地聊上一阵。而且搭乘头等舱的都是一流人士，只要你愿意，大可主动积极地去认识他们。我通常都会主动地问对方：‘可以跟您聊天吗？’由于在飞机上确实也没事可做，所以对方通常都不会拒绝。因此，我在飞机上认识了不少顶尖人物。”

可能很多人认为，结交这类有钱人是一种趋炎附势的表现，其实，这是人之常情，你无须畏缩，只需要拿出勇气和智慧来。与有钱人交往、沟通，不断地从内在和外在两方面一起提升自己，一步步迈入名流行列。

有人说，生意捧得就是个人气，如果你开的是家饭店，你的人脉会带朋友来捧场，如果你开的是家商品公司，你的人脉也可能会趁着节日大批购进你的货品，你可以通过这个平台为自己积累高端人脉，建立更庞大的营销网络，那么生意就会越做越大。

要想结交优秀者，我们必须要舍得付出，尤其是和钱打交道的生意人，而最忌讳的就是舍不得付出。总之，如果你想做一个成功者，想成为一名销售精英，就要时刻向成功者靠近，与成功者为伍，哪怕并不是同一领域的人，他们也可以与你交流他们的经验和教训，从而在扩大自己人脉资源的同时，还会让自己的成功之路多走捷径。

不断奋进，提升你的目标

任何一个销售员都知道，要做好销售工作，就要勤奋。“一分耕耘一分收获”，只有勤学、勤练，推销工作才能顺利展开。但你要想成为一名优秀的推销员，除了要勤奋，还必须要用脑，要制定并且不断提升你的目标，做到规划缜密，才能在销售中有的放矢，不至于像一只无头苍蝇一样无处下手。

心理情境

小林是一名保险推销员，这一个月是他和公司同事事业的“冷淡期”，为此，部门经理决定要进行一次“整顿”，便把所有的推销员召集在一起开会。

“我知道各位很辛苦，但业绩才是硬道理，大家能总结一下业绩上不去的原因吗？”经理提问道。

“没有客源，开发新客户并不是一件容易的事。”小林带头回答。

“是啊，有时候，客户明明答应给我们洽谈的机会，但很快就变卦了。”有位同事补充道。

“还有啊，在开发客户的过程中，我发现，不管我们怎么努力，似乎总有令客户不满意的地方。”

“……”

大家发表完自己的意见之后，经理好像明白了问题的所在，于是，他提问：“我每个月让你们做的客户开发规划表，你们不是每次也做了吗？可见大家平时只是把这份客户开发规划当成一个任务。实际上，它对于我们的开发客户工作是非常有帮助的，而且，这份规划拟定的越详细，在现实的开发工作中，遇到的问题就会越少。打个很简单的比方，我们为什么

回答不上客户提出的各种问题，因为我们没有做准备呀……”

经理说的话很有道理，大家这才认识到原来问题可能出现在了“备战”上。

情境分析

兵法云“谋定而后动”，凡事预则立，不预则废，销售过程中的每个细节，都需要销售人员有明确的思路和战术细节。这则案例同样告诉每一个销售人员，无论是开发新市场，还是与客户面对面地打交道，都一定要做好目标的制定和规划。

因此，聪明的销售员不仅勤奋，更懂得在销售中明确并提升自己的目标，并让自己的潜意识帮助自己达成这一目标。不要忽视你的潜意识，它能帮助你做任何事情，因为它，你的注意力会放在如何寻找潜在客户，你会懂得如何提高销售技巧……这是每个人都有的潜在功能。为此，销售员需要做到：

1. 你的目标应建立在对现有状况的评估上

任何目标与规划只有建立在现实的基础上，实现起来才更有针对性。因此，定位是第一步，你不妨花点时间对你的现状进行一番评估：

到目前为止，你对自己正在所从事的职业满意吗？你希望产生变化吗？

你认为自己在工作中还有什么值得提高的地方吗？有什么值得继续保持的长处？

你觉得自己的潜力如何？你是否认为自己的能力极限没有发挥出来？

在工作中，你的能力和技巧有所提高吗？你是否觉得自己有进步？

回答了以上问题后，你发现了自己的目标吗？

在做好以上几点评估之后，相信我们都能找到明确接下来的目标，并能专注于这个目标。如果常常思考问题该如何处理，很多方法就会由潜意识浮现出来。当然，你一定要确认一点，你自己是否有正确的认知，肯定自己想要达到的目标，而且能够达到目标。

2. 为自己拟定各种阶段的目标与规划

作为有远见的推销员，你应当随时注意你的四种类型目标：

长期目标：一般来说，这个目标一般是五年以上的，只有在大目标的指引下，你的努力才会有动力，这个目标的正确与否，直接决定了你很长一段时间的努力是否朝着正确的方向。

中期目标：这个目标是一到五年以内的，比如，房子、车子、升职等，都属于这个范畴。

短期目标：从时间上看，这些目标是一年以内的，这些目标的不断实现会给你带来欣喜，并会鼓舞你不断努力。

即期目标：这是以天为单位计算的目标，一般来说，这是最好的目标。它们是你每天、每周都要确定的目标。每天当你睁开眼醒来时，你就需要告诉自己：今天相对于自己，我要达到什么样的突破，而当你有所进步时，它能不断地给你带来幸福感和成就感。

3. 定期更新和提升你的目标

工作中，如果你实现目标的状况良好，甚至超乎预期的目标，那么，你不要松懈，而应该以此为动力，并同时更新你的目标，制定更高的、但必须是能达到的目标。另一方面，如果工作进展速度落后于目标要求，你已无法实现，也不要放弃。此时，你更应该鼓舞自己，看来我应该调整一下目标了。这时，你应当协调你的能力与目标，使它更容易现实一些，然后集中精力去完成它。

无论我们制定出何种目标，对明天的销售工作有何种规划，我们都必须付诸实践。然而，实践是考验我们的毅力的。你需要用意志战胜身体上的懒与精神上的疲惫，这些状态会一再袭来，所以必须在第一次出现时就克服它，因为拖延是最大的敌人！立刻行动起来吧，别再浪费时间了！有目标的人，是不计一切全力以赴的人，而这种人最容易成功。

作好评价和总结，提升销售能力

对于那些销售精英们来说，成功推销产品似乎是很简单的一件事。事

实上，他们之所以能成功，是因为他们勤奋向上，能从销售活动中总结出经验和教训，如果当天的销售失败了，他们会慢慢寻找到失败的原因，如果成功了，就总结成功的技巧，如此，不断地提升自己的销售能力。任何一个销售新手都应该谨记这一方法，以此来提升销售能力，以助自己成为销售精英。

心理情境

乔·吉拉德把销售看作一门科学，是有规律的，而不是偶然和运气的事件。他认为，一个优秀的推销员是可以通过不断的实践和摸索掌握它的规律从而取得好的业绩的。正是立足于这一点，乔·吉拉德才能取得如此好的业绩。他不凭借想象看问题，他用现实论的观点分析。乔·吉拉德提出的很多法则，其实都带有很强的实践性和规律性。例如当顾客说“我回去考虑考虑”，这其实就是不买的信号。当顾客来到店里说“我随便看看”其实就是意味着他有很强的购买需求，因为一般人如果没有购买的欲望，是不会进汽车销售店“随便看看”。

再例如，他每天都会做记录和分析。他认为，我们总对自己的脑子太过自信，不愿意把每天的想法和活动记在纸上，从长期看，由于缺乏连续性的记录，自己就很难形成一套成型的想法，就无法总结出规律。还有分析，必须要定期的总结和分析，分析为什么做错了，为什么做对了，有没有偏离目标，有没有完成计划，做错的事情必须改正，而做对的则必须总结出规律发扬光大。

情境分析

从吉拉德的成功经验中，我们发现，客观的自我评价能有效地帮助我们实现自我、提升自我，同时也是以后工作的原动力。比如，你可以分析一下，以前遇到一个难缠的客户，成功推销的可能性很小，但你却做到了，到底什么使得你成功了？是哪一点做得比较好？再比如，你为什么会失去一笔很容易敲定的生意？这便是一种自我评价与总结。

作为一名销售员，要想积累自己的销售经验，提升自己的销售能力，就必须要每天不断的反思和总结。具体说来，你需要按照以下几点来进行：

为自己量身订制一个销售计划，并按计划实施。

一旦发现了问题，就要及时记录下来。

做电话访客记录，把客户平常提到的问题记录在本子上，然后反复地去想怎么解答客户的问题。

问题有轻重缓急之分，你需要做好分类。

不忘学习，每天浏览一些销售事迹，多听一些有关销售或者激励人生的书籍或杂志。

温故才能知新，晚上睡觉之前把当天学到的知识以及发生的事在大脑里过一遍，向老销售员寻找一些做销售的方法和经验。

既然从事销售工作，你就要明白，销售的前期是非常坎坷的，你必须要想尽一切办法克服，努力充实自己，让自己早一点独当一面。为此，你需要对每天、每周甚至每月的销售情况作以下总结：

1. 销售情况

每个阶段的销售工作结束后，你就应该静下心来，做一下总结工作，比如，今天卖出去了多少产品，完成了多少业绩，距离完成这月的销售额还有多少等。

2. 值得吸收的经验

如果你今天成功推销出去了产品，那么，你一定要弄清楚你成功的原因，在大的方法上，可能是你收集到的客户的信息起了作用，你又是如何成功挖掘到新客户的……而在小问题上，你是如何处理价格异议的，怎么与客户打开沟通渠道的……记住，要把每一次与客户的交流记录都记录下来，这样下一次沟通时就能做到清晰准确，沟通顺畅，达到你想要的结果。

3. 不足之处

比如：对产品的卖点还没有透彻地理解，销售准备工作做得不够，没有帮助客户打消疑虑，没有做好客户管理工作等。

总之，一位优秀的销售员，必须做到反思以往的工作，才能总结出成

功的经验与失败的教训，才能将以后的工作做得更好。不管我们以前的销售工作是成功的，还是失败的，都应该认真地加以分析、解剖，从中总结经验与教训，让事情达到事半功倍的效果。

每天进步一点点，离成功近一点

在销售界，我们发现，那些顶级的销售员，他们对销售充满热情和自信，每天都在为自己充电，最终，他们积累了充足的客户资源，也实现了业绩和能力的提升。的确，做任何事都是如此，成功都不是一蹴而就的，如果我们每天都能让自己进步一点点——哪怕是1%的进步，那么还有什么能阻挡得了我们最终走向成功呢？

从事销售工作的人们，现在你所从事的正是一项压力大、繁琐的工作，也许你感受到了前所未有的压力，感受到自己的前途渺茫，但请你记住，这才是人生的精彩之处。反而，如果一个人，他的一生太幸运了，太安逸了，就远离了压力的考验，反而变得毫无追求，苍白暗淡。而当你无法摆脱压力时，就应该反复对自己说："感谢生命之中的压力，这是生活对我的挑战和考验。""这是上天催促我努力学习、积极工作、奋发向上的动力。"换个角度去看问题，改变态度，困难和压力也会很快减轻。只要你能看到持续的力量，就能最终战胜风雨的洗礼，看到雨后绚丽多彩的霓虹。

心理情境

推销大师乔·吉拉德曾在一次演讲中说道："很多人早上起床后，糊里糊涂地过一天，不知道生活的目的是什么。还有人总是等待机会的到来，期望有一条大鱼撞到自己怀里。上帝才知道这种人是否能成功。我绝对不做这种人！我每天都有目标，而且是前一天就计划好的。不管别人怎么捕鱼，我只管捕自己的鱼！"

最初从事销售行业的乔因没有人脉，只靠着一部电话、一支笔和几页电话簿作为客户名单。只要有人接电话，他就记录下对方的职业、嗜好、买车需求等生活细节，虽吃了不少闭门羹，但是多少有些收获。而在他的收获里，除了销售业绩外，更多的是对这些接触的客户的分析、了解等，因为每天的学习及对这些客户类型的熟练掌握，他后来的推销工作顺利多了。

情境分析

乔·吉拉德的推销经历告诉每一个销售员，任何成果的获得都不是一朝一夕的事，都需要我们坚持不断地努力，每天进步一点，你就会离成功的脚步更近一点。尽管你现在认为自己离成功还遥遥无期，但你通过今天的努力，积蓄了明天勇攀高峰的力量。每天进步一点点，看似没有冲天的气魄，没有诱人的硕果，没有轰动的声势，可事实上，却体现了学习过程中一种求真务实的态度。它是实现完美人生的最佳路径。

因此，作为一名销售员，如果你哀叹自己没有能耐，只会认真地做事，只会诚实地对待客户，那么，你应该为你的这种愚拙感到自豪。那些看起来平凡的、不起眼的工作，却能坚韧不拔地去做，坚持不懈地去做，这种持续的力量才是事业成功的重要基石。它体现了人生的价值，是你成功必不可少的动力。

为此，你要做到以下3点：

1. 专心致志于销售工作并把它做好

要想做好一份工作，就不能三心二意，最好在一个职业上一直做下去。因为所有的工作都会有问题，但是，如果跳槽，情况会变得更糟。以种树为例，把树种下去、精心呵护，等树慢慢长大，并最终给你回报。你在那里待得越久，树就会越大，回报也就相应越多。

2. 有高度的热诚和服务心

21世纪是一个营销的时代，营销最重要的一个服务内容就是服务营销，成功的销售员不是为了完成一次交易而接近客户，而是要和客户建立长期的销售服务关系。不能有投机取巧，急功近利，甚至不惜杀鸡取卵，自断后路的行为。

3. 要有刻苦耐劳的精神

（1）拜访客户要勤，而且还要讲究效率。

（2）可以从100个客户当中挑选出10个重点攻克，从中找出我们需要的客户群体。

当然，在坚持的过程中，你可能会遇到一些压力和困难，但我们要明白，任何危机下都存在着转机，只要我们抱着一颗感恩的心耐心等待，再坚持一下，也许转机就在下一秒。总之，作为销售员，一定要对销售工作充满激情，同时要有顽强的意志，也就是要有抗高压的精神，加上不断学习和积极向上的心态，用心做事的工作态度和勇于承担责任的精神，在不久的将来，你必定能够迈入营销高手的行列，从而触摸到成功的光芒。

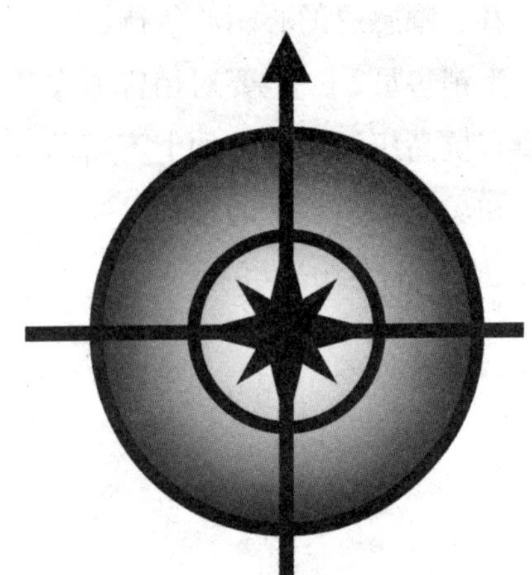

第09章

心理激励：消除销售中的不良心理

作为推销员，我们都知道，我们的最终目的是成交，也就是将产品推销出去。然而，我们看到，一些销售员为了达到这一目的，要么是对产品做一些不实的介绍，要么在与客户沟通时卑躬屈膝，再或者就是诋毁同行的产品等，其实这都是销售过程中存在的一些负面的心理。推销员应该明白的一点是，你说过的任何一句话，都是能查证的，只有做到诚信推销，真诚地为客户考虑，让客户感受到产品带来的美好感觉，并对销售员以及产品产生信任，客户才会愿意购买。所以，销售员只有纠正销售中的不良心理，才能不断提升业务能力，积累信誉，最终成为一名优秀的推销员。

不卑不亢，平等地与客户沟通

作为一名销售员，就必须与客户打交道，谦逊待人固然重要，但绝不可低三下四、一味地奉承拍马，否则只会被客户看轻。所以，对于销售人员来说，在保持独立人格的前提下，你应采取不卑不亢的态度。

心理情境

一天，纽约一个富商路过一条街道时，看见一个穿着破旧的尺子推销员，于是，他顿生怜悯之情，便顺手丢给他一个硬币，当他掉转头离开时，突然又回过头，拿走一把尺子，并对这名推销员说："记住，你也是商人，只不过我们经营的商品不同。"

一年后，在一个商业交际场合，一位穿着整齐的年轻人走到商人面前，对他说："你可能已经记不得我了，但我永远忘不了你，我就是那个和你做交易的尺子商人，是你重新给了我自尊和自信。我一直觉得自己和乞丐没什么两样，直到那天你买了我的尺子，并告诉我我是一个商人为止。"

情境分析

故事中，在遇到商人以前，因为缺乏自信，推销员一直把自己当作乞丐。而这就是为什么他总是无法让客户信服的原因，而商人的一句话，一语惊醒梦中人，让他找到自信后，开始了自己新的人生。缺乏自信是我们无法取信于人的重要原因，进而导致了我们事业不成功。

事实上，任何时候，不只与客户，我们与人交际，要想取得对方的信任，都要做到不卑不亢。孟子拜见过许多诸侯，在《孟子·尽心下》中，他记录了这样的一句话："说大人则藐之，忽视其巍巍然。"这句话的意思是说，不管对方地位多高，身世多显赫，在和他对话时，你也不要显出刻意的谦卑，不卑不亢才是最好的对话态度。

然而，要做到不卑不亢并不容易。一般说来，销售人员在与自己地位、才识相同的陌生人交往时，大多都能从容以对，谈笑自若。可是，倘若面对与自己身份完全不同的客户时，便从容不起来，更自若不下去，那么，此时，我们该如何做到不卑不亢呢？

1. 摆正位置，以示真诚

与客户说话，要准确把握双方关系，给其以相应位置，充分表现出对他的尊重。比如，对于客户的到场，我们可以说："感谢您百忙之中抽出时间来参加我们的活动。"这是合乎现实的，不仅不会损害自己的"身价"，而且会取得对方的信任。

2. 消除心理障碍，尊重与严谨并存

面对客户，心理上难免会紧张、害怕等，不敢正面和对方交谈，让对方始终以压倒性姿态占自己上风，这就容易让自己一直处于劣势。要消除心理障碍，主动交谈，你应该先走近客户，说："××先生，您好，我是××的业务代表××。"

3. 态度自然，不卑不亢

面对客户，我们固然要态度真诚、谦逊表达，但我们更要平等、不卑不亢地与之说话，自我贬低会无形中降低我们的说话身份。

总之，与客户打交道，内心上尊重才是真正的尊重，只有在心理上有尊重对方的想法，才可能做出尊重对方的行动。所以，你必须牢记："每个人在人格上都是平等的。"建立在彼此平等的基础上的沟通，才能产生积极的效果。所以，无论你面对的客户，他的身份无论是"高"或"低"，你一定要一视同仁，既不卑屈，也不高傲，不卑不亢，才是赢取客户信任的最好方法。

用心解读产品才能说服客户

向客户介绍、展示产品是销售中的必经阶段，也是让客户拿主意的关键阶段。销售员在介绍产品的过程中能否端正态度，能否用专业而精练

的语言展示产品，直接关系到客户的最终抉择。因为任何一个客户，都希望与一个专业能力强、素质高的推销员合作。如果我们在展示介绍的过程中，想说服客户，就要认同客户，而不能一味地卖弄自己的口才，只有这样，才能使营销活动尽可能高质量、高效率地展开。

心理情境

销售员小江从客户那里回来后，愤愤不平，向同事小刘诉苦。

小江："刚才那个客户真是烦人，他什么都不懂，还非要冒充是行家，说我卖的电脑这里不好，那里不好。还说他们家那台老式的电脑是目前市场上卖得最火的，我看至少有三四年的时间了，你说好笑不好笑。"

小刘："那你怎么说服他的呢？"

小张："说服他？我刚开始和他讲解现在的市场行情他不听，后来我生气了，和他大辩了一通，使出我浑身的解数。结果他一句话都说不出来了，哈哈。"

小刘："那他有没有买你的电脑呢？"

小张："……"

情境分析

案例中，小江为什么不能说服客户反倒和客户起了争执呢？很简单，面对客户的反驳，他没有从专业的角度为客户解释，而是对客户进行辩驳，每一位客户都不希望被否定，自然也就拒绝购买他的产品。

所以，对于销售人员来说，要想在介绍产品时让客户相信你，首先就不能与客户唱反调，当然，除此之外，还需要我们真正从客户的角度说话，具体来说，销售员需要做到：

1. 尊重为前提

礼者敬人也，在和客户交谈时一定要眼里有事，心里有人，懂得尊重对方。

具体而论，从礼仪的角度考虑，有四个不准：

第一，不打断对方。

第二，不补充对方。

第三，不纠正人家。不是原则问题，不要随便对他进行是非判断，大是大非该当别论，小是小非得过且过。

第四，不质疑对方。

当然，与客户交谈过程中，谈话的内容也要注意。

2. 为客户节约时间，与销售目标无关的话尽量少说

销售人员介绍产品的过程中，千万不要为了与客户套近乎而啰唆一些无关紧要的话，不仅仅会使你的时间白白浪费，而且还会令客户感到厌烦——客户的时间也是相当宝贵的。因此，产品介绍一定要紧紧围绕自己的销售目标展开，才能在有效的时间内把产品的卖点传达给客户。

诚信第一，千万不可做“一锤子买卖”

何为诚信？从道德范畴来讲，诚信即待人处事真诚、老实、讲信誉，言必行、行必果，一言九鼎，一诺千金。俗话说“以诚待人，人自怀服”，销售人员只有诚心待人，客户才会信服；玩弄技巧，客户就会敬而远之。因为很多时候，推销员在推销的并不仅仅是产品，还有自己的人品，实际上，也就是在推销诚信，任何欺骗客户的行为言辞一旦被客户发现，就等于给产品、你自己乃至你的公司抹了黑。

在现实生活中，我们可以看到一些销售人员为完成销售任务，采用哄、骗的方式让客户提货，更有甚者有的销售人员承诺如何如何开空头支票，结果却不兑现承诺解决问题，使客户对其不满，引发信任危机，最后影响销售，客户不予以配合，市场工作难度进一步加大。所以销售人员在工作中以诚心对待客户和消费者，找到客户需求，在维护企业的利益同时站在客户立场上考虑问题，诚心为客户服务帮助客户发展，不能急功近

利，要实事求是，做到说到做到，并让客户和消费者去感受到你的诚心，一次、两次后客户就会理解你、尊重你，最终转变为积极主动地配合，这样才能达到销售人员的最终目的。

心理情境

曾经有一家国际性的大公司招销售总监，这天，面试大厅里等候着很多人，很多是在销售行业经验丰富的老手，一个刚踏入社会的年轻人因为没有找到工作，也来碰碰运气。

这时，终于轮到他了，主考官在问过姓名和学历之后，又问道：

“干过推销吗？”

“没有!”年轻人答道。

“你知道销售员工作的目的是什么？”

“让客户了解产品，从而心甘情愿地购买。”年轻人不假思索地答道。

“你打算怎样跟推销对象开始谈话？”

“‘今天天气真好’或者‘你的生意真不错’”。主考官点了点头。

“你有什么办法把打字机推销给农场主？”

年轻人稍稍思索一番，不紧不慢地回答：“抱歉，先生，我没办法把这种产品推销给农场主。”

“为什么？”

“因为农场主根本就不需要打字机。”

主考官高兴得从椅子上站起来，拍拍年轻人的肩膀，兴奋地说：“很好，你通过了，我想你会出类拔萃。”

此时，主考官的心里已经认定这个年轻人将会是一名优秀的销售员，因为最后一题，只有这个年轻人的回答让他满意，以前的应聘者总是胡乱编造一些方法，但实际上绝对行不通，因为谁愿意买自己根本不需要的东西呢？

情境分析

销售人员最重要的是讲诚信，情境中的年轻人之所以能在考试中脱颖而出，赢得考官的好感，就是因为他诚实。在销售行业，只有做到讲诚信，让客户信任你，客户才会放心地购买你的产品。因为只有讲信用的销售员，才会有责任心，将客户的利益放在心上，也才会做到前后一致、言行一致、表里如一。相反，如果销售人员不讲信用、前后矛盾、言行不一，客户则无法判断他的行为动向，不愿意和这种销售人员进行交往，产品自然没有什么销路可言。

诚信是进行推销成功的一个基本因素，因为没有人愿意和不讲信用的人打交道，就更谈不上什么交易关系了。所以，销售人员在进行口才展示时，务必要注意这一点，要不断地去表达“信用”，强调“信用”，特别是在熟悉的客户面前，这种信用更是成功销售的催化剂。

可见，在销售行业，对客户有谎言是销售的天敌，它会致使你的销售无法长久进行，所以只有以诚信卖产品，才会赢得客户的信任。因此，销售员在面对竞争产品时，要客观地去评论，这样才能让客户从中感到你的诚心。

那么，销售员在工作中，如何才能做到诚实守信呢？

1. 真诚地和客户交谈

在与客户初次接触的时候，客户一般都对销售员心存芥蒂，你越是想表现自己，越让客户觉得可疑度高。其实，你不妨诚恳、清晰地表达你的观点，话语不可过多，诚实、中肯地语言能让客户感觉你是一个可信之人。

2. 诚实对待客户

在销售行业，一个出色的销售员不是完全靠口才堆积成绩的，而是靠信誉，靠人品，在如今企业用人的标准中，品德第一，能力才是第二。销售员在推销产品时，一定要从客户需求和利益角度出发，真诚地为客户服务，决不能做到欺骗客户，更不能有半点虚假或者夸大其词。

3. 大方地面对产品的缺陷和不足

任何产品都不可能十全十美，比如包装、价格等方面，只是要看这些

缺陷和不足有没有对客户造成困扰和影响，有些不足可以忽略，但有些则不可以。销售员在推销产品的时候，一定要诚实地跟客户说清楚，不然等到客户找上门追问的时候，就不好回答了。

总之，在销售工作中，销售员只有尽自己的力量来做好工作，能诚实守信、实事求是地对待客户，与客户沟通起来才能更加顺畅，更能赢得客户的信赖。

报喜亦报忧，告诉客户产品的真实情况

一些时候，客户对销售员心存偏见，不敢相信销售员，是因为有些销售员在推销产品的时候，总是报喜不报忧，甚至刻意隐瞒产品或服务的缺陷：当产品还在测验阶段的时候，运行并不稳定的时候，你却说产品绝对经过了市场的检验，可以放心购买；为了拿到订单，交货日期明明最起码要一个月，你却说只要二十天；你负责销售的电脑辐射很大，为了销售出去，你说，电脑的辐射是行业里最小的；当你的系统在试运行时不太稳定，你说系统上线会很稳定。其实这些都不是销售技巧，而是歪曲事实。

很多销售员认为有时候歪曲一下事实是“聪明”的表现，是自己好口才的重要表现，因为客户相信了。但是却殊不知，客户迟早会发现问题，给销售造成障碍。所以每一个销售员都应该明白：诚信是维持友好客户关系的根本，只有以诚实的态度和恳切的心情去与客户打交道，才能拥有更多客户，销售工作才能更好地进行下去。

销售员还必须明白，真正的销售技巧，就是要让客户长期地信任你，为此，销售员有时候就不妨自爆其短，诚实地告诉客户产品的真实情况，这样就会获得客户的信任。

心理情境

一家医院和一个药厂合作了很多年，可是突然决定不再使用那个药厂的产品了。原来，药厂的一位销售员到医院去向医生介绍一种治疗风湿病的药，他对那位医生说：“张医师，只要有了这种药，保证你们医院所有的风湿病人都可以被治好。”

医生听后很生气，说：“你还真敢吹牛。把我当傻帽啊，风湿病是无法根治的，以后我们医院再也不用你们厂的药了，你走吧。”销售员只好悻悻地走了。

情境分析

情境中，销售员所犯的错误很明显，没有如实、客观介绍产品，反而夸大产品的功效，而他忘记的是，和自己合作的是医院，医院对所有药品的性能和功效都有一定的了解，况且，他犯的还是常识性错误，自然会引起客户的反感，生意失败也在情理之中。相反，如果这位销售员能够实实在在地说明他们药物的作用，比如“张医师，我们通过大规模的实验证明，这种药物对绝大部分的风湿患者能有效减轻症状，这里有一份报告，您可以看一下。”或许那位医生还可以考虑一下。而他所夸大的事实正好是医生的专业所在，这就怪不得医生会生气了。

销售员以为将产品的功效越放大，客户就会越信任，购买的希望就越大，其实，这是一种错误的想法，很多客户其实有时候比销售员更专业，对产品的实际功效也有一定的了解，吹嘘产品功效只能是要小聪明，还会让客户憎恶，赶走生意。对待客户，销售员要以诚待之。那么，具体来说，销售员应该怎样做呢?

1. 尊重事实，不夸大其词

没有哪个客户不想买到效果好的产品，但也没有哪个客户愿意购买名不副实的产品。在销售过程中，有些销售员为了吸引客户，刻意夸大产品的性能和功效，比如“用了我们公司的化妆品，保管您十天之内会年轻二十岁。”“吃了我们公司的减肥胶囊，您在一周之内一定会瘦十公斤。”销售员在介绍产品时只顾吹嘘，让客户购买自己的产品，却忘记了尊重事实。其实，任何产品有其功效，但也并不是完美的，销售员应该正确认识到这一点。如果想让客户与你保持长久的友好联系，你就要如实地

向客户介绍产品。

2. 学会用选择性的“语言”包装产品

很多销售员将自己的产品说得天花乱坠，而客户并没有产生太多的兴趣，是因为客户对这些所谓的“行内话”根本听不懂。而聪明的销售员绝不会这么做。他们会将整个产品“包装”好了给客户看，让客户一目了然，而他们包装的方式很独特——选择语言，比如，他们会给产品起一个很特别的名字，把产品所有的特点集中于这一个点传播出去。这个点就是能将产品内涵通俗化的概念，当然，这也更要注重对产品的卖点进行合理科学的表达。比如九芝堂提出了“治肾亏，不含糖”的卖点，目标更明确，令人耳目一新。

3. 主动说出一些小问题

一些客户一听到“推销”两个字就躲之不及，是因为一些销售员为了尽快实现成交，一味夸大产品的优势，但是对于产品的缺点和不足，则会百般掩饰和隐瞒，很多客户在购买产品以后，并没有预期的效果，于是，对整个销售员这一行业也就有了误解。其实，如果产品明明具有某种缺陷，而销售员执意隐瞒、不敢承认，那么一旦客户发现真相，即使销售员做再多的解释，都很难挽回客户的信任。

毕竟客户也明白，从来就不会有完美的产品，如果你自始至终只提到产品的优势，而对产品的不足只字不提，那你推销的产品不仅不会在客户心中得到美化，反而会引起客户的更多疑虑甚至反感。

当然，我们要注意，在说这些问题的时候，态度一定要认真，让客户觉得你足够诚恳，但是这些问题的内容一定是无碍大局的，不影响产品给客户的整体印象。

别诋毁竞争对手的产品

当今社会，无论哪行哪业，都存在着激烈的竞争，尤其是销售行业，能否具有竞争力，能否让客户选择自己的产品，这对最终的成交很重要，关乎一个销售人员的销售业绩和公司的生存状况。销售员在推销的过程中，难免谈及竞争对手的产品，此时，销售员的评价一定要客观、公正，不能一味地贬低。另外，销售员更不能恶意诋毁，说竞争对手的坏话。其实，销售员如果在客户无意识的情况下顺便点出竞争对手产品的缺点，则会不显山露水地达到比较的效果。

心理情境

一天，某商场电器专区来了一位年轻的小姐，转悠半天后，她的脚步停在了一款小型冰箱前。

导购员："小姐，请问我有什么可以为您服务的？"

顾客："听说，你们在小型冰箱这一块做得不错。"

导购员："是的，请问您是想买冰箱吗？"

顾客："我随便看看。"

导购员："哦，那你看看这款冰箱吧，这是我们今年刚从国外引进的冰箱，无论是家居还是车载，都很方便。"

顾客："进口的？那一定很贵吧？"

导购员："这是德国××品牌旗下最有名的产品，售价是2500元。"

顾客："不是吧，这么贵，这种小型车载冰箱，一般最多卖到一千元，网上也只卖几百元，我刚刚也看过几款，最高的也没超过1500元的。"

导购员："您看的质量怎么能和这种国际品牌比呢？一分钱一分货。"

这位妇人一听，头也不回地离开了。

情境分析

这则案例中，我们可以看出，原本这位顾客对该品牌的小型冰箱很感兴趣，但最终却选择离开，这是为什么呢？愿意很简单，顾客称产品贵，这名销售员不但没有进行挽留，反倒说："您看的质量怎么能和这种国际品牌比呢？一分钱一分货。"这样说，不仅否定了顾客的眼光和欣赏水

准，还贬低了竞争对手的产品，让顾客觉得这位销售员素质不足，自然会选择离开。

任何一位顾客在购买产品的时候，都会对同类产品进行对比，此时，如果我们采取诸如“那您去买便宜的吧”“那家东西质量不行”之类的消极回应方式，都会让顾客放弃购买。那么，面对这种情况，我们该如何应付呢？

1. 不要无端批评竞争方的产品

出于自我保护的目的，很多人面对竞争对手的时候，总会本能地排斥。销售行业也一样，有些销售员在对客户介绍产品的时候，也会忍不住将自己的产品与对手的产品比较，于是，批评就在所难免了。这种做法看似明智，实质上是亵渎了客户的智慧，因为你在批判别人产品的同时，客户其实也在内心批评你。要知道，告诉客户“如果你买那家的东西，你的做法就是不明智的”，而客户则会得出一个结论：“还轮不到你来教我做事”。

有些客户比较热情，会提出自己曾经在哪家买了不好的产品，此时，即使你知晓内幕，也不要附和，因为你们在谈话中提及的任何有关同类产品的负面评论，都有可能被客户混淆为是你的产品的缺点，到时候就更得不偿失了！

2. 得体地称赞竞争对方的产品

真正优秀的销售员一般都会对自己所销售的行业有很透彻的了解，对竞争对手的产品的优缺点也有大概的了解，俗话说：“知己知彼，才能百战百胜”。这句话是有道理的，充分了解竞争对手的产品及销售情况，在争夺客户时，才会得心应手，更容易抓住销售机会。但是，这并不是让销售员对竞争对手的产品进行诋毁等，相反，销售员应该适当称赞对方的产品，这会让客户对你的人品和胸襟产生一种敬佩之情，对产品也就产生了信任感。

3. 评说竞争对方产品要客观、准确

销售员要记住，你介绍产品的最终结果是为了推销自己的产品，因此，不必把过多的目光放在竞争对手的产品上。另外，言多必失，简单、客观、准确地评价对手的产品即可。同时，在介绍自己的产品时，销售员也应该诚实，实事求是地介绍，让客户不仅买得放心，用得也舒心。

所以，无论客户怎么不认可我们的产品，我们都不能诋毁其他品牌的产品。当然，我们在向客户介绍自己产品卖点的时候，可以适当指出其他产品存在的一些不足之处，但一定要注意分寸，不要有任何的针对性。

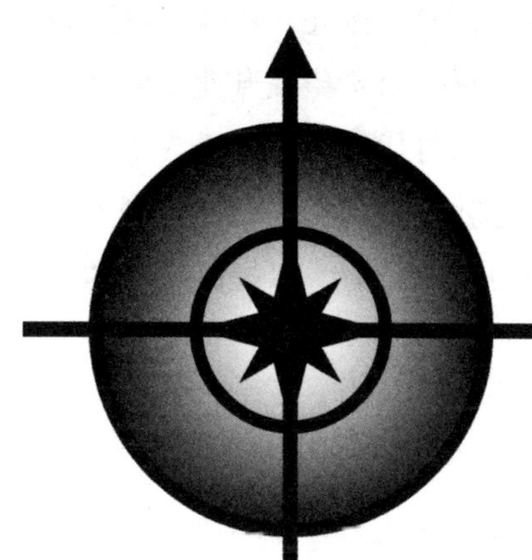

第10章

技巧修炼：销售成功不可或缺的综合素质

人们常说："销售是最具挑战性的职业。"因为世界上80%的富翁都曾是销售人员。然而，在竞争日益激烈的今天，销售面临的竞争也更加激烈。而竞争就包括才能、素质等方面的条件。一个成功的销售员，必定懂得如何挖掘潜在客户，有着立即去做的执行力，还懂得在沟通中察言观色，在整个销售过程中都能给客户留下值得信赖的形象，所以，任何一个销售员，要想成为销售精英，都要培养自己的综合素质和能力，要处处展现自己的涵养，进而成功把产品卖给客户。

立即执行，要有高效的执行力

当今社会，市场竞争异常激烈，市场风云瞬息万变，市场信息流的传播速度大大加快，可以说，谁能抢先一步获得信息、抢先一步作出调整以应对市场变化，谁就能捷足先登，独占商机。每一个希望提升业绩的推销员，也应该明白一点，这是一个“快者为王”的时代，速度已成为一个人生存乃至发展的基本法则。而要做到这点，你就要做到立即行动，毫不犹豫，与此同时，你还要着力培养自己的判断力和执行力，以提高成功的可能性。

心理情境

小马是一家汽车公司的推销员，对于新出的一款××品牌的车，销量一直不好，而竞争公司的却销售的很好。小马认识到，必须在这一汽车销售旺季将汽车销售出去，不然等到淡季，销售就更难了。一天，他接待了一位前来询问价格的客户王先生，小马用专业的知识和高瞻远瞩的眼光让王先生顺利购买了一辆车。

小马:先生，看车吗?

王先生：我只想了解一下自动挡轿车的价格。

小马：先生喜欢自动挡轿车是吗？那么您来看看××品牌的车吧，前不久，这个品牌刚刚出台了一系列优惠政策，对于购车的朋友非常有利，先了解一下吧，先生！

王先生听完小马的介绍以后，对其中一款车型非常感兴趣，并有强烈的购买意愿。

王先生：你是说，购买这款车型就能享受三年的车保服务，是吗?

小马：对，只要您能在这个星期把车开回去，您就有这个权利。既然您对这款车那么喜欢，为什么不今天就开回去呢?

王先生：我需要再考虑考虑。

小马：您先考虑考虑吧，但是这个优惠政策是有时间限制的，如果错过了就太可惜了。

王先生：但我还想再考虑考虑，需要和我的妻子商量一下。

小马：您一定和您的妻子很恩爱，但是相信我，她肯定会喜欢的，您为什么不给他一个惊喜呢？

王先生：好吧，那我今天就买。

情境分析

这是一种快速成交的方法，面对同行业的竞争，作为销售员，要做的就是开动脑筋，发挥聪明才智，然后快速执行，将产品销售出去。

约翰·沃纳梅克——美国出类拔萃的商业家这样说过："没有什么东西是你想得到就能得到的。"那些成功的销售人员与成绩平平的销售人员之间最大的区别就是——行动！如果你能追溯他们的奋斗之路，你就会感叹："难怪他会做得这么好！"怎样的行动能获得最大的成功呢？是马上行动！对于销售行业来说，当今市场，功能类似、质量等同的产品可能会同时出现在客户的视线内，客户也可能会同时与几家销售公司保持联系，他们希望从中找到能为他们提供物美价廉产品的合作公司，许多时候我们稍不留神，竞争对手就会乘虚而入。一旦竞争对手同客户签约，我们之前所做的一切努力都将白费。所以，你只有立即行动、争取第一时间拿下客户，才能有所收获。

当然，立即执行，并不是盲目地行动，而应该准备充足。作为一名销售人员，每个人都希望自己拥有良好的销售业绩，希望自己成为一名销售高手。

任何一个获得好的销售业绩的人，都是准备充足，有着超强的执行力。执行力就是竞争力，所以执行非常重要。销售成败的关键就在于执行。做到这点，你就必须解放思想，具备超前的观念和敏锐的眼光；看准了的事，应该雷厉风行、马上就干，不能患得患失、等待观望，更不能纸上谈兵，只说不干。

储备朋友，良好的人际关系助你成功

在现代商业社会，要生存要发展就必须具有较强的竞争力。销售行业竞争之激烈更是有目共睹。而这种竞争不仅包括才能、素质等方面的条件，还与人脉有重要的关联。人际关系好，就会有广博的客源，做起生意来就会得到众人的支持，在与对手的竞争中就会处于优势地位。而人缘差的话，就会“寡助”，在你困难的时候就得不到帮助，甚至还会有人乘机跳出来踩你两脚。所以，一个销售员要想拥有更广大的客户群体，增强自己的竞争力，就要注重发展自己的人脉。而人脉的获得，自然离不开应酬。一个会应酬的人，自然得人心！

心理情境

某市电器公司的销售部经理，几乎垄断了该市几家大型公司的电器市场，其实，他的做法很简单，就是对公司的重要人物及地位稍低的主管甚至职员们，都进行熟悉联络。

但是，这位销售经理并不是在“瞎忙活”，他的做法是有的放矢的，他总是想方设法将这些公司各员工的学历、人际关系、工作能力和业绩，作一次全面的调查和了解，认为这个人大有可为，以后会成为该公司的要员时，不管他有多年轻，都尽心款待。这位销售经理这样做的目的是为日后获得更多的利益做准备，因为他明白十个欠他人情债的人当中，有九个会给他带来意想不到的收益。他现在做的“亏本”生意，日后会利滚利地收回。

因此，他的朋友遍布业内各个地方，只要这些朋友中，有谁晋升了或者加薪了，他都会第一个帮其庆祝，当对方感激时，他却说：“我们企业公司能有今日，能有这样的市场，完全是靠贵公司的抬举，因此，我向你这位优秀的职员表示谢意，也是应该的。”这样说的用意，是不想让这位朋友有太大的心理负担。其实，几乎他的所有的朋友都认为他是个大好人，因此，他的生意总是源源不断！

情境分析

这位销售经理是聪明的，正因为认识到了人脉在业务展开中的重要性，所以，他采用了放长线钓大鱼的策略。果然“姜还是老的辣”，这实在是我们销售员应该学习的感情投资方式。

先交朋友、再做生意无疑是挖掘客户、成功推销产品十分有效的途径。人脉资源越丰富，寻找客户的门路也就更多，你的人脉档次越高，你的钱就来得越快、越多。这已经是有目共睹的不争事实。然而，并不是所有人脉都对我们的销售工作有所帮助，这就要求，我们在与人应酬和打交道的过程中，要做到善于发现，善于交往，并逐渐积累这些有利于销售的人脉。具体来说，我们可以从以下几个方面入手：

1. 结识专业人士，寻求他们的帮助

这一点，对于那些刚刚踏入销售行业的新手来说尤其生效。因为对于所从事工作的生疏会让你很茫然，这时，你就需要一个能给你提供经验的人，从他们那获得建议，对你的价值非常大。

关于那些比你有经验，对你所做的感兴趣，并愿意指导你行动的专业人士，你需要从行业协会、权威人士、有影响力的人或者本地一些以营销见长的企业中去寻找。

很多企业，在销售领域，他们都会安排一些销售新手和有经验的前辈一起工作，让前辈亲手培训新手一段时期。这种企业制度在全世界运作良好。通过这种制度，企业的老手的知识和经验获得承认，同时有助于培训新手。

2. 展开商业联系

商业联系比社会联系更容易成就你的销售。借助于私人交往，你将更快地进行商业联系。你不但要考虑在生意中认识的人，还要考虑政府职能管理部门、协会、驾驶员培训学校、俱乐部等行业组织，这些组织带给你的是其背后庞大的潜在顾客群体。

3. 多结识“同道中人”

推销过程中，我们会接触很多的人，当然包括像我们一样的销售人员。其他企业派出来的训练有素的销售人员，熟悉消费者的特性，只要他们不是我们的竞争对手，可以选择与他们结交，即便是竞争对手，也可以成为朋友，和他们搞好关系，这样我们就会收获很多经验，在对方拜访客户的时候可能就会为我们提供一些信息，我们有适合他们的客户也会记着他们，从而实现一种共赢的模式。这是一种比较有效地寻找客户资料的方法，且不需要任何的投入。

中国伟大的名著《红楼梦》作者曹雪芹说过："世事洞察皆学问，人情练达即文章。"在某些方面来讲，也说明我们若要做一个优秀的销售员，若要挖掘我们需要的客户资源，就要懂得从人际交往和应酬中积累人脉，毕竟"多个朋友多条路"，"先赚人气，再赚信誉"，一个善于结交朋友、善于累计口碑的人，不仅会处处受欢迎，而且遇难有人帮、办事处处通！

幽默开口，总能打开客户的心灵之门

在销售过程中，作为推销员，我们都希望能为交谈营造出一个良好的氛围，这需要我们先打开客户的心门，让客户接纳我们。但事实上，很多时候，由于客户对销售人员的本能性拒绝，使得我们的工作难度无形中加大，在销售过程中也会出现各种各样的问题，此时，很多销售员会觉得束手无策，但如果我们能来点幽默，那么，客户在会心一笑的同时，内心的问题也就被无形化解了。

因此，面对不甚理想的沟通环境，销售人员可以通过自己的语言或行为引导客户把注意力从对沟通环境的不满转移到销售活动当中，即用自己营造的良好氛围来减少客户对环境当中不利因素的关注。

心理情境

销售员："您好，上帝！我今天给您打电话呢，就是想知道您是怎么看待保险的，您可以简单地说说您的想法吗？"

客户："你叫我什么，上帝？"

销售员："呵呵，客户都是我们的上帝，您是我们的客户，自然也就是上帝了。我可是特意来拜访上帝的，您总不能让我失望而归吧？"

说罢，销售人员笑了，客户也笑了。由于销售人员的友好和独特的方法，谈话得以顺利进行。

情境分析

销售人员出其不意又不失礼节地称呼"上帝"，会让客户非常惊讶。在交谈中多些幽默和随和，通常不易遭到客户拒绝；另外，这种富有创造性又不乏幽默感的开场白还能让客户对销售人员产生好感，更有利于销售的进行。

可见，除了微笑和礼貌以及尊重客户，销售员还需要适时地制造一些幽默话题，以打破沉默，缓解气氛。当然，制造幽默是要讲究一定的语言技巧。销售员制造幽默话题并非单纯地讲笑话，而是要和产品以及销售这个本质性的问题挂钩的。幽默是为了解决销售中的实质性问题，如果海阔天空地乱侃，是解决不了销售中的问题的。好多优秀的销售员就是在制造幽默中解决问题的。无论是谈论客户感兴趣的话题、有意思的新闻，还是一个有趣的故事，他们总能将其联系到销售工作的本质问题中去，善于用幽默的语言表达自己的观点，委婉地说服客户，在打破谈判僵局的同时，也一并推进了谈判的进展。

然而，幽默并不是每个人与生俱来的能力，不具备幽默细胞的销售员们可从后天获得：

1. 多学习文化知识，丰富自己的头脑

一般来说，幽默的人，都是能充分运用各种文化知识的人。也就是说，他们的知识都非常丰富。只有当我们的知识储备充分的情况下，才能找到各个知识点间的联系，刺激别人的大脑，产生幽默的效果。

所以，作为销售员，要想让自己变得幽默，在学习销售专业知识的同时，还要注意积累其他方面的知识。试想一个满脑子空空如也的人怎么会有幽默感呢？只有有了广博的知识，才能做到谈资丰富，妙言成趣，让销售在融合的气氛中顺利成功。

2. 在生活中多注意观察，幽默需要素材

一个人是否具有幽默的能力，是与其观察力有一定关系的。一个愚钝、呆笨的人是很少能制造出幽默的。幽默是需要素材的，这就需要我们多注意观察，提高自己的洞察力。只有善于发现和捕捉到生活中的细节，然后加以联想和夸张，才能带来幽默的效果，给人们以轻松的感觉。

生活不是缺少幽默，而是缺少发现。所以，销售人员要多注意观察生活中和工作中的人和事。多去发现生活，去认真面对生活，你会发现你越来越幽默了，你的客户也越来越喜欢你了，当然你的业绩会越来越高了。

3. 陶冶情操、提高修养

我们发现，那些善于制造幽默的销售员，无论客户怎么难为他，他还是能自信。而这种修养，是需要我们在生活中不断体验而获得的。所以，销售员要想让自己变得幽默，就要积极一点、大度一点，无论销售工作遇到怎样的挫折和打击，不妨当作一种享受，当你微笑着继续前进的时候，你才能品尝到那份快乐。当你变得乐观、豁达、自信的时候，你就会慢慢地发现，其实你有很多的幽默细胞。

总之，每个人都喜欢轻松快乐，对于销售员来说，在销售过程中，能否让客户在短时间内感觉到从你身上散发出来的快乐，直接关系着我们是否能打开客户的心门以及是否能签单成功。

察言观色，要有明察秋毫的洞察力

在销售过程中，我们会发现，客户出于某些目的，比如价格异议，对产品不满意等，他们不会直接向销售人员道明自己的想法。此时，销售人员可能会觉得无计可施。而实际上，语言并不是了解一个人内心世界的唯一方法，如果我们懂得察言观色，观察客户的微表情和肢体语言，同样可以读懂客户心思，从而让销售更为顺利。

当人们问到推销大师乔·吉拉德“对于一个推销员来说，如何让客

户去接受您的产品呢？”他的回答是：“一个出色的销售人员应该学会观察客户、了解客户，明白他脑袋里想要的东西。当客户走进来的时候，你观察他的眼睛、嘴唇；和他握手时，你要感觉自己的身体在和他对话。有一次，一个人来我的办公室，我注视他的眼睛，他的嘴唇。他的眼神很紧张，嘴唇紧闭，充满着紧张与恐惧，害怕得直打哆嗦。我看着他的眼睛和嘴唇问他：‘先生，我能为您做些什么？’当我问话的时候，他的嘴唇开始张开，眼角的恐惧也渐渐消失。”

我们再来看看下面这位推销员的一次推销经历：

心理情境

小何是一家化妆品卖场的男推销员，他推销的业绩非常的好。

这个周末，卖场来了很多消费者，其中，也不乏男士。尽管人很多，但忙碌的小何还是在人群中发现了一个特殊的男客户：他大概三十多岁，一身简单又名贵的穿着。来到卖场，他一句话不说，只是不停地看化妆品。

面对这样的客户，几个推销员在得到“爱答不理”的回应后，就不再招呼他了。而小何则发现这个客户有个特殊的动作——他在看推销员为其他客户介绍产品的时候，总是盯着销售员看，并不说话。

小何知道这种客户一般猜疑心重，对于推销员的话不相信，才会有这样的表情，于是他只是站在不远处，并不作过多的介绍，等这个男人抬头寻求帮助的时候，他才过去帮忙介绍产品的功能和价格。很快，这位客户购买了商品匆匆离开了。

情境分析

这则销售案例中，在其他推销员无计可施的情况下，推销员小何并没有贸然推销，而是先观察客户，从客户的肢体语言——总是盯着销售员看，并不说话，判断出客户不理睬推销员是因为其疑心重，于是在客户需要帮助的时候才过去帮忙介绍产品的功能和价格，从而顺利把产品推销出去。

从这则案例中，我们发现，不同客户有不同的性格心理，即使同样的客户，在不同的情况下，也会出现不同的心思，而客户一般不会直接告诉销售员他们内心的真实想法，这就需要销售员善于察言观色，具体来说，我们可以做到以下几点：

1. 察言观色，找准时机

精于口才者，最擅长察言观色。很会说话的导购员，无论在自己说话的时候，或是对方在说话的时候，他们的眼睛，总是随时地留意着对方的面部表情、眼神、姿态以及身体各部分的细节变动，随时判断对方谈话的状态，对方的心态，表达的意思等，然后再将自己的观点、看法得体地说出来。

一般来说，我们可以从以下两个方面观察：

（1）观察客户的面部表情。

在销售中，客户的每一个表情、神态的变化，都代表着一定的心理，精明的销售员必须抓住客户的每一个细微的表情、神态的变化，即时从变化中推测客户的心理。比如，客户脸部的肌肉突然由紧绷到放松，说明他的心情也有所缓和，对是否购买产品也已经有所决定。

（2）观察客户眼神的变化。

俗话说“眼睛是心灵的窗户”，客户也可能为了自身利益，掩饰自己内心的想法，但无论他说什么，只要我们能从客户的眼神中观察，就能找出其真实想法。

打个比方，当你滔滔不绝地向客户介绍产品的性能，并以自己的产品为豪，原本以为客户会认真倾听时，却发现客户原本感兴趣的双眼却闭起来了，或者开始东张西望，那么，这就表明他（她）已经对你的介绍感到厌烦，或者对你的话题没有兴趣了。此时，你就要换一个话题，或者停下来，引导客户谈话，以了解客户真正关心的问题。

2. 听完再说

一些做事鲁莽的销售员往往会这样，当他们发现客户提出问题的时候，就立即接过话题，并极力解释，但很快，他们会发现，客户又有新的问题需要解决，你再解释，如此延续，最后客户没问题了，但却这样告诉销售员：“我再考虑考虑吧”，因为客户觉得，自己仍然还有许多需要解

决的问题，只是他暂时想不起来而已。

总之，口才绝不是只凭两片嘴皮了，而是一种综合能力的体现。一个善于说话的推销员，必须具有敏锐的观察力，能深刻地认识事物。只有这样，说出话来才能一针见血，对准客户的胃口。

利用各种渠道，深挖潜在客户

推销的第一步是寻找客源，几乎每一个推销员都知道，有多少客户和如何开发客户决定了一个推销员推销事业的成败。对于一个推销员而言，寻找顾客就如同淘宝者寻找黄金一样重要。但是有的推销员要问了："满大街都是推销员，上哪儿找，怎么找客户啊？"事实上，推销中从来都不缺少客户，是你缺少一双发现客户的眼睛。在我们生活和工作的周围有各种各样的渠道，比如，网络搜索、入户拜访、电话营销等。无论哪种方法，只要能为我们所用、帮助我们最大范围地抓住属于自己的潜在客户，我们就要尽全力拓展自己，做好销售提升业绩！

心理情境

推销大师乔·吉拉德有个著名的"250法则"。对吉拉德认为，每位客户的背后，都与大约250个人有着联系。这些人一般是客户的朋友、亲人、同学、同事等，如果一个推销员得罪了一个人，那么，便有250个人不愿与之打交道。乔·吉拉德把这种现象称作"250法则"，并由此得出结论：在任何情况下，都不要得罪哪怕一个客户。

其实"250法则"并不深奥，也特别容易理解。很简单，你可以计算一下，假如你现在已经成年，并已经有一份稳定的工作，有固定的生活圈子，那么，你可以从小学时候计算起，你还需要经历初高中、大学等，这一过程中，无论你学习成绩如何，你都应该有些死党，如果以每个求学阶段可以认识40个同学来计算，三个阶段就已经有120条属于同学的人脉关系了，另外，加上你周围亲戚30人、朋友30人、师长30人、前后期学长与学弟学妹30人、邻居20人、职场中的同事30人，或住所附近提供生活所需的商家……统计起来，早就超过250条人脉。另外，你必定还参加了一些社会团体、学习组织、工作团队等，都会增加自己的人脉。由此看来，我们可以说，每一个人都应该有超过250个人脉关系，而且这些数据还会随着年岁的增长、与人接触机会的增多，而累积出更加丰富的人脉。

情境分析

乔·吉拉德的经历告诉每一个销售人员，老客户的力量实在太大了，老客户是挖掘潜在客户的重要突破口，所以他始终认为，你只要赶走一个客户，就等于赶走了潜在的250个客户。

当然，除了老客户以外，挖掘客源的渠道还有很多，具体来说，我们可以从以下几个方面着手：

1. 向你的亲戚推销

如果你确信你的亲戚中有需要你的产品的，为什么不去和他们联系呢？而且他们大多数都没有时间限制，非工作时间都可以进行。向亲戚销售，多半不会有异议和失败，而异议和失败正是新手的恐惧。他们喜欢你，相信你，希望你成功，他们总是很愿意帮你。与他们联系，告诉他们你已经开始了一项新职业或开创了新企业，你希望他们与你共享你的喜悦。尝试向他们推荐你确信的优越产品，他们会积极的回应，并成为你最好的顾客。

2. 从你的同学入手

或许你性格内向，没有几个朋友。但从入学开始，我们的同学总是在不断增多。而你发现没，随着时间的推移，正在联系的同学越来越多？而如果我们能利用起这些同学关系，我们的准客户数量也是不少的。即使你的人缘再不好，你估计也有一两个关系好的同学，他还有家人和亲戚，这些都是你的资源。一个带一圈，这是你结交人的最快速的办法。你的第一个同学可能不需要你的产品，但是同学的同学、同学的朋友你能肯定不需要吗？去认识他们，你会结识很多的人。

3. 网络是搜寻客源的重要渠道

现代社会网络为我们的生活带来了极大的方便，也给销售员提供了无穷无尽的信息。可以说网络是最便捷的宣传渠道。销售员不仅可以通过网络把客户搜索出来，还可以通过网络了解更多的客户信息，比如客户的产品、经营状况、财务状况。另外，网络上很多资源都是无偿的，而且一年365天都可以提供服务，网络的成本比较低，但是效果却是不容忽视的。网络从其诞生起，就成为许多网络精英获取财富的一个极其实用的手段。因此，作为一名销售员，要想自己的业绩有所提高，一定要利用好网络这个庞大的资源。

4. 电话营销

作为一种常见的营销方式，电话营销被越来越多的企业所运用，同时，它也作为一种特殊的寻找客源的方式被销售员们接受，因为电话最能突破时间与空间的限制，是最经济、有效率的接触顾客的工具。你若能规定自己，找出时间每天至少打五个电话给新顾客，一年下来能增加1500个与潜在顾客接触的机会。

总之，推销员在挖掘客户需求的时候，一定要拓宽思维，因为客户并不一定会主动告诉你他需要什么。为此，你可以从客户身边的人进行探寻，比如，客户的家人、下属、朋友等；另外，推销员也可以根据手头现有资料进行分析，得出结论；销售员还可以进行切实有效的实际考察，确定客户还需要哪些产品或服务……只有这样才能更充分、准确地把握客户的实际需求，为做好进一步的推销工作，提供更有力的保证。

下篇　把握客户心理，应用策略快速成交

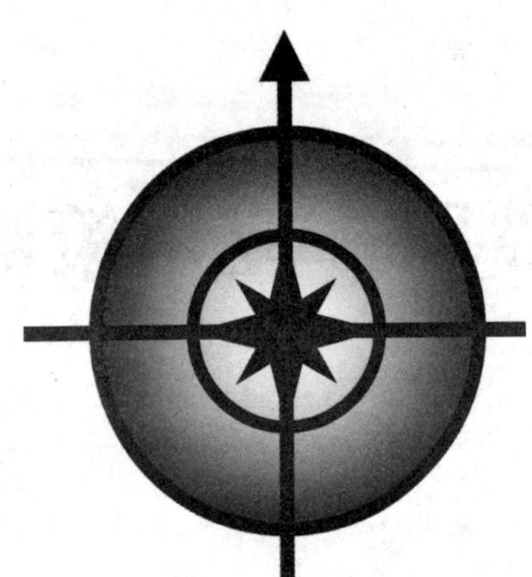

第11章

洞悉顾客的购买心理：销售就是一场心理暗

销售过程中，想必每一个销售员的最终目的都是以最大价格卖出产品，而以最少的价格买到心仪的产品也是客户的消费心理，所以客户和销售人员之间的较量也成了一场心理较量。很多销售中的问题，比如，你说的销售语言能不能起到作用，能不能成功吸引客户，以及能不能让客户信任你的产品，都与是否掌握客户的购买心理有关。假如我们能掌握客户心理，玩点心理战术，巧妙来点心理博弈，那么，轻松让客户完成购买意愿，也就容易得多！

顾客的需求是你的使命

销售过程中，很多销售员反映："为什么我们总是摸不清楚客户在想什么？我们推荐的，总是客户不需要的。"的确，无法了解客户的购买需求，是无法打动客户的。而要激发起客户的购买欲望，就必须要了解客户真实的想法。然而，现实销售中，很多销售员忽视了这一点，他们只顾着将自己的目光盯在所推销的产品上，而无数的事实证明这样是错的。推销大师乔·吉拉德认为，销售就是解决顾客的需求，认真听他们说，然后满足他们就可以了，就这么简单！一些人认为自己了解这一点，实际上并不是！否则，为什么销售业绩上不来？

心理情境

小李是某通信公司销售代表。最近他要推销公司的宽带，这天，他向一个潜在客户打电话。

"您好，我是××通信公司的小李，听说您最近买了一处新的房子，您有安装宽带方面的需求吗？"

"哦，不好意思，我大部分时间都不在家里，所以，宽带基本上用不着。"

"没关系的。对了，听小姐您的声音，真是动听啊，和您通话我真的感觉很舒服，请问您是在电视台工作吗？"

"你怎么知道的？我就是在电视台担任播音员。所以每天都很忙。"

"刚听到小姐的声音就觉得很动听，与您说话真是一种享受。请问小姐是跟家人一起住吗？"

"我爸爸跟我住……"

"原来是这样啊，那我建议小姐可以安装一下我们的宽带，因为您想，把一个老人单独放在家里，他会孤独，而且，现在老人上网，已经是一种流行趋势，最重要的是，我们的宽带最大的优点就是年费很便宜，您只需要一个月花费八十元就行了。"

“是吗？这还挺便宜的，要不，你周末来我家安一个吧。”

“好的……”

情境分析

案例中，当客户表明自己并不需要宽带服务的时候，小李并没有就此放弃，而是继续与客户通话，并利用真诚的赞美获得了客户的好感，此时，小李再询问客户是否和家人一起住，已经消除戒心的客户自然会真实回答，而聪明的小李便从此下手，找出了客户的购买需求，然后，他再强调宽带服务费便宜的最大的卖点，于是，客户就欣然接受了。

我们若想成功推销产品，就必须了解客户的需求，这就需要我们在与客户沟通的过程中多留心，多观察，进而挖掘出客户的需求。具体来说，我们可以从这几个方面入手：

1. 询问法了解客户的需求

销售员在沟通中，只有了解客户在意什么，不在意什么，才能做到有的放矢地沟通。那么，怎么才能解决这一问题呢？唯有询问！询问可以更好地控制谈话的进程，更大程度地调动客户的兴趣和积极性，可以使销售员得到更多的信息。这些信息都会对促成交易有利。

当销售员向客户解释一番后，就应该向客户进行询问，看他可能听进去了多少，听明白了多少，他的看法如何。这时，销售员应该问：“关于这一点，你清楚了吗？”或者“您觉得怎么样？”这样就给客户提供了一个说明他的想法的机会。

2. 从关心客户需求入手

现实销售中，一些销售人员完全站在自己的立场上考虑问题，希望一股脑儿地把有关自己所推销产品的信息迅速灌输到客户的头脑当中，却根本不考虑客户是否对这些信息感兴趣。这些销售员，几乎从一张嘴就为自己的失败埋下了种子。要知道，实现与客户互动的关键是要找到彼此间的共同话题，这就要求销售人员首先要从关心客户的需求入手。

对于客户的实际需求，销售人员需要在沟通之前就要加以认真分析，以便准确把握客户最强烈的需要，然后从客户需求出发寻找共同话题。

3. 多倾听有利于销售的内容谈话

对此，销售员需要倾听出以下几点：

核心点：这里的核心点，指的是客户最感兴趣的关于产品的某个“点”，也就是能满足客户需求的某个“点”。

情绪点：人都是有情绪的，或欣喜、或气愤、或关注、或冷漠等，客户在与销售员沟通的过程中，也会产生诸多情绪，而当销售员听到客户在话语中流露出有利于购买成交的信号时，就要立刻抓住机会，促成交易。

敏感点：世界上没有无瑕疵的产品，因此，我们的产品或多或少会存在某些让客户不满意的地方，这个让客户不满意的地方，无外乎如价格、折扣、性能、保障、售后服务，购买承诺等。

总之，我们准确了解客户对产品的需求后，再围绕客户所需要的产品展开介绍和宣传，就容易得多。了解客户基本需求是销售人员与客户第一次接触就要明确的问题。

感性销售，让客户心甘情愿掏钱购买

我们知道，人都是情感的动物，人与人之间从毫无关系到认识，再到信任，最后成为朋友，就是人们常说的“缘分”，但这需要彼此间心与心的交流。这点告诉我们，从事销售，在与客户正式沟通前，我们也要有意识地制造自己与客户之间的这种“缘分”。而制造这种“缘分”的关键就是：语言要真诚婉转，以情动人。如果我们能说些动情的话，打开客户的心结，那么成功开发客户的几率无疑会大大提高。与冷冰冰的销售言辞来相比，热情、充满关爱的关怀有时更容易打动客户。然而现实销售中，一些销售员能言善辩，介绍产品时口若悬河，但在销售中，却四处碰壁，其中，很大程度上的原因就在于此。

心理情境

推销员与客户对话：

“我们现在不需要。”

“看得出您很忙！有您这样的人持家，您的家人一定十分幸福！”

“噢，谢谢！今天我丈夫不在家。”

“我听说了，我知道您先生是一位事业成功、在业界有影响力的优秀人士。那句话说得没错‘每一个成功的男人背后都有一个伟大的女人。’”

“呵呵，哪里。我们对你的产品还是挺感兴趣的，等我丈夫回来后，我们一块儿去你那里购买。”

“好，谢谢！这是我的名片。”

情境分析

从上面这个案例中，我们可以发现，这位销售员的话奏效了，他在面对客户拒绝的时候，仍然保持良好的态度，并对客户说了一些“动情”的话，从而获得了客户的认可，成功打动了客户。可见，在与客户沟通的时候，销售员不要以为自己的语句合乎逻辑就可以让推销的工作顺利进展了，真正打动人的是带有情感的话。成功的销售员都会想客户所想，忧客户所忧，尤其是对于那些感性的客户，这一方法更是效果明显。

每个人的心中都会留有一片空地，专门为情感打结所用，所谓心有千千结并不夸张。销售员虽不是解开情感心结的能手，但必须知道，这结是情感的结，在推销中只要注意把握情感，做情感的舵手，那么客户的情感之门就会被你打开。

那么，在销售过程中，销售员该如何说“动情”的话，来感动客户呢?

1. 理解客户的情感，说话时以情动人

销售员可以以朋友的心态来面对每一个客户，多站在客户角度想想，考虑一下客户的利益以及客户的想法，倾听他们的想法。可能客户一次两次不能接受自己，只要你真诚，话语有情，几次下来，就会把客户感化了。真心付出总会有收获的。

2. 真正关心你的客户

（1）千万不要撒谎，谎言是致命的。

（2）珍惜客户的时间。

（3）销售中，如果你对自己的产品介绍有误，就要大胆承认，否定只会让客户对你产生质疑，影响信任度。

（4）多为客户考虑，不仅要满足客户表面要求，更考虑客户深层次的想法和意见。

（5）永远不要否定你的客户。

（6）理解你的客户，他是繁忙的，他的工作压力来自各个方面，还有很多工作和生活中的烦恼。

（7）让你的客户感受到来自你的尊重，让他在同事或者上司面前有面子。

（8）学习你客户的业务，要求不知足地学习客户的业务。

（9）如果你对客户的业务不熟悉，就不要不懂装懂，对于不懂的问题，不妨直接问他，他是喜欢与别人谈论他的业务的。

（10）保持热忱的态度，情绪不要激动，你要稳重并有做生意的样子，冷静地工作。

3. 态度要诚恳

在与客户沟通的过程中，要让客户感到你是诚实的。因此，销售人员说话一定要恰如其分，符合双方的身份，不然，就会引起客户的反感。

4. 关心客户身边的人

对于销售员来说，具有良好的亲和力是能够与客户融洽交谈的必然要素。想要在客户心中建立起亲切感，亲近客户的身边人是一个不错的方法。客户的亲戚、朋友，尤其是孩子，真的是你大好的助手。在日常生活中，多研究儿童的心理，对你的推销大有帮助。

在日本，上午，家庭主妇多忙于打扫与洗衣服，这时候，她们多半不欢迎推销员，而有空闲应付推销员的时间大约是下午4点钟，然而这时正是婴儿午睡的时间。

大吉保险公司的川木先生只要看到某户人家晒着尿布，就不会轻易按门铃，只是轻轻敲门，以示访问之意。当主妇前来开门时，他会用最小的声音向一脸狐疑的母亲说："宝宝正在睡午觉吧？我是大吉保险公司的川木先生，请多指教。4点多的时候，我会再来拜访一次。"

任何母亲对这种细心的考虑都充满感激，不是立即邀请他进来坐，便是在他重新来访时面带笑容地迎接他。反之，如果大摇大摆地冲进去，结果只会被对方撵出去。

另外，我们一定要把话说得亲切、和蔼，这样才能使客户感到愉快，从而对销售人员产生信任。热情的语言也决定了态度的热忱。

可见，销售就是一场心理战，我们能否打开客户的心，直接关系到我们是否能成功推销出去产品。看似那些最微不足道的家常话，只要能说到客户的心坎上，就能打动客户，就能对销售产生积极的效果！

顾客排斥推销员是因为害怕上当受骗

作为推销员，我们都知道，在向客户推销的过程中，客户是心存芥蒂的，他们认为推销员多半是为了推销而推销，客户存在这样的心理有很多原因，其中就有可能是客户吃过推销员的亏。因此，如果我们一味地向客户推销，有时不但不能打动客户，反而会加重客户的疑心，而如果我们能体会客户的情感，拿出让客户信服的证据，那么，便能很快拉近与客户的心理距离。

心理情境

一天，一位先生来到商场，准备购买一款数码相机。在销售员的一番介绍后，这位先生终于表态了。

顾客："你们这款相机真的有你说的那么好吗？我看不见得吧。"

销售员："关于产品的性能，我刚才也为您展示过了，估计您也能发现，这款相机是同类产品中性价比最高的，不仅技术上先进，价格也相对

优惠很多。”

顾客：“可是，我怎么觉得这相机后面的这部分摸起来这么薄呢，很容易破掉吧？”

销售员：“我们的相机的外壳采用×××型塑料制成，坚固耐用。这也是为了降低重量啊，这样也方便您携带。”

顾客“好的，那给我拿一款吧。觉得还可以吧。”

销售员给这位先生拿了款新相机。但问题又来了。这位先生又说：“你给我的这款上面这个是什么啊，怎么看着这么旧，不会是人家的退货吧。”

此时，销售员已经不耐烦了，但他还是压住了情绪，因为他知道顾客都害怕被骗，于是，他说：“这个您放心，这是一款颜色较暗的相机，并不是旧产品。最近几年，这种暗色调的相机一直很受欢迎呢。”

顾客：“哦，原来是这样啊。那你给我包起来吧。”顾客说完，销售员终于松了一口气。

情境分析

在销售过程中，不少销售人员都遇到这样的顾客，他们警惕性很高，似乎总是有担心不完的问题，总是怀疑销售员在欺骗他。我们一定要保持镇定和耐心，就如同案例中的这位销售员一样，即使已经觉得不耐烦，也要调整心态，继续耐心回答顾客的问题。

其实担心被骗是每一位顾客的共同心理，了解顾客的购买心理和他们的情感，能让他们感受到被理解和认同，有助于我们销售工作的开展。那么，我们该怎样消除顾客的这一心理呢？

1. 态度坦诚，语言诚实、中肯

真正的口才，并不是口若悬河、滔滔不绝，尤其是在与客户初次接触的时候，客户一般都对销售员心存芥蒂，你越是想表现自己，越让客户觉得可疑度高。其实，你不妨诚恳、清晰的表达你的观点，话语不可过多，注意一些说话方式诚实、中肯的说话就能让客户感觉你是一个可信之人。相反，如果销售人员眉飞色舞、泡沫横飞，就会给顾客造成一种华而不实的现象，进而会把这种感觉过渡到你的产品上去。

2. 出示令人信服的证据

事实胜于雄辩，如果顾客对你的话半信半疑，不如直接向顾客出示一些实在的证据，比如产品的销售业绩表、产品合格证等，证明你说的话是真实的，这样就可以令他信服。

3. 大方地面对产品的缺陷和不足

在产品质量和性能上，销售员可以适当表示出对顾客意见的同意，甚至可以主动地承认产品的一些小问题，当然这些问题是无伤大雅的，不会影响到产品的使用。这样，可以换得客户的信任。如："我们的产品质量虽然是一流的，但在款式上还不太时尚，这是我们需要改进的地方。"

在销售行业，一个出色的销售员不是完全靠口才堆积成绩的，而是靠信誉，靠人品，在如今企业用人的标准中，品德第一，能力才是第二。销售员在推销产品时，一定要从客户需求和利益角度出发，真诚地为客户服务，决不能做到欺骗客户，更不能有半点虚假或者夸大其词。

总之，在销售工作中，销售员一定要做到消除客户害怕被骗的心理，做到诚实守信、实事求是地对待客户，这样才能与客户沟通起来更加顺畅，赢得客户的信赖。

客户都希望购买物美价廉的产品

现代商业社会，随着商品的逐步丰富性，也导致了销售行业竞争的加大，各种商品，千奇百怪，应有尽有。一旦谁拥有稀、奇、特、新的产品，一旦被潜在客户发现，就很容易被认同。在众多商品面前，客户自然就产生了挑剔的心理并对同类产品进行比较，于是，在销售中，我们经常会听到客户说"性价比"一词。也就是说，我们除了要在产品质量、性能、功能等技术指标、质量参数必须符合满足客户的心理预期外，还要在推销的时候下足功夫，尽量突出产品的性价比，客户才会感到物美价廉，选择购买。

心理情境

客户：“价格真的太贵了！”

销售员：“小姐，那您认为贵了多少钱呢？”

客户：“至少是贵了500元吧。”

销售员：“小姐，您认为这套化妆品能用多久呢。”

客户：“这个嘛，我比较省，怎么也要用半年吧”

销售员：“如果用原来牌子的化妆品，要用多久呢。”

客户：“原来那个两个月要买一套吧，因为效果不太明显。”

销售员：“这样吧，您看原来那个牌子的化妆品是200元一套，可以用两三个月，我们按照三个月计算，您半年需要花400元，但是小姐，实不相瞒，我们这种化妆品如果您比较省，至少可以用一年，这是所有客户共同得出的经验，由于它富含的营养成分比较多，所以只要稍微用一点，就可以了。”

客户：“真的是这样的吗。”

销售员：“这是我的客户共同的见证。这个周末您有时间吗？我已经约了所有客户举行一个联谊，希望您也能参加。”

客户：“这样啊，好，我相信其他女孩子的眼力……”

情境分析

案例中的销售员处理客户价格异议的方法是值得我们学习的。这里，她并没有将产品的价格降低，而是采取价格细分的方法让客户感觉到好像占了便宜。

人们购买产品，都希望购买物美价廉的产品，这是客户一致的购买心理。而很多时候，我们发现，销售过程中，价格异议似乎是销售员最头疼的问题，因为你不管如何强调产品已经很便宜了，可是客户却总会不厌其烦地和你讨价还价，甚至即使你已经把产品的价格压得已经很低，但客户仍然不满意，希望你会再降低一些。而此时，如果我们能和案例中的销售员一样，把价格问题转到价值问题上，尽量让客户看到产品背后的价值，明白“一分钱一分货的道理”，那么，自然淡化客户对价格的敏感，最终选择购买。

当然，除了在价格异议中我们需要让客户感受到产品的性价比外，销售中任何一个过程都需要我们向客户传输这一思想。因为价格问题会始终贯穿于整个销售过程。具体来说，我们可以这样为客户展示产品的性价比：

1. 强调产品的优势

销售员应该向客户表明产品所具有的独特的优势，要让客户明白“一分价钱一分货”的道理，为客户总结出性价比，这样，客户就会觉得物有所值，也就不会在价格上过分追究了。

2. 进行优势比较

“货比三家不吃亏”，抱着这样的心理，很多客户在与销售员达成协议前，都会将同类型的产品进行一番比较，然后会发出这样的感叹：“你们的产品怎么这么贵？人家的产品要便宜得多。”遇到这种情况时，销售人员可采取比较优势的方法，突出自家产品所拥有的其他厂家产品不具备的优势。

例如，手机销售人员可以这样对客户说：“我们这款新上市的手机可能比其他手机要贵点，但它却有着其他手机不存在的很多优点，首先，我们的手机是4G手机，可以视频电话，这是目前手机行业最先进的技术；再者，我们的手机外壳采用的是不同于其他手机的材质，不怕磨损；最后，手机电池性能也好，一般情况下，出差时间在一个星期左右，您可以不用带备用电池和充电器。”通过这一番比较，客户觉得多花几百元是值得的，因而也就不再纠缠价格问题了。

此外，销售人员还可以比较非产品优势，如免费送货、分期付款、随时提供上门维修服务等，因此，优势比较法是解除客户价格疑虑的重要方法。

3. 对客户投入进行时间分解

当客户觉得产品贵时，销售员可以采取这种方法，将产品的价格也就是客户的投入进行时间分析，这样，客户就会明显觉得自己的投入不多，也可以接受，当然，这是人的心理感觉，实际上，客户的投入并没有因此

而变少。

例如，某品牌保湿霜180元一瓶，可以使用一年，如此算起来，每月只需支付15元，每天只需花费几毛钱，还抵不上一杯咖啡，可真是太便宜了。

4. 对客户投入进行单位分解

这种方法和上面的方法类似，也就是把大的某种商品进行一定的分解，分解成小单位，这样，使价格听起来相对较低。如每箱多少钱分解成每盒多少钱；每包多少钱改成每支多少钱；等等。这样就使商品价格听起来不那么高，客户就比较容易接受了，从而减少价格异议。

销售的最高境界是客户需要你

任何一个稍有经验的销售员都知道，在销售行业中有一个二八法则，即80%的销售额是由20%的重要客户来实现的，而这20%的重要客户可以说是销售员长期合作的忠实客户，也叫“堡垒户”，如果丧失了这20%的忠实客户，那销售员将丧失80%的收入。

那么，销售员用什么方法才能在激烈的市场竞争中牢牢地抓紧这些忠实的客户呢？其中最为重要的就是优良的产品和第一流的售后服务，两者之间是相辅相成的关系，但有些销售员却没有意识到售后服务在销售中的重要地位。

聪明的销售员即使在销售结束后，还不断殷勤地为客户服务。因为他们明白，赢得售后是产品的“第二次竞争”，客户在使用产品的过程中，无论遇到什么问题，他总是能及时出现，帮助客户解决问题，当客户习惯于他的服务后，便长生一种依赖感：无论他需要购买产品还是售后服务，他总是会想到这位销售员。于是，这位客户便成为这位销售员的最忠实客户。

心理情境

小方在从事推销工作之前，曾是个技术员，对于一些大型设备和仪器的故障问题，他总是能轻易地排除。而这，也是他能成功成为现在这家设备销售公司的金牌推销员的主要原因。他的设备主要是提供给省内的一些大型生产类企业。

一次，小方和往常一样，成功与一家大型企业签约，对方购买了几十套生产设备，可是，这是一套最先进的设备，对方工厂还没有技术人员会安装，没有等到对方经理提出安装问题小方就主动开口，主动为其安装、调试，这让客户经理非常的满意。

但是过了不到两个星期，小方就接到了客户经理的电话，不是设备出了问题，而是客户经理对产品说明书上的很多问题很陌生，甚至有一些功能还不会操作，需要小方手把手地教才会。于是小方不辞辛劳，赶去为客户操作。

又过了一个月，小方又接到了客户的电话，是因为对方顾客购买了设备之后，有一些简单的故障，对方不会排除，于是小方再一次前往为客户排忧解难。

由于对方对这类设备的采购和安装、调试一窍不通，在合作中，小方总是提供一条龙服务，这样一来，那家购买这类设备的公司对小方产生了深深的依赖。每次订货都要找小方合作，因此成为小方最忠实的客户。

情境分析

从上面的案例中，我们可以看出，销售员小方之所以能让客户对自己产生深深的依赖，每次订货都找自己，成为自己最忠实的客户，得益于小方最体贴周到的售后服务。

销售员要想拥有客户，那么就得成为客户依赖的人。当客户想要购买你所销售的产品的时候，第一时间想到你的时候，基本上客户已经离不开你，已经深深地依赖你了。那么，具体来说，销售员在售后中应该如何服务客户呢?

1. 经常回访客户，让客户看到你的责任心

售后工作中，销售员一定要工作努力一点，拜访客户勤快一点，这样，客户的担心就少一点，对你的信任就更多一点。即使产品出现一些意外情况，你能第一时间出现，客户也不会怪罪于你，反而感激你的负责。这样一来，客户没有理由不和你合作，没有理由不依赖你，不成为你最忠实的客户。所以，销售员在跟单的时候一定要认真和勤奋，这样才能获得客户的依赖。

2. 经常问候你的客户，让客户随时都感觉到你的存在

有时候，销售员凭借自己的口才说服客户购买，但如果不经常和客户联系，那么，客户可能很快忘记和你合作过。产品不存在什么售后问题，大家就相安无事；但如果产品出现问题，那么，客户就会更加质疑你的公司和产品，更不可能给你介绍新客户。而相反，如果你经常与客户联系，在重大特殊的日子里，给客户送上最温馨的祝福，即使你和客户是新交，那么，也能混个耳熟，当你和你的公司已经存在客户的意识里的时候，客户在下一次购买或者有新客户的时候，一定第一个想到你。

3. 随时让客户了解到你和你的公司的最新发展状况

销售员自身的发展也是依靠公司的，你的客户如果知道你的公司正在发展壮大，也一定会对你多一份信任。所以，销售员对公司新产品的宣传一定要到位，让客户觉得你所在的企业是不断发展壮大的。如果销售员将这方面的工作做到位，无疑是解决了客户的后顾之忧。客户对合作没有顾虑，实际上就是对销售员的依赖和信任。

总之，销售员要想让对方成为自己最忠实的客户，那么一定要让对方对自己产生深深的依赖，让客户在购买产品的时候第一时间想到你。只有这样，销售员才能算真正地将客户征服。

双赢让买卖双方在交易中都获利

有人说，销售是一场斗智斗勇的活动。作为销售人员，在销售商品时，如果抱着一种让客户在交易中也能获得的好心态，把话说到客户心坎里，就能让客户燃起购买的欲望，直至最终成交。

心理情境

杰森是一家油漆生产公司的推销员，他推销的油漆有环保、无异味的特点，很适合现在家居环保的要求。正是这一优点，杰森的生意一直做得很好。最近，他与一名房地产负责人李经理洽谈了许多合作事宜。但是，李经理坚持要杰森降价，杰森无法做决定，于是谈判暂时搁置。不久后，杰森得到领导的答复后再次来到李经理的办公室。

杰森：李经理您好！您提出降价的条件，我已经与我们的负责人商量过了。他说，如果您能在贵小区优先替我们旗下的新油漆公司作广告宣传的话，我们公司愿意以最低的价格与您这样的大客户长期合作。

李经理：我们不主动推荐业主用哪一种油漆涂料。

杰森：您不用推荐，我们只需要一个安全的宣传环境就行。

李经理：你们要宣传多久？

杰森：从开盘开始后的一年内。

李经理：可以。

最终，李经理以最低的价格购买了环保油漆，而杰森所在公司旗下的新产品油漆也得到了大力的宣传，销量很好。

情境分析

案例中的销售员的聪明之处，就是利用了双赢这一原则，让客户和销售员都有实现了利益互补，交易达成必然水到渠成。但相反的是，如果销售员一心想着如何占客户的便宜，他要么会因为贪婪的心理而误入歧途，要么会驻足不前没有业绩。虽然做生意终究是赚取利润但在销售中能实现双赢是一种很理想的状态。

大凡能在市场上长期站稳脚跟的企业和销售员都懂得双赢的道理，这是能长期维持合作关系的前提。作为销售员，应本着“双赢”的理念开展工作，并时刻以双赢作为成交的基础。那么，销售员如何做才能与客户实

现互利共赢呢？

为此，我们需要掌握以下对策：

1. 诚信为先

当今社会，有些产品，存在一些虚假成分，比如说，某某减肥茶，十天减掉二十斤；某某特效药，能治癌症等。很明显，这些产品的功用都是虚假的，也有一些产品，并没有达到销售员所描述的功用，有些客户急于使用，就购买了，但很快就发现并没有预期的效果，于是，就有投诉的现象。其实，想要获得双赢，销售员必须明白，诚实守信是一切交易的前提，也是实现双赢的前提。在介绍产品的时候，销售员一定要实事求是，切忌添油加醋地一味夸大，更不能欺骗客户。否则一旦被对方拆穿花招，不仅失去客户的信任，自身还会产生不可估量的损失。

2. 心理置换，多从客户的角度说话

人与人之间的情感要达到一种共鸣，就必须要做到倾听，然后认同。唯有认同，才能拉近人与人之间的距离，在处理客户异议时也是一样。

在处理客户异议时，销售人员若表现出从对方的立场出发，认同客户的感受，就会站在双方共同的利益上客观地审视双方面临的问题，然后和客户协商，达成交易。认同客户的异议，这是成功解决异议的开始。

3. 多提产品优点，让客户看到利益和实惠

这种方法的好处就是通过强调推销品带给客户的利益和实惠，来化解对方在价格上提出的不同意见。

比如，在推销生产用品时，销售人员应重点说明自己的产品在节约原材料、降低能耗、提高劳动生产率、使用寿命长、维修费用低等方面的优势，以求消除其在价格上的顾虑。因为上述这些方面是工业企业谋求生存与发展的重要因素，所以工业客户购买产品时最关心这些方面。而商业客户采购货物时，注重的是产品是否畅销、销售利润高低如何。因此对产品的要求是“优、多、新”，即质量优、功能多、品种新。只有这样的产品才能畅销，从而才能获得更多的销售利润。

4. 真正关心客户的利益，让客户体谅你的用心

我们想让老客户满意，进而让其购买，就要真正关心客户的利益，并从这一点出发，充分挖掘客户的购买需求甚至是隐藏的需求，并努力降低顾客需求中的成本耗费，从而最终使产品符合并超越顾客期望。

为此，我们就必须从顾客的角度来推销，并要注意一些细节，尽量在每一个细节上做到让客户满意，如果营销人员的服务超出了顾客的预期，就会打动顾客的心，使顾客的满意度提升为对产品和服务的忠诚度。比如，我们可以这样告诉客户：“我觉得这款贵的××反倒不适合您，您没必要花那么多钱买它。”而当客户体谅到你的用心后，也会更加信任你，并把周围的朋友介绍给你。

总之，客户都是以自己的利益最大化为前提的，如果销售人员能向客户详细展示自己的产品，能够给他带来什么样的变化和收益，那么客户肯定会心动的。

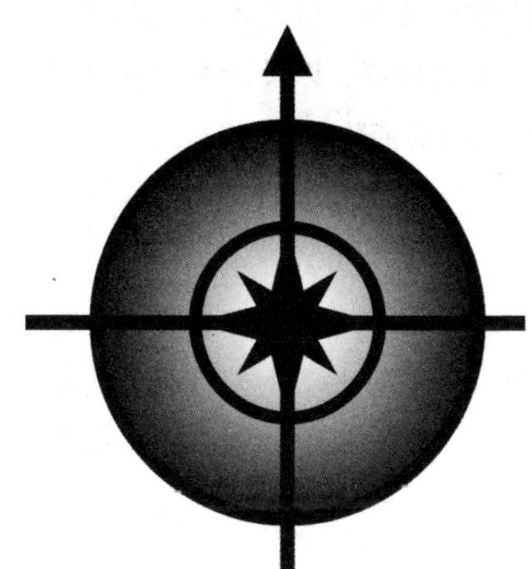

第12章

激发客户的购买欲：把握客户真实的内心诉求

我们在销售中经常会遇到这样一种情况，客户已经有购买意向，双方谈判也已经接近尾声，但在即将成交之际，客户却犹豫不决，不肯下决定。一些经验不足的销售员此时会放弃销售，但实际上，他忽略的是，客户之所以犹豫不决，是因为心存疑虑，不能百分百信任产品等，其实，销售员如果能把握客户真实的内心诉求，激发客户的购买欲望，向客户展示有利于他的方面，从而弱化客户的疑虑点，就能给客户吃一颗定心丸，进而达成销售目的。

嫌货才是买货人

销售员在与客户谈判的过程中客户产生异议，这是很常见的一种现象，正如有人说的“嫌货才是买货人”，对产品或者价格有异议的才是你的准客户。但在销售前，我们要事先揣测客户可能产生的异议，以及产生这种异议的原因。这样在整个谈判过程中，我们就能有意识地消除这些异议。

心理情境

马先生是一名水果店的老板，生意每天红红火火，这主要是因为马先生会经营。比如，早上打开店门，马先生就先把那些外观漂亮的水果拣出来，单独放在一边，定价定得高一些，而那些在外表上稍微差一点的同类水果定价较低。

一天，他遇到这样一位难缠的顾客。“你的水果也不怎么样啊，1斤也是1块钱吗？”这个顾客拿着一个水果仔细端详起来，还敲了敲，看看水果到底怎么样。

“呵呵，您放心，我的水果不能说是最好的，但也是这一片比较好的。您不信，可以和别家的比较比较。”马先生满脸堆笑，不紧不慢地说。顾客说：“太贵了，8毛卖不卖？”

马先生还是笑眯眯的：“先生，我要是1斤卖你8毛钱的话，那之前买的那些人岂不是买亏了，而且，我这已经是最低了，周边几个水果店卖的都贵些，您也可以去问问。”

不管顾客是什么态度，马先生一直保持着微笑。虽然这个顾客认为水果太贵，但最后还是被马先生的态度折服了，以1斤1元买了好几斤。

“嫌货才是买货人啊。”马先生感慨地说。

情境分析

案例中马先生的话很有道理，“嫌货才是买货人啊”。但无论如何，

我们都要保持良好的态度。因为真诚地对待客户，从客户的角度出发，才能更好地弄清楚客户异议的问题所在，然后再合理地帮助客户解决问题，就会获得客户的认同，促成交易。

客户产生异议，往往有很多原因，针对客户的这些借口，很多销售人员往往束手无策，最终也只能知难而退，放弃推销。是否能用正确的技巧回应客户的异议，正体现了一个销售人员的水平。常见的异议有以下两种，我们可以根据不同的情景，用不同的方式回应我们的客户：

1. 客户总是说你的产品不如竞争对手

这正是案例中的情况。面对这种情况，尤其是刚从事销售行业的新手，会显得很棘手，有些销售员甚至知难而退，放弃说服工作。大可不必这样，你应该向客户核实事实，然后采取相应的对策解决这一误会你可以这样回道：

“是吗？很好，能从朋友那里购买，肯定是信得过的产品，你们一定关系很不错吧！”（稍微停顿一下）

对于这样的回答，可能有些善于言论的客户会从容应付过去，但一般客户会这样说：“哦！大概是这样子的吧！好多年了！”或说：“叫我怎么说呢？”或说：“你管太多了！我的朋友与你有什么关系啊！”

这样，我们就能看出对方只不过是在说拒绝的托词。此刻，你可以说：“这个请您做参考好吗？”一边拿出产品说明书、图样来给他看，或一边操作示范机器；同时劝导客户买下来，但客户如果一点儿也没有改变心意时，推销员必须想办法游说，或作个长期计划，先慢慢成为客户的朋友，再逐步进行推销事宜。

2. 客户对目前的供应商很满意

当客户说“目前我们的供应商的工作就已经很好了”时，可能有些销售员会认为这种销售瓶颈根本无法突破，事实上并不是这样，因为，虽然客户对目前的供货商已经很满意，但这并不代表供应商的产品和服务是最好的。此时，如果你能让客户继续说下去的话，其实也很容易找到机会，找到突破口。你可以给客户先派送样品或尝试性的订单，向客户展示能证明你的产品的价值的东西。

（1）具体问题具体分析。

任何问题的出现都是有理由的，客户拒绝销售员也是一样。而客户满意现在的供应商，说明一个问题：此供应商的产品质量和服务态度都让客户满意，这就是为什么客户与供应商合作这么长时间的原因，而这也是客户为什么拒绝销售员的原因。找出这一问题，销售员也就能逐步解决这一难题了。

销售人员在了解了这些原因之后就应该采取以下步骤：

①取得资料，了解客户现在的供应商。

②激将劝导："董事长，身为一名企业家，您应该积极寻找能给公司带来最高利益的方法。"

③专业性的建议："周经理，现代社会，竞争激烈，最好的性价比是在比较中产生的，就比如供货商，当我们对供应商很满意的时候，我们还是需要另外一家供应商当作参考，以确保自己真正得到最好的价格、最好的商品与价值。"

④询问客户选择的原因："您用什么标准来衡量您的供应商？"

（2）让客户了解产品的优势。

销售员可以为客户算一笔经济账："张经理，您可能也知道，我们这个版面在全国的发行量都是相当大的，因此贵些，可是如果您在其他小报上做几个广告，这些小报合起来的发行量还不如我们一家报社，费用却高多了，您说是吧？"

（3）强调产品能给对方带来的利益。

客户购买产品，前提都是希望产品能给自己带来利益，因此，只要销售员懂得在这个方面多下功夫，客户一般都会心动。

让客户看到产品的销售量和畅销程度

销售过程中，销售员要达成交易，首先要解决的问题就是激发客户的

购买欲望，让客户动心，客户对产品没有任何兴趣，何谈购买？而现实销售中，有时候，我们使出浑身解数，向客户展示产品的众多优点，可顾客似乎却不吃我们那一套，但如果换种推销的方式，比如说，拿出实例，让客户看到产品的销售量和畅销程度，进而放大顾客的需求，就会让顾客有种紧迫感，自然就会加快购买的脚步。

心理情境

杰克是一家燃气公司的推销员。一天，他来到某小区，准备向准客户曾先生推销自己的产品。简单的介绍后，曾先生的回答很让人失望。

“我没用过你们公司的产品，不敢相信你们，万一有个好歹，后悔都来不及。”

“曾先生，您多虑了，如果我们公司的产品真的出过事故，那么，我还会站在这里与您交谈吗？而且，产品的质量是我们推销最有力的武器。”

“这倒也是，不过口说无凭，我还是不敢相信你。”

“曾先生，您看，这是上半年我们公司的销售情况表……”说着，杰克便把一本销售目录拿出来给客户看。

曾先生一看，他所在小区居然有一大半以上的用户都是用的杰克推销的燃气。为了确定杰克的推销目录的正确性，曾先生还拨通了这些邻居的电话，证明了杰克所说属实。后来，曾先生二话不说，购买了杰克的燃气。

情境分析

从案例中，我们发现，杰克之所以能打消曾先生对产品质量的疑虑，说服曾先生购买自己的燃气，就是因为他出示了最有力的证据——销售目录表，其他客户的购买就是产品质量的最好的证明。

研究表明，虽然客户能找出千万个借口来拒绝销售员，但最为根本的原因是习惯使然。客户总是对产品提出异议，并不是他们真的对产品不满，而是因为人们与生俱来的对事物的防备导致的。有时，这更表明客户对产品感兴趣。只要我们主动采取点措施，比如，让客户看到产品的畅销度，改变客户的态度，让客户信任我们，使其产生一种购买产品的急切欲望。

对此，我们可以从以下几个方面做到：

1. 用具体的、真实的销售事例来说明问题

真实的事例是一种具有说服力的论据。比起抽象的产品质量报告，具体真实的事例显得更加形象生动。如果销售员告诉客户："我们是奥运合作伙伴，这是我们的合作标识。"那么客户不仅欣然接受，也会深信不疑。

另外，销售人员给客户所举的案例一定要真实，否则就是搬起石头砸自己的脚。

2. 表明产品的畅销度

生活中，人们都有一种从众心理。在购买活动中，这种心理更为明显，这是降低内心危险意识的一种典型体现。销售人员要想促成顾客购买商品，利用这种从众心理促成交易，也是一种不错的选择。尤其对于那些追求流行的客户，这一招经常可以起到作用。比如，你可以拿出产品的销售情况表，告诉客户："您看，这是我们这个月的销售情况和客户反馈意见表……"另外，这是产品畅销度最好的证明方法，客户自然会打消心中疑虑，购买产品的欲望也就更强烈。

3. 让客户看到其他客户对产品的反馈情况

顾客强调要购买某品牌产品，唯一能改变顾客想法的就是其他顾客对产品的反馈情况。因为在购买心理上，人们都害怕吃亏，而只有当周围的人已经购买并反应良好时，他们的这种危机意识才会有所消减。这就是为什么顾客对产品的反馈情况常常被作为一种证明产品信誉、口碑、质量的事实依据。消费者对产品的反馈和评价，对产品本身来讲非常重要。所以，在你向顾客介绍产品时，你务必要向他出示其他顾客对产品的反馈和评价表，如果反馈内容可以细化到客户的年龄、职业、对产品的好评，那么效果会更好。这不仅可以从侧面表现出产品的畅销情况，同时也间接说明了产品的适用面，可以说是一种很有效的产品介绍方式。

4. 借助权威为产品打广告

销售员可以借用专家的研究或分析结果，也可以借用知名人物或企业的合作来强调产品的“品牌”。这种事例资料浅显易懂，真实可信，十分具有说服力。如：“某某500强企业一直在用我们的产品，到现在为止，已经和我们公司建立了5年零8个月的良好合作关系。”在说明的同时，用一些图片或是资料进行辅助证明，就能发挥出最好的效果。

如果销售员告诉客户：“我们是奥运合作伙伴，这是我们的合作标识。”那么客户不仅欣然接受，也会深信不疑。

可见，客户对产品提不起兴趣，并不是客户不需要，很多时候，是我们没有激发起客户购买的欲望。如果我们能为其摆出一些事实例证，让其看到我们产品的畅销状况和销售状况，那么，就可以激发客户对产品的信任度，从而放心购买！

对比法让客户看到产品的优势

随着经济的发展和科技的进步，无论哪行哪业，市场都在进一步扩大，随之而来的也就是市场竞争越来越激烈。尤其是在销售市场，客户都会同时与几家销售公司保持联系，他们希望从中找到能为他们提供物美价廉产品的合作公司，许多时候我们稍不留神，竞争对手就会乘虚而入。一旦竞争对手同客户签约，我们之前所做的一切努力都将白费。在如此激烈的竞争中，我们要想留住客户，就必须学会激发客户的购买欲望，其中一个有效的方法便是善用对比，让客户对同类产品的价格或者是对同等价格的产品进行比较系统、全面的了解，这样，客户自然会消除客户对价格的疑虑。

心理情境

客户：“M公司的设备比较符合我们的要求，而且他们的价格比你们的要低得多……”

销售员："的确，他们的价格比我们的要低，而且他们的设备也不错。但是我们的产品更适合你们。首先每年贵公司的维修费都是一笔巨大的开支，产品的使用寿命是贵公司需要考虑的关键问题，又加上贵公司的生产方式需要一种高性能、高效率的设备，而且需要考虑设备长久的资源利用率，我们公司的产品刚好可以与贵公司的旧设备共同作业。您觉得呢？"

客户："可是，你们公司设备的价格与他们产品的价格相差甚远，而他们公司的设备质量也不错。"

销售员："他们的质量确实不错，这是一份产品的故障调查报告，我们的设备故障率只有1.2%，不知道对方有没有这样一份故障调查报告。据我所知，他们的故障率一直都是在5%左右。这样算下来，贵厂将会为此多付出几万块。"

情境分析

情境中的销售员运用的就是对比的方法，让客户看出了产品的优势，综合考虑后客户必然会做出正确的选择。

对比的方法能突出产品的特点和优势，对于说服客户有很大的作用。一般来说，对比有横向对比、纵向对比、同类产品对比、不同类产品对比等几种方法。无论是哪种方法都是在传递同一个信息，那就是产品的优势。通过对比产品的性能、价格、服务等，来强调优势和特点。在介绍产品时，我们就要将这种优势告知客户，比如，我们可以向客户对比不同种类产品的优势，也可以将竞争对手的产品与自己产品进行对比。这两种是最常见的对比方式。通过对比让客户找到最满意、最适合的产品，从而加深客户的购买欲。总的来说，有以下几种对比：

1. 价格对比

这种对比方法，可以说是最常见的，是销售人员用所推销的产品与同类产品进行比较，用较高的同类产品价格与所谈的产品价格作对比，从而让客户明显感觉便宜的方法。很明显，所谈的产品价格就显得低了些。但运用这一策略时，销售人员手中至少要掌握一种较高价格的同类产品，当

然，掌握得越多越好，这样才更有可比性。

2. 价值对比

客户：我觉得你们的设备挺符合我们的要求，只是这质量方面，我还是有点担心。因此，我觉得有些贵。

销售员：这个您完全可以放心，国家质检部门已经做过多次检验了，我们所有的设备合格率是90%以上，而且这型号的设备质量比其他的都好，它的合格率达到了95%，而其他公司的产品才85%。

客户：是吗？

销售员：是的，您看，这是产品相关的质量合格证、质检部门的检测报告……

客户：是这样啊。

销售员：目前这款设备已经在全国20多个城市销售了100多万台，重要的是直到现在我们仍然没有接到任何关于这款设备的退货要求。所以，您大可放心。

总之，只要价格合理，只要我们巧用对比，让客户感觉到物有所值，客户一定会购买。

为客户制造一种产品短缺的假象

我们都知道，物以稀为贵，这是最简单不过的道理。人们总是会对那些稀缺或即将失去的产品产生兴趣，同时，这也是实际需求的表现。生活中，人们总是对那些即将消失的产品感到很急需，为此，很多商家会抓住这一商机，经常通过这些词语来表现商品的稀缺：“最后三天”、“只有两个库存”、“暂无商品，添加至期望清单”、“此商品还剩2天4小时3分17秒售完”等。看到这些词语，人们更是增加了紧张感。所以，作为销售员，我们在激发客户购买欲望的时候，也可以制造出一种产品短缺的假象，以此来加快客户购买的脚步。

心理情境

某商场顾客云集，商场中心挂着“最后一天，全场五折”的标语。有位美丽的太太来到商场，想买一个星期以前就想买的那套裙子，但即使五折对于她来说还是很贵。导购员小姐看出了这位太太的心思，说：“太太，今天是降价最后一天了，而且您看上的这件裙子也是我们专柜的最后一件，如果您今天不买的话，以后价格还是会恢复的，那时候再买就不划算了。”这时，刚好过来另外一个太太，伸手去摸那件裙子的质量，那位美丽的太太立马取下裙子说：“给我包起来。”

情境分析

这位太太之所以买下了本来犹豫的裙子，就是因为她害怕失去仅此一件的商品，而售货员小姐也正是利用了顾客的这一心理。这给销售人员一个启示，抓住客户害怕失去的心态，有时候就能说服客户购买。

在日本奈良，有一家超市的打折方式是独特的，它首先制订打折的期限，第一天打9折，第二天打8折，第三天打7折……依此类推。

所以顾客如果想在打折期间购买自己喜欢的产品，就可以在喜欢的日子过去。如果你想以最低的价格买，就可以在打1折的时候。但是，你要买的东西并不能保证会留到最后一天。

这种促销的方法也是抓住了客户害怕失去的心理，首先，大家会观望，不会在第一天或者第二天就去急着买东西，但在第三天，就是打7折的时候，不少人害怕自己想买的东西被别人买光，就忍不住了。在第四天就会出现抢购的热潮。

可见，害怕失去是人们共同的心理，只要我们抓住这点，然后为客户制造出他即将失去产品的假象，就能让客户立即购买。为此，我们可以从以下四个方面努力：

1. 表现商品的稀缺性

在美国的唐人街华人众多，国内的腊肉自然是很畅销。这里开了一家腊味商店，出售的是全手工制作的各种腊味，货真价实，风味独特，很受

顾客的欢迎。但这家店有一个规矩，就是每天限量生产，卖完之后就不再销售了。哪怕顾客强烈要求做一些，也不做了。

当有顾客问老板为什么时，老板回答："店里人手不够，若是做多就保证不了质量了。请您见谅。"

人都是这样，得不到的都是最好的，越显得弥足珍贵。腊味店的老板其实也并不是限量保质，只不过是利用了客户的这一心理。

2. 告诉客户其他人正在购买

人们都有跟风或者模仿的心理，都不希望落后于他人，尤其是在一些他们不确定的事情上。因为这样，至少可以证明自己没有"做错"，这种心理现象被称为"社会证明"。生活中，人们看到周围的人在疯狂购买某种产品的时候，会在无意识中认为该产品有值得买的地方，于是，他们便会付诸行动，参与购买。

针对人们的这种心理，当客户犹豫时，销售员可以告知你的客户，其他人正购买，产品即将稀缺，那么，很可能客户因为你的一句话而下了决心。

3. 为客户提供用户评论

用户评论会对人们的购买决策产生巨大的影响。通常被其他客户评论为"质量信得过，价格合理"的商品，其他顾客也会争相购买，因为他们相信别人买过的商品是质优价廉的。

让你的客户在你的产品跟踪本上写评论，让他们对产品和服务进行总体评级——毕竟，这些是你销售的免费内容。

4. 稍微缓和人们的担心情绪

适当让客户紧张，但又要缓解客户的焦虑情绪，比如你可以说："您放心，就算是库存至于两件了，我还会给您留一件，谁让您这么信得过我们的产品呢？"这样，不仅和客户建立了良好的关系，还卖出去了产品。

简单来说，说服客户购买，既要让客户感觉随时会失去这件商品，又要帮助他们信任你并减轻他们的任何顾虑。

对症下药，掌握应付不同消费群体的销售策略

销售过程中，那些业绩出色的优秀销售人员并非具有天生的好运气而使自己遭遇更少的客户拒绝，事实上，他们遭受的客户拒绝并不比其他销售人员少。可是，这些销售人员为什么总是能够成功地化解客户的拒绝并找到成功的机会呢？这是因为这他们具有更加出色的信息分析能力、敏锐的体察能力以及灵活的反应能力。他们懂得看菜下碟，能寻找到最佳的与客户沟通的方式。

心理情境

销售员："您好，严总，打扰了，我是A公司的小王，我们上次在贵公司见过面，还记得吗？"

客户："记得，上次不是和你说清楚了吗，公司的产品有那么多瑕疵，这样的产品我们不能用，你怎么还打来？"

销售员："不好意思，又给您添麻烦了，上次的产品我们卖得很好，可能是您误解了。不过，这次，我只是想给您提供一些能够帮助您节省30%的成本的一些资料，我们可以见一面吗？见一面不会做成生意，但是，确实能帮到你！"

客户："还是上次你推销的那种设备吗？"

销售员："不是，是另外一种，准确地说是我们的科技结晶，价值所在。"

客户："哦，那具体是什么呢？"

销售员："我一时也说不清楚，而且担心误导您，如果您有时间，我给您看些资料，您看怎样？"

客户："行啊！"

情境分析

很明显，案例中的客户是属于严谨的一类人，而销售员采用的办法就是，用利益来诱惑客户，使得客户有继续听下去面谈的欲望。

在销售中，销售员要想激发客户的购买欲望，就要有机智的大脑。因为我们可能会遇到不同类型、不同性格的客户，如果不能正确了解各种类型客户的性格特点，就很难做到对症下药。所以销售员在销售中研究客户的性格特点尤为重要。

下面介绍几种不同类型的客户以及相应的应对方法：

1. 热情型客户

热情型的客户活泼外向，善于交际，积极乐观，对销售员比较友好。他们的沟通能力较强，而且反应迅速，富有创造力。他们为人做事爽快，决策果断，比较喜欢新潮的东西，有时候会感情用事。销售员在同他们建立感情的时候会比较容易。

一般来说，热情型的客户希望对方也能报之以李，他们渴望对方的认可和肯定，总是希望成为别人关注的对象，形成自己的影响力。所以销售员在同这部分人打交道的时候，要注意以下几点：

（1）赞扬对方。在交谈过程中，热情型的客户会时常提出自己的想法和建议，这时候，销售员不要与之争论，反而要学会赞扬对方。

（2）销售员在向这部分人介绍产品或服务的时候，最好顺应他们求新、求异的心理，向他们推荐那些比较新颖、特别的产品或服务。利用产品的新包装、新特点等，强调产品的个性化趋势来吸引客户。我们还可以以“新”来敲开对方的大门。

2. 挑剔型客户

在销售员准备推销的时候，很多挑剔型的客户会开始滔滔不绝地抱怨：对推销的产品、公司甚至是销售员百般挑剔；不满意产品的质量、价格及性能；又抱怨公司不够优秀，服务不够完善等。这种挑剔型客户，总是希望得到最好最完美的产品。

在同挑剔型的客户交流时，销售员应该注意以下问题：

（1）保持冷静，控制自己的不良情绪，平静地对待挑剔者的种种责难。这类客户一般是愿意购买的，只是嘴上不饶人，只要顺着他就行，销售员千万不能批评或是责骂客户，要先顺从客户的意见，然后再婉转地指出客户的错误。“您说的有道理，但是……”这种句式不仅能顺利表达销售员自身的想法，而且还照顾到了客户的情绪，非常有效。

（2）主动为客户找到购买的理由。客户会挑剔说明他有很多的异议。但主要的异议是什么，就要销售员去观察和洞悉，找到客户挑剔的原因以后，打开客户的心扉，再针对客户的真实需求，主动为客户寻找购买的理由，一次次强化产品的优势，促成约访。

3. 专业型客户

很多客户在有些领域涉足很深，有时候比销售员更加专业，懂得更多，如果销售员经验不足，则会被问得哑口无言，比如，他们会问：“这种产品的技术缺陷解决了没有啊？”“据我所知，利用这种机电所生产的产品都会存在一些问题。”

面对专业型客户具有挑战性的提问，我们应该认真地审视自身的能力和技巧。一般情况下，一个优秀的销售员最希望遇到的就是比较在行的客户，因为在介绍产品时，可以不必费时费力地向对方解释。但如果销售员自身能力不足，不仅不能获得客户的认可，而且还会影响企业或公司的形象。所以销售员应该注意：

（1）在做销售工作时，一定要注意加强自身的专业素质，要对自己销售的产品有很深的了解和认识，这样才足以面对那些提问专业的客户们。

（2）赞美客户的专业性，并一一解答问题，千万不能回避。对于一些局限性的问题要实事求是地加以说明。

总之，销售中，我们只要找出对方的性格特点，对症下药、看人下菜才能有的放矢加快销售进程，达到销售目的。

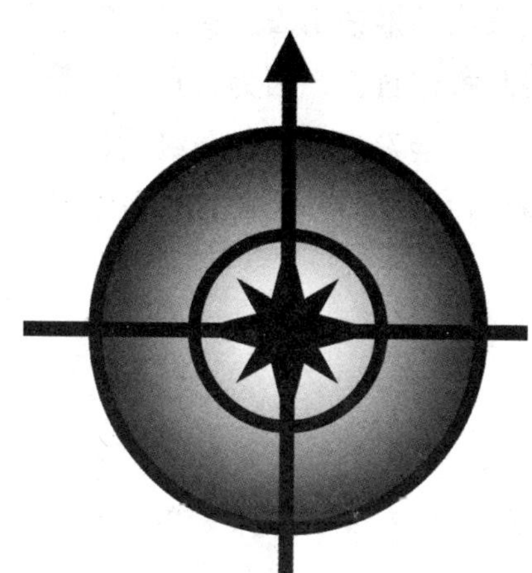

第13章

打开客户的“心锁”：你不可不知的心理定律

我们都知道，销售员推销产品靠的就是口才，因为客户往往会对陌生的推销员心存疑虑，所以要想成功推销产品，就必须要打开客户的“心锁”。如果我们在推销时不能把握客户的心理动态，就无法让客户接纳我们。为了让客户把注意力放到我们的产品上、认可我们的产品、对产品优点印象深刻，我们需要先掌握一些销售中的心理定律，只有攻心的销售语言，才能让客户信任我们，并让客户加快脚步购买。

250定律：把自己看作商品推销出去

在推销界，可以说，任何一个人都知道乔·吉拉德的“250定律”，其中之一内容就是：名片满天飞，要把自己当成商品推销出去。所以，对于销售员来说，与其说是推销产品，还不如说是推销自己。因为客户多半会与那些自己信任、喜欢的销售员合作。而我们也会发现，那些顶级的销售员，多半也都有自己固定的客户群体，相对于产品来说，这些销售员本身就是销售中的一种品牌。

心理情境

“许多年前，我看到别人在漫天发名片时，我发现这是个非常不错的主意。我通过名片与你产生接触，砰，我递上了名片给你多了一种选择。走开后，我心里想，乔·治拉德，她拿到了你的名片，她或者留下，或者扔掉，谁知道。或许她需要，或许她听别人说我是个推销员。我通过递名片，与你接触。递名片的行为就像是农民在播种，播完种后，农民将收获他所付出的。我过去常常提着1万多张名片去看棒球赛或足球赛。每次有精彩镜头时，我一边欢呼一边撒名片。我在推销自己，我没有将自己藏起来。嗨，艾迪，给我一张名片，我给你一张我的。哦、嗯、我觉得很傻，给名片让我感到很尴尬。我说：‘艾迪，’醒醒吧。如果不告诉人们你是谁，你做什么，你卖什么东西。人们如何来找你？醒醒吧，艾迪。于是她的人生转折了，因为我教她怎么做了，发送出去这么多名片。”

情境分析

为什么会有这么多人知道乔·吉拉德？原因很简单，乔·吉拉德比任何一个销售员都善于推销自己。所到之处，就会到处向人们递送名片。在餐馆就餐付账时，他会把一盒名片交给服务员，并给服务员丰厚的小费，

让他替自己散发名片；在演讲时，他会把名片大把大把地抛向空中，让名片像雪花一样漫天飞舞。你可能对这种做法感到奇怪。但就是这些小小的纸片，让人们认识了乔·吉拉德，帮他售出了一辆辆汽车。

自此，在乔·吉拉德的推销生涯中，他从不忘时时推销自己。在全世界，人们都问乔·吉拉德同样一个问题：你是怎样卖出东西的？生意的机会遍布每一个细节。对此，吉拉德的回答是：“给你个选择：你可以留着这张名片，也可以扔掉它。如果留下，你知道我是干什么的、卖什么的，细节全部掌握。”乔·吉拉德认为，推销的要点是：不是推销产品，而是推销自己。因此，很多年前，他就有一个生活习惯，无论在商店还是大街上，只要碰到人，无论是熟悉的还是陌生的，他的左手就会拿出名片递给对方。

可能很多人认为，递给陌生人名片是一件很愚蠢的事，对此，乔·吉拉德告诉我们，正是那些愚蠢、到处给人递名片的人，才是成功的人。他之所以会留下他的名片，是为了让人们认识他，看看他是做什么的，当人们的周围布满他的信息之后，就会纷纷来到他的办公室。后来，他去餐厅吃饭，他给的小费每次都比别人多一点点，此时，他依然不忘主动放上两张名片，人们对于这个给很多小费的人会产生好奇心，想看看这个人是做什么的，分享他成功的喜悦。人们在谈论他、想认识他，根据名片来买他的东西，经年累月，他的成就正是来源于此。他甚至不放过看体育比赛的机会来推广自己。他的绝妙之处在于，在人们欢呼的时候把名片雪片般撒出去。于是大家欢呼：那就是乔·吉拉德，此时，那个明星已经处于次要地位了。

从这里，作为销售员，我们也应该有所启发——通过名片推销自己。现代社会，名片是建立企业诚信、提高品牌知名度、建立销售渠道最实惠的工具。因为它花钱少，而且直观，保存时间又长，因此在销售中有着不可替代的作用。正因为如此，我们要重视通过名片来推销自己。

在拜访客户时，一定带高档的名片，比较适合收藏。这样的情况，因为有时间相互了解，有可能成为朋友，名片侧重自己的名字。做了朋友就能做生意。

在派发名片时，一定要双手递出看着对方的眼睛表示尊重。在接对方的名片时，一定要看看对方的名片，然后再装进上衣口袋。

一定不要忘记把对方的名片装好，当对方的面随便丢弃对方的名片是非常不礼貌的。会影响生意的达成，给对方一种无教养的感觉。

可见，如果我们懂得正确、恰到好处地使用名片，是能起到推销自己的作用的！

二选一定律：能将主动权始终把握在自己手中

作为销售员，我们都知道，销售的秘诀在于找到客户内心最强烈的需要。但现实情况是，客户对我们都心存芥蒂，他们是不可能自报家门，将内心的真实性想法全部透露给我们的，那么，我们怎样才能找到客户内心这种不愿外露的需求呢？有一个简单的办法：就是让客户做选择题，为此，销售中有个著名的二选一定律。所谓二选一定律，指的是，你给客户提两个问题，让客户作出选择。比如：“你是今天订货还是明天订货呢？”“付款方式是现金还是支票呢？”“货是送到你这里来还是送到仓库呢？”提出的问题必须有两个答案，而且都是你想要的答案，这样你得到的都会是你想要的。

心理情境

王瑞在一家公关公司担任市场专员，面对客户的种种借口，他总是能找到解决的办法。

一次，他听说某著名时装公司要办一场下一季的时装秀。他查看了一下以前收集的该客户的资料，想了想该怎么开场后，他拨通了客户的电话。

王瑞：“周总您好！”

客户：“你好！哪位？”

王瑞：“我是××公关公司的市场专员王瑞，您有听过我们公司吗？”

客户：“……好像听过，你们公司在这个行业还是有一点声誉的。”

王瑞：“承蒙您夸奖，我听说贵公司马上要办一场下一季的时装秀，是不是？”

客户：“嗯，是的。”

王瑞：“太好了！您既然听说过我们公司，就应该知道我们有很优秀的策划团队，在活动的策划方面有着相当丰富的经验，能帮助贵公司做到最好的宣传效果，您明后天哪一天比较有空，我们当面沟通一次？”

客户：“不好意思，我这两天挺忙的，秘书已经把我的行程都排满了。”

王瑞：“没关系，您日理万机，肯定很忙。我们公司在公关界还是有一定声誉的，也成功策划过很多公关活动，贵公司规模这么大，肯定少不了公关活动。我想，大家认识一下，对双方还是有好处的，而且您放心，我只需要借用您10分钟时间。您看今天是周二了，我们是周四还是周五见个面呢？”

客户：“呵呵！你还真执着，那就周四上午吧。”

王瑞：“谢谢您的夸奖，请问是9点还是10点呢？”

客户：“那就9点半吧。”

王瑞：“好的，那我们就周四上午9点半见！祝您工作顺心，周总再见！”

客户：“谢谢，再见！”

挂完电话后王瑞并没有马上开始打下一通电话进行营销，而是用手机编辑了一条短信发给周总，短信内容如下：“周总您好！非常感谢您能在百忙之中接听我的电话，祝您工作顺利，心情愉快！顺便确认一下您的地址是：××大厦18楼1803室，见面的时间是：本周四上午9点半。××公关公司市场专员王瑞敬上！”

情境分析

在这段销售情境中，我们发现，当客户称自己“忙”时，销售员王瑞给客户设置了三个选择性的问题，让客户自己做出选择：“明后天哪一天比较有空”、“我们是周四还是周五见个面呢”、“请问是9点还是10点呢”，这就是二选一的提问方式，这种提问方式的好处是：把客户的思维设置在了一定的范围内，这样，无论客户选择哪种，都是在已经决定和你面谈的前提下，对于销售员来说，都是成功了。

那么，销售员该怎样对客户进行二选一式提问呢？以下是几点建议：

1. 建议式提问

采用提问的方式对客户提意见，比单纯的建议客户购买产生的作用更大、效果更好，因为虽然是提问，但最终的决定权还在客户手里，客户会有一种被尊重的感觉。

“您看您是年付还是季付？”

“您看您是亲自过来还是我给您把保单送过去呢？”

在交谈中，应避免用下面的方式：

“您看怎么办？”

“您看，还是尽快将字签了吧？”

主动约见客户，我们可以采用这样的话术：“王先生，通过我刚才的讲解，我们都发现，解决这个问题已经成为迫不及待的事了。既然这样的话，我们是否能在明天或者后天约个时间见面，我再仔细地向您说明。”当对方决定与你见面时，电话销售就算完成。

2. 二选一的式提问

二选一的提问方式，会让销售员在无形中给客户做了购买的决定。很多时候，如果销售员发现客户已经有购买意向，但却迟迟不作出决定，此时，你可以对客户使用这样的提问方式，假定客户已经购买，然后提出一个可以供客户选择的问题。

一位保险销售员去拜访客户，见到客户说：“保险金您是喜欢按月缴，还是喜欢按季缴？”

“按季缴好了。”

“那么受益者怎么填？除了您本人外，是填你妻子还是儿子呢？”

“妻子。”

“那么您的保险金额是20万呢，还是10万呢？”

“10万。”

3. 提答案为“是”或“否”的问句

要确定客户有某一个需要，你应该把客户的需要涵括在提问当中（运用反映需要的言辞），引出“是”或“否”的回答。

客户：“我们现在用的笔记本电脑，它的电池使用时间太短，好几次在紧要关头就没电了。”

推销员：“所以您希望电池的使用时间长些，对吗？”（用选择式询问确定需要）

客户：“是。”

因此，在销售过程中，如果销售员能恰当使用二选一的提问方式，便可以顺利把客户带进自己的谈话模式中，变被动为主动；而如果销售员不懂得如何提问题的话，销售员将无法获得客户信息。

奥美定律：一百分的服务带来一百分的业绩

我们都知道，在商业经营中，“顾客是上帝”一直是商家信奉的原则，关于这一点，有一条著名的奥美原则，由美国奥美广告公司提出，这一原则主张“服务顾客至上，追求利润次之”。其实，道理很简单，作为卖方，只要让客户购买你的产品，你才有业绩，你才能赚钱。所以，只要做好客户服务才能搞好企业，才能有预期的效益。现代社会，随着竞争的日益激烈，人们开始更关注销售方的服务态度，谁的服务好，顾客就购买谁的产品。可见，销售员做好服务也是赢取顾客非常关键的一环。

心理情境

长期领跑国内洗衣机销售业绩的江苏小天鹅集团，从1978年开始，就一直保持全国同类产品销量的领先位置。究其原因，除了产品的质量和多样化以外，最重要的一条就是它向顾客提供完善的服务。小天鹅集团经过多次市场调查，得出了一个环比公式：服务好一个老客户可以影响25位潜在的消费者，这其中有8人可以产生购买欲望，有欲望的8人中有1人会成为实际的购买者。所以，服务好一个老客户，就会产生一个新客户，这中间还不断地产生25个潜在的客户和8个准潜在客户，依次交往循环。在看到了服务老客户的重要性后，小天鹅集团提出了“服务第一，销售第二”的口号，推出了著名的“12345”服务规范和服务承诺。正是有了这一系列的服务策略，才成就了小天鹅的今天。

情境分析

客户对推销员而言，是这个世界上最重要的人，可以说是推销员的衣食父母。

被誉为日本“推销之神”的保险推销员原一平曾经说：“赤裸裸地注视自己，毫无保留地彻底反省，然后才能认识自己。”在销售领域，“顾客就是上帝”，没有苛刻的客户，只有不够完善的服务。

在销售中，为客户提供更完善的服务，你才能吸引更多客户。那么，作为销售人员，应该从哪些方面做到呢?

1. 保持始终如一的耐心

耐心是销售员素质最好的表现，销售员始终要记住，卖出产品是最终目的，而目的的实现与否就看客户的情绪，只有保持始终如一的良好态度，才能稳住客户，打动客户的心。柏拉图说：“耐心是一切聪明才智的基础。”在任何时候，保持足够的耐心总会给人们带来意想不到的好结果，在销售领域中，耐心的作用就更加重要。懂得在销售过程中始终保持耐心的销售员，往往能获得更好的销售业绩。

2. 提供更多资讯

销售员的工作职责除了销售产品外，其实，可以做的事情还有很多，如果仅仅履行职责之内的事，也许能够达成交易，但却很难赢得客户的好感。

销售者和客户之间的关系，往往决定了销售的成败，客户喜欢和一个不但可以卖产品，更可以提供附加值的人打交道。

如果销售员为客户提供一些市场信息，如：新品开发、企业整体动态、业界趋势、市场变局、主要竞争对手动静、调研数据与结论等，更能促进销售工作的进程。

很多消费者表示，更加看重产品的“附加值”，如手机、数码产品的“延保一年”服务，分期付款“0首付0利率”、“家电医院”售后保障等以及超过国家“三包”范围的“永久保障”服务。

3. 加强情感沟通

“世事洞明皆学问，人情练达即文章”，中国自古以来就是一个重“情”的社会，销售行业人情战也是很需要的。作为销售员，不妨实行“攻心”战术，打动客户，与客户交朋友，这样生意做起来就会轻便得多。

4. 提供额外价值

客户往往有个习惯，就是只看到额外的部分，意料之外的东西，而看不到常规的部分、意料之内的东西。就像在超市买东西，顾客往往为了抢购那些特价商品而早早地聚集在超市门口。而一旦进入超市，就经常会超出预算地消费。

当市场上同类同质产品很多时，价格竞争就不可避免。如果你的产品具有其他产品不同的卖点，那你无疑占据了竞争的制高点。因此，销售员在介绍产品的时候，应该重点强调自己的产品或服务带给客户的额外价值在哪里，并引导客户把注意力放在额外价值上面。这额外的价值可以是数量上多一点，服务上好一点，速度上快一点，其他方面送一点。

总之，一个真正成功的销售者，往往在服务上做的是很到位的。他们除了为客户解决分内的事，还提供职责之外的服务，这正迎合了很早以前商界提出的“服务是无限的”这一口号。

伯内特定律：让你的产品占领客户的大脑

著名的伯内特定律，是指只有占领头脑，才会占有市场。这一定律是美国广告专家利奥·伯内特提出的。同样，作为销售员来说，你只有先占领消费者的头脑，你的产品才会激起消费者的购买欲望。

现实销售中，很多销售人员都有这样的疑问，为什么我热情地敲开客户的门，却总是被客户无情地拒绝？如果有这种情况，你不妨反思一下，你是不是对客户进行千篇一律的推销："您好，请问您需要……"这样推销只有一个结果，那就是拒绝。我们可以发现，那些成功的销售员，大多数都是爱动脑筋、富有创意的人，他们善于用独到的方法开发新客户，也总是能出其不意，用与众不同的点子吸引客户的目光，从而有利于进一步推销。

心理情境

有一位推销空调的高手，他从来不滔滔不绝地向顾客介绍空调机的优点如何如何，因为他明白，人并非完全因为东西好才想得到它，而是由于先有相应的需求，才会感到东西好。如果没有需求，东西再好，他也不会买。

所以，他在推销产品时并不说"这样闷热的天气，如果没有冷气，实在令人难受"之类的刻板的套话，而是把那些有希望购买的潜在顾客，想象成刚从炎热的阳光下回到一间没有空调的屋子里，然后再诚恳地对他说："您在炎热的阳光下挥汗如雨地工作后回家来了。当您一打开房门，迎接您的是一间更加闷热的'蒸笼'。您刚刚抹掉脸上的汗水，可是额头上立即又渗出了新的汗珠。您打开窗子，但一点儿风也没有；您打开电扇，吹来的却是热风，使您本来就疲劳的身体更加劳累。可是，您想过没有，假如您一进家门，迎面吹来的是阵阵凉风，那将会是一种多么惬意的享受啊！"

情境分析

案例中的空调推销员这套推销的方法值得我们学习：在对产品进行说明的时候，不要简单地介绍产品的一些功效，而是要懂得创新。这位销售员就是为客户营造一种在购买某种产品后的美好氛围，让客户自己想象，从而提升产品的魅力。

的确，在我们向客户推销前，客户的心就像一扇上了锁的大门，如果我们的话能引起客户的注意力和兴趣，那么，这扇门就会被我们打开；相反，如果我们的话毫无新意，那么，这扇门也将会锁得更紧。

有时候，当我们信心百倍、昂首进入陌生市场时，可能会听到一些人说：“推销员又来了。”这个时候你千万不能尴尬和紧张，而是应该调整心态，让自己表现出色。你要力图创造新的推销方法与推销风格，用新奇的方法来引起顾客的注意。

那么，具体来说，这里讲到的“创意”一般有：

1. 让客户参与，体验互动

销售员不能一味地介绍产品而忽视客户的感受，因为当你介绍的时候，客户很可能产生一些疑问，如果不给客户说和问的机会，没有互动这个环节，那么客户会把这些疑问搁置，最终结果只会是：客户即使在你介绍的过程中对产品产生兴趣也会丧失这种兴趣。因此，销售员只有不断和客户互动，及时发问，才会了解客户的想法并很好地引导客户的思维。发问会让客户参与其中，对产品的感受更加深刻。

香港一家专营粘胶剂的商店，为了让一种新型“强力万能胶水”广为人知，店主用胶水把一枚面额千元的金币粘在墙壁上，并宣称：“谁能把金币掰下来，金币就归谁所有。”一时，该店门庭若市，登场一试者不乏其人。然而，许多人费了九牛二虎之力，仍然徒劳而归。有一位自诩“力拔千钧”的气功师专程赶来，结果也空手而归。于是，“强力万能胶水”的良好性能声名远播。

当然，这家粘胶剂商店终于如愿以偿了。

所以在向客户介绍产品时，充分调动客户尝试的积极性是非常重要的。因为这样做，客户亲身体验到产品的优良之处，那么购买的时候便心甘情愿。

2. 调动客户的想象力，勾勒出产品所带来的幸福画面

聪明的销售员一般情况下，不会单单地为客户介绍产品，而是在产品的效果上下功夫，只有让客户感受到产品所带来的效果，客户才会产生购买意愿。为此，这些聪明的销售员会在主观上帮助客户想象。但这就要求销售人员能够用自己的专业语言为客户的想象力铺平道路，引导客户朝着自己设定的方向想象，从而达到销售的目的。

“周末的早晨，您带着孩子穿着我们公司的户外运动鞋来到郊外，舒展已经劳累了一周的身体。郊外有座山，那天，有很多人一起爬山，当您爬到山中腰的时候，有些人的运动鞋居然出现了问题，这些人面临的将是难以前进的道路……而您却带着孩子挑战山顶的高度！”这是一段具有强烈对比性的想象。想象之所以为想象，毕竟不是真实的，但客户听到这段话后，是不会产生异议的，因为，这只是对产品的一种自信。

当客户了解这些以后，就会有一种想尝试的欲望，那么我们的销售目的也就近乎成功了。

欲扬先抑定律：先晾出产品的“不足”，更易获得信任

在心理学中，有个很著名的定律：欲扬先抑定律。关于这一定律，心理学家指出，在对别人进行肯定或否定、奖励或惩罚时，并不是一味地实行肯定和奖励最能够给人好感，也不是一味地施行否定和惩罚最能给人恶感；事实是，先否定后肯定，能给人最大的好感，先肯定后否定则给人感觉最不好。这种先否定后肯定，先抑后扬给人最好感觉的心理规律称为“欲扬先抑定律”。

其实，在销售过程中，我们也可以将这一定律运用其中。在销售过程中，客户总有种种的疑虑，是成交的最大障碍之一。这也是有原因的，有些销售员为了尽善尽美地展现自己的产品，总是报喜不报忧，甚至把产品吹嘘地趋于完美，并刻意隐瞒产品或服务的缺陷。而实际上，假如你先把产品的一些小问题“晾”出来，这样就等于给客户吃了一颗定心丸，认为我们并不是虚假的从而信任度会越来越高。

心理情境

小齐是一名供暖设备的推销员。一次，他要将一批供暖设备推销给某假日酒店，客户对他的产品很感兴趣，但到最后，却并没有如预料中那样顺利地成交。小齐知道问题出在了价格上，于是，他主动提出：“王总，我明白，可能您觉得我们的产品贵了些，这一点，我也承认，但在刚才我给您演示的产品的过程中，您也看到了，我们的设备完全是一套节能环保设备，甚至可以变废为宝，这是其他任何供暖设备所不能做到的，也会为贵酒店带来可观的收益……”小齐说完后，对方连连点头，最后顺利签了约。

情境分析

在这则销售案例中，销售员小齐之所以能成功说服客户购买，就在于他能在客户提出价格异议前，主动告诉客户产品“贵”的原因。这样，客户就会打消“购买产品会吃亏”的疑虑，自然选择购买。

这里，销售人员运用的就是欲扬先抑定律，也就是说，要让客户接受产品的优点，不妨先说出产品一些无关紧要的不足，这样，不仅能让客户看到销售人员的诚实，更对产品的优点有更深刻的认识。

那么，销售中，我们该怎样对产品欲扬先抑呢？

1. 自爆其短，主动说出一些小问题

现实销售中，我们可能经常对一些销售前辈们的做法感到不解：为什么他们会主动向客户透露一些产品的缺点？这样做不等于赶走生意吗？其实，并不是如此，这些销售前辈们的做法是正确的。因为，任何一个客户都明白，没有产品是完美无缺的，如果我们一味地只提产品的优势，而掩盖产品的不足，反而会引起客户的更多疑虑甚至反感。“不打自招”则会打消客户的疑虑。

但我们要注意，在说这些问题的时候，态度一定要认真，让客户觉得你足够诚恳，并且这些问题的内容一定是无碍大局的，不影响产品给客户的整体印象的。例如某些技术型的产品外观不是特别好，如果你能先提出，反而会使那些理智型或挑剔型的客户更快对你产生好感，这样接下来的沟通也会更加通畅。

2. 说产品的不足要讲究巧妙

我们给客户吃定心丸，告诉客户某些产品的缺陷和不足，也是讲究技巧的。告诉客户产品的真实情况，也并不是说，销售员要将所售产品的问题简单地罗列在客户面前。如果销售员冒冒失失将产品的某些缺陷告诉客户，客户可能会因为接受不了这些缺陷而放弃购买。如果销售员掌握一定的技巧，不仅可以赢得客户的信赖，而且还可以更有效地说服客户，使客户产生更加积极的反应。比如，你可以转移话题，告诉产品的其他方面的优点，许多时候，当你运用恰当的技巧诚恳地解释清楚个中原委时，明理的客户不但不会产生情绪，反倒会感觉自己对产品有了清楚的了解，心中有了一定的把握，加上你诚实的销售，那么购买自然而然就成功了。

3. 用好转折“但是”，让客户承认我们产品的优点

销售过程中，最具说服力的劝服技巧无非是让客户自己承认产品的优良、服务的到位等，为此，当我们先道明产品的一些小小的不足后，可以再对客户说：“××先生，但您应该知道向来我们的产品都比A公司的产品保养期长一些吧？”

当然，销售员在让客户肯定某些销售情况时，必须要对该情况有十足的把握，不能让客户抓住把柄。

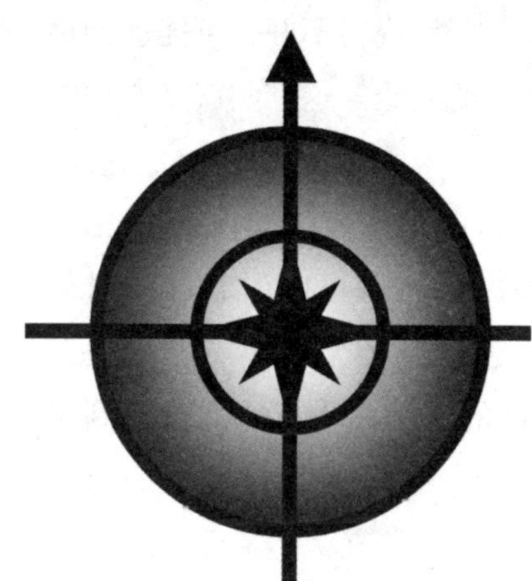

第14章

缩短心理距离：销售中的客户心理效应

说服是一门艺术，说服大多数体现在语言上，尤其是对于致力于推销产品的销售员们，能不能成功说服客户显得尤为重要。在说服客户的过程中，我们发现，客户似乎总是有先入为主的心理取向，会对产品和服务产生一些敌意或者对抗的情绪。这时候，如果我们能了解客户的心理效应，并懂得如何拉近与客户的心理距离的话，就能化解客户的敌意。

开场白效应：一开始就赢得好感

我们都知道，无论是现实的销售活动，还是开发客户，我们都免不了要与客户接触，就免不了有开场白。如果你一开始说得不好，可能就会给对方留下一个坏印象，从而打消与你继续交谈的兴致。这其实就是心理学上说的开场白效应。

俗话说，好的开始是成功的一半。开场白是销售人员与客户见面时，前两分钟要说的话。一段精彩的开场白，不但可以引起客户对你的重视，而且还能让客户对你接下来的言谈举止产生兴趣。“先生，您需要……吗？”这种千篇一律、平淡无奇的开场白十有八九会遭到拒绝。因此，我们若想成功推销，一定要明白，创意开场是行销的第一法宝。

心理情境

日本有一位寿险推销员，他有一套别出心裁的推销方法。

有一天，他拜访一位客户，他把印着“76600”的数字的名片递到客户手里。

顾客看到名片，很诧异，就问：“这个数字什么意思？”

推销员反问道：“您一生中吃多少顿饭？”客户听完后，还是不明白，推销员接着说：“76600顿嘛？假定退休年龄是55岁，按照日本人的平均寿命计算，您还剩下19年的饭，即20805顿……”

情境分析

案例中，这位推销员的开场白特别之处在于：用一张印有“76600”的数字的名片吸引住了客户的注意。然后反问客户，等吊足了客户的胃口后，再告知客户这个数字的意思，让客户认识到生命的短暂，进而逐渐把问题引向人寿保险。

一个顶尖的业务员都有自己的独特开场白。那么，我们该怎样开场，才能让客户立即动心呢？

1. 寒暄式开场

寒暄是开场白中最常见的一种。这种方法通常适用于我们与客户第一次打交道，因为问候对方是一种礼节，让客户感受到我们的善意，然后才能进行下面的交易。寒暄作为交谈的“导语”，具有抛砖引玉的作用。得体的寒暄可以赢得客户的好感，让沟通顺利进行下去。

例如：

“王经理，见到您很高兴！”

“您是孙经理吧？您好，您好！”

“听口音，孙经理是山西人吧？”

“今天天气真不错呀！”

与陌生客户见面，我们可能会对对方一无所知，此时，寒暄还可以帮助我们了解到客户的身份、性格、籍贯、爱好等基本信息，这对销售员接下来的销售工作大有帮助。但是，销售员要注意在问候客户时，话语要委婉，恰到好处，用语不宜过多。

2. 利益引诱法

几乎没有人会拒绝那些能为自己节约消耗、提升效益，也就是通俗意义上的赚钱和省钱的方法，那么，他们自然也就不会拒绝为其“出谋划策”的销售员，如：

“陈厂长，其实，您的工厂每月的生产额还可以再增加10万元。”

“张经理，您不觉得贵公司每月的电费太多了吗？”

“王厂长，可能您还不知道吧，您隔壁工厂因为生产量大，现在的产品都已经开始出口了。”

3. 提问法

有问就有答，销售员向客户提出问题，有利于引起客户的注意和兴趣，如：

“张总，您觉得影响你们产品生产量的原因是什么？”产量自然是身为厂长的客户最关心的问题之一。这一问题，自然会引导客户逐步进入面谈。

当然，我们在提出问题的时候，一定要注意所提出的问题要明确、具体，语言清晰，而且，必须是客户最关心的问题，否则，很难引起顾客的注意。

4. 利用好奇心

好奇心是人类行为的基本动机之一，客户对不知道、不了解、不熟悉的东西有强大的好奇心，销售员可以利用好奇心来引起客户的注意。

某地毯推销员对顾客说："您知道吗？您每天只花一毛六分钱就可以使您的卧室铺上地毯。"顾客对此感到惊奇："什么意思？"

推销员慢慢讲道："您的卧室是12平方米，而我们公司的地毯每平方米为24. 8元，这样需297. 6元。我厂地毯可铺用5年，每年365天，这样平均每天的花费只有一角六分钱。"

案例中的推销员很善于制造神秘气氛，以引起对方的好奇。在挑起了客户想知道的欲望后，他们再将产品推荐给客户，这比开门见山地介绍效果要好得多。好奇是人类行为的基本动机之一。销售员如果能够调动起客户的好奇心，也就调动起了客户对产品继续了解的欲望。

5. 向顾客求教法

生活中，总是有一些人，他们好为人师，喜欢以师长的姿态教育、指导别人。对于这些客户，可以利用向其请教问题的方法来引起客户的注意，比如，可以有意找一些不懂的问题，或装不懂地向顾客请教。一般顾客是不会拒绝虚心讨教的推销员的。如：

"王总，我听说您以前是学机械的，是机械制造方面的专家。这是我公司研制的新型机械图纸，请您指导，在设计方面还存在什么问题？"受到这番抬举，对方自然乐意接受我们的请教。

从现在起，销售员们，不妨思索一下你的开场白，是不是有创意，是不是有自己的特色，如果没有，那就从现在开始改变吧。只要改变，定会不同!

亲和力效应：亲和力让你拉近与客户的距离

在销售中，如果我们能利用心理学上的“亲和力效应”，通过展现我们的亲和力，让客户一步步接受我们，那么销售的成功率就会提高。

一般来说，成功的推销员都具有非凡的亲和力，他们非常容易博取客户对他们的信赖，也非常容易让客户喜欢他们，接受他们。换句话说，他们会很容易跟客户成为最好的朋友。许多的销售行为是建立在友谊的基础上的我们喜欢在我们所喜欢、所接受、所信赖的人那儿购买东西，喜欢在与我们有着友谊基础的人那儿购买东西，因为那会让我们觉得放心。所以一个销售员是不是能够很快地同客户建立起很好的友情基础，在很大程度上关系到他的销售业绩。

心理情境

婷婷是一名保险推销员，由于人们对保险没有足够的认识，再加上一些小保险公司的违规操作，在一段时期内，人们一提及保险就谈虎色变，唯恐躲闪不及。所以，对保险业务员来说，推销有点艰难。

但是，就在别的保险业务员举步艰难的时候，婷婷却如日中天，业绩不断翻番。原来婷婷在推销保险的时候懂得展现自己的亲和力。

这天，婷婷去小区开发客户。她没有穿职业的套装，而是穿着很随便。不一会儿，她和下楼散步的王大妈聊了起来。一开始拉家常，聊到了儿女，最终聊到了老人的赡养。当婷婷给王大妈聊起保险的时候，王大妈表示没有买的想法。但是由于一开始婷婷和王大妈聊得很投机，所以王大妈也不好意思立即走开。

随后婷婷通过向大妈介绍保险的好处，慢慢地让大妈对保险有了个全面的认识，同时，大妈对婷婷建立起了信任。就这样，王大妈最终在婷婷的帮助下，给自己买了2万块钱的保险。

情境分析

从上面的故事可以了解到客户对一些自己不认同的东西心理防备极强。要想攻破这层堡垒，我们就要掌握一些心理学知识，较易化解客户心中疑虑的一点就是展现亲和力。我们可以想象，一个没有一丝笑容的销售员怎么能推销出去产品呢。亲和力包括很多，比如：你的微笑、人格魅力、信心、热情等，这些都能帮助你打动客户。

以下几点，值得销售员借鉴和学习。

1. 得体的形象会让客户对你留下良好的第一印象

销售人员在拜访客户之前，一定要穿着整齐干净，和客户交流的时候不要太强势，要有很好的亲和力。让客户在轻松自如的环境中和你交流。客户或许会抵触你的产品，但是不要让客户抵触和你接触和交流。所以，给客户留下良好的第一印象是销售员成功接触客户的前提。

2. 语言生动、语气亲切

采用生动、形象的语言，并采用亲切的语气，这样才能使客户感到愉快，从而对销售人员产生信任。

3. 态度要诚恳

在与客户沟通的过程中，要让客户感到销售员是诚实的，客户是不愿意和一个虚伪狡诈的人沟通的。

4. 要配合适当的表情和动作

我们都知道，与客户沟通，要注意措施和语气，这一点固然重要，但如果说话时表情冷漠，动作呆板，那么，即使再生动的语言也不能起到良好的沟通效果。因此，沟通时，我们一定要重视表情和动作的作用。讲话时配以自然的动作、亲切的表情，会使顾客心情愉快，但切忌不可夸张或矫揉造作，以免顾客反感。

当然，这要视不同的销售情况而定：

（1）迎接客户时，微笑欢迎。

有些销售员，遇到顾客光临，虽然嘴上说“欢迎光临”，但却面无

表情，一点笑容都没有，更有些销售员，甚至对顾客上下打量，斜眼看着顾客等，这都是不对的。正确的做法是报以微笑，目光集中不游离，道出“欢迎光临”。

（2）介绍产品时，恰当使用注视。

我们在向客户介绍产品时，一定要注意自己的眼神，不可游离不定，要炯炯有神，透露自己对产品和自己的信心、对销售工作的热情、坦荡，这往往要比口头说明更能让客户信任，充满热情的眼神还可以增加客户对产品的信心以及对这场推销活动的好感。

（3）顾客试用产品时，要耐心。

这时，销售员需要做到的就是耐心服务，尽量满足其需要，不要有不耐烦的表情。

（4）客户购买后，要真诚感谢。

一些销售员常常对已经完成购买的客户虽然表面上说：“谢谢，欢迎再来”，但一点也没有感谢的意思。这些生硬、冷淡的语气和态度会带给顾客非常不愉快的感受。客户是我们的衣食父母，无论何时，我们的感谢都要是真诚的。

所以，亲和力的展现并不仅要由口头语言来表达，还要与其动作、神态、耐心、周到的服务态度互相配合地表现出来，才能达到语言、动作、神态三者的和谐统一，以取得服务态度最佳的效果。

聆听效应：有时听比说重要

倾听是一种能力、一种素质、一种思维习惯，更是尊重他人、关爱他人的行为，所以，在心理学上有个著名的“聆听效应”。这一效应就是要让我们认识到聆听在人际交往中的重要性，与此同时，它还是我们与顾客交往的一种有效手段。

那些顶尖的销售员，通过经验也总结出了一条规律：如果你想成为优秀的销售员，就要将听和说的比例调整为2：1，也就是说，70%的时间让客户说，你倾听；自己用30%的时间来发问、赞美和鼓励他说。只有这样，销售员才能打开推销之门，成为顶尖的销售员。

因此，倾听不但是我们销售员掌握客户各种信息资料的重要途径，更是我们表达尊重的方式。倾听并不只是带着一双耳朵听，真正有效的倾听是需要回应的，因此，作为推销员要谙于倾听之道。

心理情境

王涛是一家培训公司的经理。在过去的五年销售生涯中，他终于逐渐懂得了如何与客户沟通。

刚从事销售时，有一次，他与同事参加一次会谈，结果客户的回答却是："你们的提案充满了激情，我们完全被你们眼花缭乱的ＰＰＴ震住了，所以相信你们的团队在执行上同样充满激情。年轻人，好好干，你们很有前途；最后，我们需要根据你们的提案再商量一下，看看是否符合我们今年的市场策略，我们会尽快联络你们的……"原来，会谈时间只有一个小时。而他从打完招呼的那一刻算起，他长达102页的ＰＰＴ伴随着口若悬河的讲述，占用了至少５０分钟。其间客户几度试图说点儿什么，都被他无情地打断。

再后来，他懂得了要倾听，毕竟谈生意不是说单口相声。他收起了爱表现的欲望，但问题又出现了，他把说话的机会给了客户，可客户为什么还不满意？一个朋友开玩笑说："你那死鱼般的眼睛能打动客户？"

他终于找到了问题的症结所在，原来，客户需要的是回应。最终，他得出了沟通的一大经验：既要让别人说，还要专注于听别人所说，并用眼神加以回应。也正是这一经验，让王涛在短短的五年时间，成为一名销售经理。

情境分析

的确，正如王涛所理解，倾听并不是面对客户时，不加以引导的一任客户不停的叙说，没有范围和重点，而是要积极地去倾听，将全部的身心都投入进去，要能够站在客户的角度上理解，并给予及时的回应。当然，

回应客户的方式远不止眼神，还可以通过动作、语言等。

兵法有云：攻心为上，攻城为下。只要你耐心倾听，适时地回应，并逐渐引导客户诉说自己内心的真实想法，当你得到了客户的心，他把你当作朋友了，那么你的销售之路就会越走越宽。戴尔·卡耐基说过，在生意场上，做一名好听众远比自己夸夸其谈有用得多。如果你对客户的话感兴趣，并且有急切想听下去的愿望，那么订单通常会不请自到。

一般情况下，人们都有诉说的欲望，更有被倾听的愿望。而相对来说，谈话机会永远就只有一个，人们都喜欢谈和自己有关的事，而不是和对方有关的事。于是，很多销售人员在推销产品时，出于对业绩的关心，他会把70%的时间放在讲话或推销产品上，而客户只有30%的讲话时间。因此这样的销售员总是业绩平平。

所以，倾听的目的，在于让客户向我们敞开心扉，从而主动与我们交谈下去，可见，我们不仅要学会倾听，还要善于倾听，这是谈话成功的一个要诀。在你倾听对方谈话时，应注意以下几点：

（1）放松自己，保持平静，并不时地回应“哦”、“嗯”等，以引起对方继续谈话的兴趣。

（2）不忘与对方进行眼神的交流，适当点头并配以一些手势动作，表示你正在注意倾听。

（3）记下客户的话，是重视对方的表现，另外，这样做，还有一个好处，有些客户语速较快，表达的信息很多，记录下来能避免遗漏有助于销售的信息。当然，记笔记不是为了学习，不需要太过公正。

（4）偶尔插入一些话或者进行简短的提问，能激发对方的谈话兴趣。

世界级销售培训大师博恩·崔西曾经说过：“销售是说服的艺术，但是如果只有说，而没有问，销售就会走进一条死胡同。”

不仅要听，还要会听，如果你并没有领会对方话里的含义，你可以询问一下，以免造成误解。

（5）不要妄下论断。如果你很赞同对方的话，不妨用一两个字暗示对方：你不但完全理解他的话，甚至和他趣味相投。而如果你对对方的话不感兴趣，且十分厌烦，那你就应设法地转变话题，但不要粗鲁地说："哎，这太没意思了，换个题目吧。"

如果我们能在倾听时做到以上几点，一般情况下，让客户感受到尊重后，是会愿意主动消除芥蒂并打开心扉，进而向我们诉说内心真实想法的！

权威效应：让客户深信不疑

生活中，我们往往对那些有权威机构保证的产品更放心。这就是权威效应。"权威效应"，又称为权威暗示效应，是指一个人要是地位高，有威信，受人敬重，那他所说的话及所做的事就容易引起别人重视，并让他们相信其正确性。古人云："人微言轻、人贵言重"，这句话是有道理的。由于人们有"安全心理"，即人们总认为权威人物往往是正确的楷模，服从他们会使自己具备安全感，增加不会出错的"保险系数"；其次是由于人们有"赞许心理"，即人们总认为权威人物的要求往往和社会规范相一致，按照权威人物的要求去做，会得到各方面的赞许和奖励，所以我们在推销产品的时候，也可以运用人们的这一心理，让客户更容易地接受我们的产品。

心理情境

一天，一位小姐来到某商场内衣销售区。

销售员："小姐，您是想购买内衣吗？进来看看，款式多着呢！"

顾客："这款挺漂亮的，是什么牌子的？"

销售员："小姐真有眼光，这是我们昨天刚进的货，是××牌的，它的透气性很好，最近我们这款产品卖得很火。"

顾客："我没听说过这个牌子。"

销售员："是的，可能您没听过这个牌子，这是因为我们的宣传力度还不够，真谢谢小姐您的提醒。实际上，我们这牌子已经上市七八年了。

全国的大中城市都有我们的专卖店。不过本市只有我们一家。小姐肯定知道奥斯兰黛这个品牌吧，这两年，我们努力的目标就是要成为和奥斯兰黛一样知名的品牌。”

顾客：“真是这样吗？”

销售员：“是的，我们品牌的设计理念就是要让每一位穿戴它的女性感觉轻松、舒服，起到保护身体的作用。毕竟，产品质量如何，也直接关乎我们的销售量和信誉度，把产品做好是任何一个品牌形成的最根本原因。”

顾客：“这话倒不假。”

销售员：“您手上拿的这只是其中一款，您看看这边的款式，这边还有一些设计新颖点的款式……”

情境分析

案例中，我们发现，这位销售员是聪明的，当顾客提出“没听说过这个牌子”时，他并没有直接否认顾客的观点，诸如这样回答：“怎么会没听说过呢，我们可是全国知名品牌。”“这个品牌推出好几年了，在这一行业很出名的。”这样的解释显得空洞无力，而她的这一说法——“我们这牌子现在正在多家媒体上打广告。”“不瞒您说是个新牌子，刚刚上市。”因为这样回答无疑是验证了顾客的顾虑。这里，他先给自己的品牌找了个不为顾客知道的理由——“我们的宣传力度不够”，然后他再就品牌的目标和发展趋势告知顾客，最后，他再将产品的主要优势介绍给顾客，进行一系列的分析后，顾客才打消了对这一陌生品牌的疑虑。

生活中，人们通常选择购买口碑好甚至是品牌的产品，就是这一心理效应的体现。因为那些口碑好的产品已经获得了人们的认可，我们再去购买的话，风险性也相对小一些。而这，也就给销售员一个启示：在销售过程中，我们在说话时，要巧用口碑，举例子，说出产品的优越性，让客户从心里接受我们的产品并最终完成购买。

可见，在向我们的潜在客户推销产品的时候，我们一定要让产品得到权威的认可，产品越是显得权威，越是能打消客户对产品的疑虑，具体来说，我们可以从下面两个方面来告诉客户产品的权威：

1. 借助影响力较大的人物或事件

要想使你列举出的数据给客户留下更为深刻的印象，销售人员可以借助那些影响力较大的人物或事件来加以说明，由此增加客户对你所销售产品的信任度和重视程度。例如：

“某某明星从××年开始就一直使用我们公司的产品，到现在为止，她已经和我们公司建立了5年零6个月的良好合作关系。”

“这是某次奥运会的指定产品，仅那次奥运会就使用了68720箱这种产品。”

2. 拿出权威机构的证据

权威机构的证实自然更具权威性，其影响力也非同一般。当客户对产品的质量或其他问题存有疑虑时，销售人员可以利用这种方式来打消客户的疑虑。例如：

“本产品经过××协会的严格认证，在经过了连续9个月的调查之后，××协会认为我们公司的产品完全符合国家标准……”

但我们在向客户述说产品具备权威性的过程中，一定要保证其真实性，否则只会引发与客户之间的信任危机。因为一旦客户发现你所陈述的内容并非事实，就会对销售员本身乃至整个公司的产品产生质疑，那么，这无论对于销售者或者企业，都会产生无法估量的恶劣影响。

借势效应：他人的一句话胜于你的十句话

古人云“他山之石，可以攻玉”，这就是思维的力量，也是心理学上的“借势效应”，而作为销售员，我们的工作目的就是实现成交。所以，无论是什么方式，只要合理合法，又不会让客户产生厌烦情绪，我们都应该去尝试一下，比如借势。很多时候，我们苦口婆心地劝说客户，但客户

总是心存疑虑、迟迟不肯成交，而假如此时，如果有“第三者”为我们说话，客户的疑虑很容易就能打消。因为在客户看来，“第三者”的利益是和很多客户的利益是一致的。

心理情境

销售员：“你觉得这价格贵吗？这可是我们半年来卖出的最低价格了。”

客户：“是很贵，这远远超出我的预算，另外，我觉得你这产品也不值这个价。”

销售员：“我看您可能对我们公司的产品不了解，我们采用的是最好的原材料。价格也是合理的。”

客户：“王婆卖瓜，自卖自夸，谁不说自己的产品好啊。”

这时，店里来了另外一个客户。

“这双鞋多少钱？”这位客户问。

销售员：“399元。”

“真不贵，上次我朋友在对面那家商场买的一模一样的，牌子也一样，那双鞋要499元，这样吧，你给我包一下，这双我要了。”

听到这位客户已经毫不犹豫地买下了那双鞋，刚开始和销售人员在价格上没打成统一意见的那位客户二话不说，也买下了。

情境分析

这次销售之所以能成功，主要因素是另外一位客户的出现让客户消除了对价格的异议，完成了销售活动。这就是一个启示，销售员有时候不妨利用外界的力量，找个帮手为自己解决销售中的阻碍。

所以，作为销售员，有销售过程中，不妨借借势，让他人来帮助你完成销售工作。那么如何才能找到一个好帮手呢？这需要你遵循以下原则：

1. 帮手必须能弥补自身的不足

每个人都有自己的不足，比如性格缺陷，尤其对于销售人员来说，这些不足很多时候就会阻挡销售活动的进行，此时，销售人员不妨找个好帮手帮自己销售，这样，就能弥补自己的不足。

比如，如果销售员性格比较急躁，容易发火，那么就可以找一个性格稳重、经验丰富的人做帮手；如果客户对产品的技术或研发方面存在异议，而销售员不能很好地解决，就可以找一个能提供技术支持的帮手；如果客户对产品质量不放心，而销售员又无法充分说服对方时，就可以找一个产品检疫方面的负责人进行解说。

这样一来，在谈判阶段，销售员就能与帮手优势互补，对客户应付自如。否则，要么谈判不欢而散，要么客户在利益上占尽优势。为了避免这种情况的发生，销售员必须找一些能在各方面弥补自身不足的帮手。

2. 帮手必须能增强客户的信心

这就是为什么很多商家重金聘请权威人士的原因。因为权威人士的言语能给客户购买的信心，权威人士的一句话往往比销售员费尽口舌的游说更加有效果。当然，邀请到这样一位以第三方身份出现的权威人士并非易事，而且他们在整个谈判过程中也不会参与太多的谈判话题，但是他们的作用不能忽视。这些人的身份、地位和声誉等方面的影响能推动客户购买产品的步伐，他们的意见能对交易产生积极的作用。所以，我们可以邀请一些社会上的权威人士参与销售，如：某方面的专家、某领域的知名人物等。

3. 有充分决策权的人也是好帮手

很多时候，销售活动中，销售人员并没有决策权，加强了销售的难度。如果销售员没有充分的决策权，那么在销售过程中，就需要这样一个有充分决策权的帮手，可以是上司领导等。一方面，这些人的出现，会体现出对客户的重视和尊重以及销售的诚意；另一方面，在销售进行得如火如荼的时候，这些有充分决策权的人也能拍案决定，不至于让销售员陷入被动，也避免了销售员费时费力地向上级请示，有利于提高谈判的效率。

总之，在销售中选定一个好帮手，会对你的销售起到事半功倍的作用。当然接下来仍然需要你的努力。如果在接下来的销售中，你的说服工作不得要领，也同样难以成功。所以在此之后，你还要确定一个明确的目标，以及你和帮手在销售中各自的任务，这样明确分工、目的明确，才不至于在销售过程中乱了阵脚，从而更容易赢得客户的信赖和赏识。

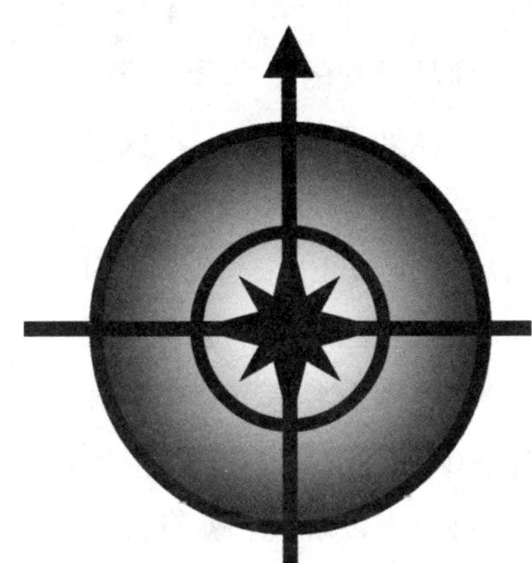

第15章

发现心理突破点：抓住“上帝”那根“软肋”

作为销售员，我们每天都会遇到各种各样的客户。即使我们的销售经验再丰富，还是会因为这些难缠的客户而头疼：有些客户不言不语，无论我们说什么，似乎都与其无关，让人着实难以摸清；有些客户比销售员还专业，提出的问题让销售员哑口无言；有些客户似乎总是不愿相信销售人员，总是问题不断……无疑，我们最终的目的是要将产品推销出去，但任何客户都有其心理软肋，这也是我们推销的突破点，只要我们对症下药、审时度势，巧妙地化解这些客户的疑问，就能顺利拿下客户，做成生意。

犹豫不决型客户：给出建议促进成交

我们在销售中经常会遇到这样一种情况，客户已经有购买意向，双方谈判也已经接近尾声，也就是在即将成交之际，客户却始终犹豫不决，不肯下决定，总是对产品有疑虑、不放心，成了商品成交的一个重要障碍。对于这些犹豫不决的客户，销售员如果不能正确地处理和解决，不仅白白浪费了口舌，而且还很可能就此造成客户流失。

如果站在客户的角度，我们发现，这种心理也很正常，如果我们自己是客户，即使我们想真正购买一件商品，在正式付款之前，也会左看右看，生怕买错买亏。因此，当那些客户说出“我要考虑考虑”“让我想一想”诸如此类的话，要知道这些话只是一个借口，而不是真正的拒绝理由。推销员只要找出真正的拒绝理由，并有创意地加以解决，就有推销成功的可能。

心理情境

某男士因为结婚纪念日要为妻子购买一枚戒指。这天，他来到某珠宝专柜，看上了一枚镶钻的戒指，但最后，他却说：“我怕我妻子不喜欢，我还是回去和他商量一下吧。”

销售员：“是的，您有这种想法我可以理解，毕竟一枚钻戒也不是小数目，想与妻子商量一下也是正常的，但先生，您知道吗？其实，作为妻子，如果自己的丈夫能记住结婚纪念日，并在当日给她一个惊喜，那么，她一定更高兴；而如果您与妻子商量的话，这种神秘感也就消失了。另外，今天刚好是我们十年店庆，会有返利活动。满一千就直降一百。这个活动仅限今天一天。而且，您也看到了，我们这里的钻戒都只有一款，而且，销量很好。这样好吗，我现在暂时给您保留起来，不过我只能保证下午之前这枚钻戒……所以，我真的希望您不要错过这枚钻戒……”

顾客：“我看我还是先买了吧，万一下午过来的时候，其他顾客已经买走了，那不就可惜了……”

情境分析

案例中，这位顾客就是个犹豫不决的人，这名销售员也是聪明的，他之所以最终能说服顾客购买，是因为他既保持了良好的态度，又对顾客适当施压：如果顾客现在不购买，执意要回去与妻子商量的话，不仅会失去给妻子惊喜的机会，还可能会导致他中意的戒指被其他客户买走，而同时，他也会错过店庆返利的优惠。综合考虑之下，顾客自然会暂时放下与妻子商量的想法，从而选择购买。

那么，当客户表现出犹豫不决时，作为销售员应该运用哪些技巧来化解他的顾虑呢？具体来说有以下几点：

1. 认同顾客顾虑的合理性

和案例中销售员一样，如果我们能认同顾客的顾虑，表达同理心，会让顾客觉得你是在为他考虑，就能争取到顾客的心理支持，继而会拉近和顾客间的距离。这样，即使顾客认为需要和家人商量，你也可以暂时把顾客留住，从而为我们接下来的说服工作奠定基础。

2. 找到客户疑虑的结点

当客户说出“我再考虑考虑”这样的话，聪明的销售员一定要注意，切不可心急气躁，立即去解决客户的这一问题，这很容易引起客户的反感，他会认为，你的急于变化可能证明了疑虑的存在，这时候，你可以转换一种说话的方式，套出客户疑虑的原因：“实在对不起，请原谅我不大会讲话，一定是我的介绍使您有不明了的地方，不然您就不至于说‘让我再考虑考虑’了。可不可以把您所考虑的事情跟我说一说，让我知道一下好吗？”这样，既显得认真、诚恳，又可以把话头接下去，使客户愿意继续谈下去。

3. 帮顾客认识立即作决定的好处

案例中的销售员就是聪明的，当顾客认为需要和妻子商量时，他却从“惊喜”这个角度，让客户认识到与其与妻子商量，还不如给妻子一个惊喜。

比如，我们还可以对某位女客户说："其实，这不仅仅是一件产品，而是一种心意，是一种爱，不管它怎样，只要是您买的，您老公都会喜欢的。再说啦，如果他真有什么不满的地方，只要不影响再次销售，我们特别允许您在三天内都要可以拿回来调换，您看这样成吗？"

另外，在具体销售过程中，销售员可以用以下办法来增加客户的购买欲望：

（1）给压力。例如，可以告知客户优惠活动马上要结束了，或是产品数量有限等。销售员还可以说："对不起，我知道您很忙，可是我没办法每天都来呀。我想您所担心的也许是交付问题吧！若不妨碍您的话，我们还是仔细谈一谈吧！"

（2）给诱惑。比如说："的确，正如您所看到的，这就是最重要的地方，而这也恰恰是我要向您推荐这个产品的独特之处。以前使用的减肥食品都需要配合节食，使人难以忍受，但这种营养素却在您实行健美计划的同时，随心所欲，且不会产生副作用……"

（3）为客户制造优越感。客户在自身优越感得到一定满足时往往更容易接受销售员的请求。

销售型客户：说话销售痕迹不能太重

销售过程中，我们经常会遇到一些顾客，他们总是喋喋不休地说个不停，甚至颠倒了销售员与客户在销售过程中的位置，销售人员只有"听"话而没有"说"话的份，即使是对那些富有经验的销售人员而言，也会觉得他们很难缠，因为我们的思维需要跟着他走：有时候，思维过程要360度大转弯；高兴起来滔滔不绝，让你花费的时间比预定的长很多；不高兴的时候更是唠叨个不停；倘若在他兴头上打断他的话题，就会被客户认为服务不好。总之，这样的客户令销售员头疼。

这种客户就是我们平时所说的"销售型客户"。面对这样的顾客，可能很多销售人员会显得不耐烦，不愿花费时间与这类客户周旋，于是，

他们一般会直入主题——销售，但这样应对，则显得功利化，也会赶走客户。那么，我们该如何应对这类客户呢？

心理情境

某品牌皮具专卖店内，来了一位客户。

客户：“这款包包多少钱？”

销售员笑着说：“498元。这是我们今年推出的新款，这两天刚刚到货。”

客户：“498元？也太贵了。不就是一个小包吗？怎么会这么贵，你不要以为我们消费者都是睁眼瞎，这个包最多也就百把块。人家和你们同档次的包都在打折呢？”

销售员：“就知道您是识货人，一眼就看上了这款包。的确，我们这款包看上去有点贵，也没打折。是的。如果是我也会觉得有点贵。不过话说回来，如果您经常用它，您绝对会觉得物超所值。这款包集合了今年的最新时尚元素，款式新颖，面料也相当好。498元您绝对不会买贵。”

客户：“这鞋的面料是什么做的？怎么摸起来不像是真皮啊？”

销售员：“您放心，这绝对是纯皮的，我们是专卖店，不可能用假的来欺骗顾客，因为面料经过特殊处理，所以看起来和那种皮革有点不一样，但正是因为这样，这种皮今年特别流行。您可以试试……”

客户：“好吧，你拿下来我试试看看，不过不一定买。”

客户试完后。

销售员：“您看，这款包太显您的气质了。现代女性买包，已经不单单是为了装东西，也是为了彰显个性和气质，这款包对您来说再适合不过了，也很配您今天这身衣服。”

客户：“嗯，是挺好的，我在××品牌那里看中了一款，价格比你们便宜不少钱，也是今年的新款。但是感觉很普通。那就拿这款吧。对了，你们这儿售后有保证吗？如果包包有问题可以换吗？”

销售员：“是的。这个您完全可以放心，您一周之内都是随时可以调换的。”

情境分析

案例中的这位客户就是典型的销售型客户，表面上看，她似乎懂得很多，比如，她认为产品价格不合理、质地有问题等，但很明显，她只不过是个外行。而聪明的销售员虽然看出这一点，还是不露痕迹地继续与其周旋，逐一解决客户的疑虑，最终让其答应购买。

一般来说，遇到“销售型”客户，常有一些销售员会感到力不从心，无论是维护谈话气氛还是买卖双方的关系，都需要销售员做出更多的努力。有些时候，销售员还会发现，虽然在这样的顾客身上耽误了很多时间，但是销售最终毫无成果，甚至其滔滔不绝的语言还可能无形中破坏了自己的其他生意。然而尽管如此，如果我们能做到耐心劝说，不急功近利，这类客户也并不是不容易对付。

在具体销售过程中，要想让“销售型”的客户成为最终的买家，销售员应该怎么样应对呢?

1. 保持耐性，多听少说

这类客户一般很爱表现自己，他们自以为自己对产品很了解，有时会不着边际地表明自己的看法，面对这类客户，如果我们与其争销售中的主导地位，那么，就会让客户觉得你是在反驳他，他们一旦失去了说的兴致，对你的产品的热情也就冷却了。

而相反，如果我们懂得倾听的话，不仅能表现出对他们的尊重，还能从他们大篇幅的语言中找出一些有利于销售的主题。

因此，在与“销售型”客户的对话中，销售员就需要及时提取对方的谈话信息，并找出其中对自己销售有价值的部分，做到善于倾听，善于思考。

2. 抓住有利于销售的任何机会

无论怎样，与客户一切的交谈最终都要回归到成功销售这个主题上。但无论购买什么，这类客户总是会提出更多的问题。这里，我们一定要善于抓住那些有利于自己的机会，就更容易掌握主动权，也更容易获得销售

的成功。

比如，当顾客谈及产品的某一功能时，我们就可以借助这一谈话机会，将产品的其他方面的卖点介绍给客户，让客户感觉到无论是在价值还是价格上都很合理。销售员只要抓住顾客语言中那些对促进销售有关的话题，并适度地进行展开，对顾客加以引导，那么，获得销售成功就变得更加容易了。

实践证明，一切销售活动，越是不露销售痕迹，成功的几率越是大，尤其是面对这类“销售型”客户，让他们在不经意间对我们的产品产生认同感，是我们成功推销的最可靠保证。

沉默型客户：如何打开他的口

很多销售经验告诉我们，与那些难缠、异议不断的客户比较，与那些不言不语的客户打交道更难。这类客户，无论对商品是否满意，总是习惯保留自己的意见。而客户不开口，我们就无法了解到他内心的真实想法，销售工作也就无法展开。

但精明的销售员，面对这种沉默型的客户，总是能找到突破口，打开客户的口，挖掘出有利于销售的信息，最终获得销售的成功。这不仅需要掌握专业知识，还需要具备良好的沟通技巧。

心理情境

一个衣着朴素、年纪大概有七十来岁的老年人走进一家工艺品商店，老爷爷在一个漂亮的音乐盒面前停了下来，看了又看：

销售员：“老爷爷，你想买点什么啊？”

客户：“……”

销售员：“您是喜欢这个音乐盒吧？”

客户：“嗯，喜欢。”

销售员：“喜欢就买回去吧。”

客户："……"（走到另一副工艺品面前驻足）

销售员："这个也很漂亮。你想选一个礼物对吗？"

客户："嗯……"

销售员："想送给谁呢？"

客户："想送给老伴儿，明天是我们结婚五十周年纪念日。"

销售员："是吗？您老伴儿真是幸福，有这么贴心的丈夫，真是让人羡慕。您刚才看的那个八音盒就很适合啊。您看，它打开之后是爱神丘比特。如果您送给老伴儿，她一定非常喜欢。而且我还可以免费给您做一个漂亮的包装，您看好吗？"

客户："真的适合吗？"

销售员："这里您还有更加喜欢的是吗？没关系，您选择任何一个都可以免费给您做漂亮的包装。"

客户："我还是喜欢那个音乐盒。"

销售员："我也看它最合适了，那么我们就把它打包装好吗？"

客户："嗯。"

情境分析：

情境中的老年人是比较沉默的，想给老伴儿买礼物，可能由于性格关系，不怎么爱说话。但销售员依然将产品卖出去了。销售员之所以销售成功，是由于他具备良好的观察能力和思考能力，抓住了老年人的购买心理。

在销售过程中和沉默寡言型的人打交道的确有难度，因为这些人性格内敛，不善言谈，无论对商品是否满意，都不表现，让销售员很难从交谈中获知他的信息。表面上看，和这样的客户打交道，销售员更容易掌握交谈的主动权，实则更像销售员在唱独角戏。

但是不管多么不善言谈的顾客，不管客户怎么保留自己的意见，优秀的销售员还是能让其开口，并且说出自己的需求，获得足够的有效信息，最终获得销售的成功。

想要从寡言型顾客那里获得足够的信息，作为销售员应该如何做呢？

1. 始终保持热情、诚恳的态度

销售员的热情，就像一团火，无论内心如何冷淡的顾客，在销售员的热情面前，都会被感染。销售行业，热情就是销售员获取销售成功的法宝。

因此，在与不言不语的客户交谈时，销售员要始终保持语言、神情和目光的真诚，并始终保持微笑。当你从始至终地与其热情、真诚地交谈后，你就一定能在客户的心里留下好的印象，不论谈话是否取得实质性的改变，对你以后的销售工作都会有所帮助。

2. 努力营造适合顾客的谈话氛围

销售员并不是在任何时候都要表现自己的口才，与沉默寡言的客户交谈时，就是如此。俗话说：人以类聚，物以群分。对于那些不善于言谈的人，也就更喜欢与一些性格相似的人展开对话，所以销售员就要学会适当地适应她们的谈话方式，不要用惯有的善谈破坏顾客的谈话氛围。比如，顾客在选购商品时，销售员最好不要滔滔不绝地做介绍，而是要观察顾客的身体语言和简单的话语，有针对性地为其介绍产品。

3. 努力引导客户开口

再优秀、聪明的销售员在与客户沟通的时候，只凭举止、眼神、表情等方面获取其购买商品的相关信息，往往还是不够直观，有时可能得出错误的结论，出现判断错误的尴尬。所以，作为销售员不仅要善于观察，还要善于调动客户的积极性，帮客户打开“话匣子”，让客户主动开口说话。当然，鼓励客户开口还是需要我们具备良好的沟通能力，热情、真诚地与客户沟通，极力营造一个轻松的谈话氛围，让客户觉得是在和自己的老朋友交谈。

总之，当在销售中遇到一些一言不发、表情冷漠的客户时，我们不仅需要观察客户，通过非语言形式了解客户的内心，更要特别注重与客户的沟通，想办法借助提问或者拉近心理关系的方式，将客户引导到沟通活动中去，做到充分了解客户，那么展开销售工作就比较容易了。

爱慕虚荣型客户：多给他灌点蜜语甜汤

我们在从事销售工作中，会遇到这样一类客户，无论销售员说什么，他们都显出一副不可一世的神态，并表现得比销售员更专业，希望销售员能聆听自己的教导，这类客户就是爱面子的人。面对这种顾客，底气不足的销售员常不知所措，不敢继续接待，也有些销售员，为了证明自己，与顾客进行一番理论，而到最后，不仅让生意白白溜走，还让自己乃至公司的形象受损。其实，对于这类顾客，我们如果能放低姿态，给其灌下“蜜语甜汤”，满足其虚荣心，销售也会顺利进行。

心理情境

小陈是一家皮具公司的销售员。一天，店里来了一位男顾客，这位顾客在店内看了几眼后，眼光停在了一条皮带上。这时，小陈走过去。

小陈：“您好，先生，来选购皮带吗？”

客户：“我自己看看。”

小陈：“先生，我们是国际品牌专柜，以您的气质来说这里的皮带都比较适合。”

客户：“你们是国际品牌？”

小陈：“对，我们的皮具是意大利品牌，在款式和材料上都走欧美风。”

客户：“什么国际品牌？你以为我不知道，我也有一个朋友做这行，业内人都知道，这只不过是挂了一个意大利的牌子而已，其实，都是国内的产品。”

小陈一听，知道遇到内行了，她立刻改变策略，恭维道：“您真行！这么内幕的事都能知道，跟您相比，我们真是井底之蛙了。不过不管怎样，我们的产品质量还是得到认可的，您说是吗？”

客户：“这倒也是实话。”

小陈：“那先生，您觉得我们的产品还存在哪些不足呢？”

客户：“其实，你们的产品也不错，只是我觉得作为男士专用皮具，在原料供应上，你们更应该做到精心挑选，尽量选择那些质地优良的，才能做出高品质的皮具，才能做出档次，走出国门，成为名牌。”

小陈：“您说得太有道理了，我们老板也一直叮嘱生产部门，要注意这些。对了，您今天有看上的皮带吗？”

客户：“这条还行吧。”

小陈：“先生，您的眼光真的不错，您看上的这条皮带，它有个好处就是，无论您配什么衣服，都会搭配的很好，因为它的颜色很中和，而且，今天您也很幸运，我们这里所有的皮具都打六折。你可以试一下，来体验一下实际效果。”

客户：“嗯，行吧，我试试看，好看就买了。”

最后，这位客户痛快地购买了这条皮带。客户离开前，小陈还不忘恭维道：“以后，您可要常来为我们的工作作指导啊！”

情境分析

我们发现，案例中的皮具销售员小陈是精明的，在她向顾客推荐产品遭拒后，便立即改变策略，改用恭维的方式。事实证明，这位顾客确实是爱慕虚荣型顾客，小陈的恭维也起到了作用，最后，顾客心甘情愿地购买了产品。

西方有句格言：“请用花一样的语言说话。”面对这类爱面子的顾客，如果我们以说教的方式劝客户购买，恐怕是不起作用的，如果你想获得成功，就不妨多说些甜言蜜语，使你的语言像花一样绽放，让客户心情愉悦起来，与你进行一个很好的交流，为销售成功奠定一个好的基础。

那么，具体来说，我们该如何应付这类爱面子的顾客呢？

1. 准确、快速判断出顾客的特性

这类顾客，一般在销售伊始，就表现出主动的姿态，他们会对销售员的服务态度、专业水平或者对产品性能等方面提出很多的要求等，对此，在进行正式的销售前，我们就要一定要善于察言观色，基本摸清顾客的特性，进而揣摩他们的心理、特点和利益需求，才能在说话时候能很好地对症下药，准确地找出应对策略。

2. 放低姿态，多讨教

这类顾客在与销售人员交谈时，要么对销售员的推荐默许地点头，偶尔针对不足之处作善意的更正；要么是急于表现自己，不等销售员开口，就喋喋不休地向销售员传授着专业知识，对于销售员推荐的不足之处，会无情地指出，使销售员下不了台。因此，销售员可以降低姿态，以讨教的语气进行交流，利用他们好胜的心理来促成销售。

3. 多说恭维话

与这类客户交谈，我们不妨对他们的专业知识和渊博的学识表现出敬佩的样子，这不仅让他们狂妄的心理得到满足，也会让他们为了表现自己而更乐意地向销售员传授更多知识。

总之，作为销售员，不管顾客如何自我感觉优越，只要我们能迎合其心理，就一定能达成目的！

对于不同年龄段的客户如何劝购

作为销售员，我们都知道，我们劝客户购买的一个前提是，客户有购买意向，对产品有需求。如果没有购买意向，无论销售者如何费尽心机地劝说，也不可能达到让其购买的目的。当然，客户的购买意向与需求，是可以从无到有的，只要销售员能做好说服工作，激发客户的购买欲望，那么，也能让客户完成购买。但我们每天的客户群体并不是单一的，其中，不同年龄段的顾客，消费心理与特点都是不同的。

心理情境

飞飞是一名卖场销售新手，没有工作经验的他似乎总是遇到各种各样的问题。原来，他也不管对象是谁，就胡乱推销。后来，经理决

定，让飞飞进行一段时间的销售培训。培训课上，飞飞第一次接触到“消费特点”这个词，原来不同年龄的消费者，其消费特点是不同的。当天晚上，他就自己家庭的各个年龄段的成员进行了一些消费特点的分析：

我们家的成员分别是：父母亲、爷爷奶奶和我。

爷爷奶奶——老年人，基本上很少有额外的消费，他们的退休金基本上已经够用。

父母亲——中年人，他们除了每天必要的生存需求之外，还有其他的一些开支，比如，爸爸每天要抽一包烟，每餐要喝点酒，所以对于父亲来说这在酒与烟上的消费是必不可少的。偶尔要请朋友吃饭也需要一定的花费，还有交通费用。母亲，在美容保养上面花费较大，偶尔会与朋友一起逛街给爸爸、我还有她自己买衣服，此时也有了一定的花费。另外，父母亲都是教育工作者，经常会购买一些书籍、文化用品等。

在我毕业前，我的学费是家庭的主要开支。父母每个月还要给我生活费，偶尔买衣服还要另外加钱，在校期间的消费基本上比较稳定。节假日在家里，偶尔逛街，与同学一起聚会，会有一定的开支。我有台笔记本，也是不小的开支。现在毕业了，我的开支也大了起来，与朋友应酬、买时装等。

情境分析

总体来说，我们可以根据年龄特点对客户做出以下归纳，并拟定出一些销售策略：

1. 老年人的消费行为特征及销售策略

在我国，随着人们生活水平的日益提高，老年人的人口基数越来越庞大。另外，由于子女都已成家立业，老年人的家庭负担已大为减轻，他们有一定的储蓄可供消费支出。庞大的人口基数和一定的消费能力表明老年消费群体是一个潜力巨大的“银色市场”。一般来说，老年人的消费内容主要集中在饮食、医疗保健和文化娱乐方面；消费习惯比较确定，对产品的品牌忠实程度很高。

因此，在劝老年顾客购买时，我们最好可以将产品的性能与其健康、饮食、医疗、娱乐等方面联系起来，另外，还要强调产品的安全性和实用性，尽量让他们放心购买。

2. 中年人的消费特征及销售策略

一般来说，中年人在消费时比青年人要理智、稳重、有所节制。因为他们知道金钱来之不易；另外，他们一般都是家庭的经济支柱，身上肩负家庭的重任，他们更懂得储蓄。他们的消费特点如下：

（1）消费时多是理性的、计划性的，而不是情绪性的、冲动性的。

（2）消费时会综合考虑各方面的因素，更注重商品的实用性和性价比，而不是像青年人那样注重产品的包装、颜色、款式等。

（3）注重商品使用的便利性，倾向于购买能减轻家务劳动时间或提高工作效率的产品。

（4）不盲目追赶潮流，对新产品缺乏足够的热情。

（5）消费需求稳定而集中，自我消费呈压抑状态。

因此，在劝说中年人购买的时候，我们尽量要从产品自身出发，多介绍产品能给他们带来的益处，必要之时可以为他们介绍购买的成本，让其觉得产品质优价廉。

3. 青年的消费特征及销售策略

青年阶段是人生最富有创造性和追求独立性的阶段。青年消费者，通常具有这样几点消费特征：

市场潜力大，消费能力很强；

自我意识强烈，消费很具有时代感，不愿意落伍；

消费行为易于冲动，富有情感性。

比如，一些青年人在购物的时候，会很关注产品的款式、颜色、包装等，甚至这些要素在某种程度上决定了他们是否购买该产品的第一要素。

另外，青年消费者的消费兴趣具有很大的随机性和波动性，一会儿喜欢这种商品，一会儿又喜欢另外一种。

因此，在劝说青年人购买的时候，我们可以多强调商品的个性化特

点，比如，我们可以这样说：“看得出来，小姐是个注重时尚和品位的人，如果您穿上这双高跟鞋，一定有很多人成为你的粉丝，掀起一阵时尚流。”

以上是关于不同年龄段的人群的消费特点和习惯的总结，相信能帮助我们在说服客户购买的过程中起到帮助作用！

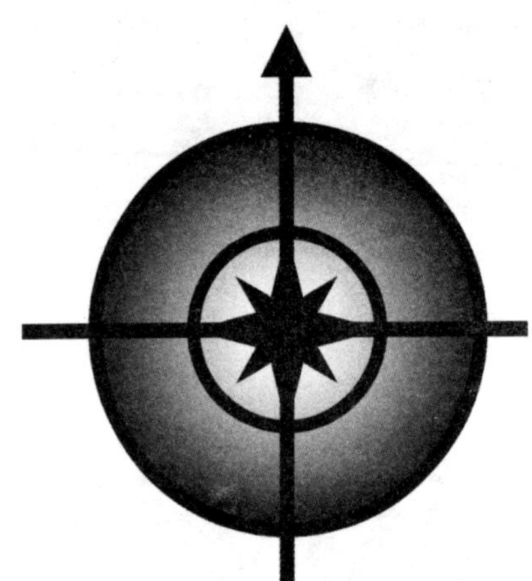

第16章

牵引客户说“是”：认同感让你赢得客户的心

有些销售员，似乎具有一种神奇的本领，三言两语就能让客户遵从着他的意愿去购买产品。他们是怎么做到的呢？这是因为他们懂得运用心理技巧引导客户。事实上，销售的过程就是劝服购买的过程，只要我们能给客户一个实实在在的购买理由，让客户认同我们，那么客户想不购买都难。否则，即使你费劲口舌，也无法俘获客户的心，那么，你所做的任何工作都是多余的。

让客户在一开始就说“是”

我们都知道，销售的过程就是不断劝服客户购买的过程。但不少销售人员发现，似乎无论我们怎么努力地劝说，客户总是能找到拒绝的理由，让很多销售员感到束手无策。这主要是因为我们给了客户拒绝的机会，最具说服力的劝服技巧无非是让客户自己承认产品的优良、服务的到位等，让客户在拒绝之前先说“是”，就能有效将客户的拒绝遏制住。

心理情境

小李是一家电子产品公司的销售员，为了能实现公司电话软件销售的工作，小李前去拜访一家科贸公司的总经理。这家公司“财大气粗”，人脉广泛。但在沟通的过程中，科贸公司的总经理提出了不同看法：

总经理：“到现在为止，所有厂商的报价都太高了。”

小李：“所有的报价都太高了？真的是这样吗？”

总经理：“是的。”

小李：“不过，我想您应该不会反对我与您进一步展开合作吧？”

总经理：“反对倒还不至于。”

小李：“那么如果我们有机会再次合作，难道您不觉得我们可以帮助您建立更广泛的客户群吗？”

总经理：“嗯，很有可能。”

小李：“您想我们平时买质量优质的手机和传真机，都是为了拥有更好的通话质量，对吗？如果我们的产品通过与您的合作被更多人所使用，那么那些受益者第一个想到的就是贵公司的名字对吗？”

总经理：“嗯，那倒是这么回事。”

小李：“所以您不反对我们通过和您的合作可以帮助更多人建立起一套更实用的电话系统，是吗？”

总经理：“是。”

情境分析

很明显，小李与客户实现成交的方式就是通过一步步地反问，然后将主题引到销售上来。让客户一直未对产品说一个“不”字，小李这样做的好处是有利于掌握谈话主动权，控制整个销售进程，进而可以让整个销售工作转到自己所希望的情况上来。

事实上，如果销售员在销售开始时就把产品的卖点亮出来，让客户主动说“是”，认可我们的产品，那么，对于产品存在的某些无关紧要的小缺点，也就不在意了。作为销售员，如何让客户在一开始就说“是”呢?

1. 会要求，表明销售信心

有时你会遇到客户直接跟你说“不要”，而没有其他的话加以润饰；有时你会听到一些柔性的拒绝，承认你的产品非常好，但是不需要你的产品(或服务)，所以必须拒绝。

这时，你如果放弃，客户将会远离你而去，那工作更是难开展了。如果你态度强硬一点，学会向客户提要求的话，反而会赢得客户的感激，从而为自己赢取一个成功的机会。比如你可以十分自信地对你的客户说：“××总，在这个行业，你可以拒绝任何一个销售员，但你不可以拒绝我，因为我是一个很专业的销售员，我的经验告诉我，如果你拒绝了我，你就拒绝了财富。”

在销售行业，那些销售冠军从来不会让自己被客户牵着鼻子走，相反，他们是销售的主人。

那么，如何要求就成了销售员应该思考的问题。总的来说，销售员在要求的时候，要积极、愉快、态度良好、礼貌等，其内容一般是资讯，安排见面，让别人告诉你他犹豫不决的理由，以及了解客户的言外之意。最重要的是，你得要求客户下订单。要在所有的解说完毕，进入销售活动，进入尾声之际，请求客户作出购买决定。

一旦你决定自己要的是什么，就表现出一副志在必得的架势，而你就绝对会实现!

2. 让客户在说“不”以前，先说“是”

当把产品介绍给客户、先把其优势根植于客户的头脑中，让他对优势的认可忽略掉对不足的否定，那么你的销售就迈向了成功。比如，你可以对客户说：“××先生，您应该知道向来我们的产品都比A公司的产品价位低一些吧？”当然，销售员在让客户肯定某些销售情况时，必须让产品的这些销售情况是事实存在，不能蒙骗客户，不能让客户抓住把柄。销售员懂得这一销售技巧后，可以顺利拿下很多订单。

但销售人员还需要注意的是：

（1）“要求”的时候，不要忘了自己是销售员而对方是客户的这一身份，不能语气过于强硬而伤害了客户的自尊。

（2）要有自信。那些能够发挥最大潜能的销售人员，个个都是能克服恐惧，勇往直前，不畏失败与挫折的人。有勇气、有胆识会助你成为一位顶尖销售人员。

利益引导法，让客户看到自己将获得的利益

人们购买产品，在产品价值不变的情况下，都希望价格越低廉越好，或者得到的额外利益越多越好，这就是爱占便宜的心理。因此，如果我们能抓住客户的这一共有心理，那么，即使客户拒绝够买产品，我们也可以通过多制造一些诱惑条件，来化解客户的拒绝。

心理情境

刘阳是北京某大学大二的学生，这年寒假，想利用假期的时间，做一些社会锻炼，于是，他在某超市当起了促销员。

这天下午，来了一位40多岁的中年男人，想要买小白兔的奶糖，问了问价格，觉得有点贵，于是对旁边的刘阳说：“能不能便宜一些啊，我要的不少呢！”

刘阳为难地说道："我们超市上面都是有定价的，总部定的价格就是死价格，我也想给您便宜，但是便宜之后，我们就要把差价补起来。您看这样行不？如果您能买20斤以上的话，我们就会给您赠送一个可爱的新年兔。"

中年男人听了，说："你们也不容易，我买东西，不能让你们付钱啊，来吧，帮我秤上20斤吧。"

情境分析：

这则案例中，促销员刘阳在面对客户要求降价的情况下，向客户传达了自己的难处，表明商品价格自己并不能做主，并且，他还提出在客户购买一定数量的情况下可以为客户赠送小礼物。这样，客户自然能理解销售员的苦衷，所以不再挑剔价格，一下子买上了20斤的货物。

的确，每个人都有贪小便宜的心理，很少人会拒绝免费的东西。可能我们经常会遇到这样的场景：假如一件外套卖80，一条裤子卖80。客户觉得价格贵了，但如果我们告诉客户：如果他能买一件外套和一条裤子，就可以以150块钱买走。这样客户就会想，如果单件买就会多花10块钱，如果组合买就能节省10块钱。这白白节省的10块钱对于爱占便宜的客户来说具有很大的诱惑力。而对于商家来说，并没有吃亏。为什么客户愿意以几乎多一倍的价钱买走两件商品？这是客户爱占便宜的心理在起作用，捆绑销售的策略给了他们一种心理错觉。

所以，销售中，如果我们能掌握客户的这一心理，与客户交谈，想方设法地给顾客这种占了便宜的感觉，从而喜迎顾客完成交易。那么，成交的可能性将大大增加。

那么，如何才能满足客户想占便宜的心理以达到双赢呢？总的说来，可以有以下几个方面的措施：

1. 突出商品的优势

在销售中，很多客户会提出你的商品比别的商家的贵。这种时候，我们可以将同类产品进行优势对比，突出自己的商品在品质、性能、声誉、设计、服务等方面的优势，让客户知道"贵有贵的理由"。人们不是常说

“不怕不识货，就怕货比货”吗，在对比的当中，客户一目了然，自然会选择物有所值的产品。

2. 适当采取点措施满足客户的爱占便宜的心理

在很多情形下，客户想得到一点优惠，占点小便宜，更多的不是功利上的考虑，而是占到“小便宜”后喜悦轻快的好心情。通常对付此种顾客可先给予小礼物，让对方满足这种心理，客户有了占便宜的感觉，就容易接受你推销的产品。

（1）提供价格优惠。

我们会发现一个奇怪的现象，真正销路好的产品，往往不是那些价格昂贵的名牌，也不是那些价格低廉的产品，而是那些大搞优惠、特价的商品。其实，这就是商家利用了顾客爱占便宜的心理。因为价格促销、优惠的产品都有一个原价，顾客自然会把原价和现价进行对比，这样，他自己也会得出一个结果：优惠并不是天天有，我很走运。即使那些客户根本没有需要的产品，他也会冲着产品价格上的优惠，选择购买。并且，他们会在心里告诉自己：总有一天，我会用得着它的。

（2）发挥赠品的作用。

在某科技产品卖场内，有一家小店的生意格外红火，不断吸引了前来购买电脑的顾客。进店的顾客，一看到杂乱的店面，就准备扭头就走。可是，当他们看到货架上陈列的一些小家居用品之后，就停下了脚步。的确，那些从这家小店购买电脑的顾客都满脸喜气，并拿着店主赠送的小礼物。而实际上，这家店主并不会主动送东西给顾客，而是等着客户看中后提出要求时，店主才非常“慷慨”地满足客户的要求。在这种情况下，这些买电脑的客户反而觉得是自己占到了便宜。

总之，客户最关心的永远是利益问题，给足客户诱惑的条件，也能化解客户的拒绝，让客户产生及时购买的欲望，但销售人员要注意：

①注意自己的说话态度和表达方式，不要因为客户的预算不够而中伤客户，更不能伤害客户的自尊。

②要耐得住性子。很多客户在最终购买前，总会有很多问题，当我们为客户逐一解决这些问题后，生意也就做成了，千万不能心急。

鼓励客户体验产品，促进成交

我们都知道，介绍产品是销售中不可避免的重要阶段，更是让客户拿主意的关键阶段。如果销售员在向客户介绍产品时能描述生动，并且邀请客户参与其中，不仅让客户听到，还让客户看到、摸到、亲身体验到，那么就能提高推销的效率，让客户更快地产生购买的欲望。

人们常说："耳听为虚，眼见为实"，相比销售员所说的，客户更愿意相信自己的眼睛，更愿遵从产品带给自己的真实感受，这是客户在购买产品过程中的共同心理。也就是说，如果我们能积极创造出让客户参与产品演示的机会，让客户用视觉、嗅觉、味觉、触觉等感觉亲身体验产品，一旦客户对产品有了一些切身体会，他们就更容易联想起拥有产品之后的感受，就能很快明了产品给他们带来的好处。所以，对于销售员来说，千万不要不舍得让客户使用自己的产品。

心理情境：

曾经在一个小镇上，有两个报童在卖售同样的报纸。因为处在同一个市场里，所以两个人的报纸销量会你多我少。为了能多赚些钱，两个报童都非常努力，每天他们都带着无比高涨的热情投入到卖报工作当中。

第一个报童鲍伯是一个很勤奋的孩子，每大他都以洪亮的嗓音沿街叫卖，虽然常常大汗淋漓，但是买他报纸人却并不多。这让鲍伯很是苦恼。

第二个报童丹尼也很努力，但是他更多地把这种努力放在了动脑上，除了每天沿街叫卖之外，丹尼还会到一些固定的场所，直接向人们分发报纸，等到天黑的时候再把报纸收回来。起初，丹尼的工作有一些损耗，但是渐渐地，丹尼的报纸开始卖的越来越好了，买他报纸的人越来越多，还常常有人为了买他的报纸在那些固定场所按时等候。后来，报童鲍伯的报

纸卖得越来越少，不得不另谋生路了。

情境分析

报童丹尼的报纸之所以卖得越来越好，就是因为他懂得让客户参与的道理。在固定地点，他将报纸分发给路人傍晚收回来，可能在刚开始有一些损失，但是，通过这种方法，他让客户亲身体验读报纸的感受，体会报纸给他带来的好处，这样客户自然就记住了他和他的报纸。当客户再需要购买报纸的时候，就会不自觉地在他那里购买。而报童鲍勃虽然很勤奋，却没有使用正确的方法，没有让客户参与其中，也只能事倍功半。

从上面这个情境中，我们能发现一个道理，要想让客户对你的产品产生兴趣，就要让客户与产品之间建立感情，让客户接触产品，参与到体验产品的过程中来。俗话说：“日久生情。”将其用在产品上也不为过，试想当你的产品成为客户时常可触摸、可耳闻、可眼见的产品常客时，时间一长，客户对你的产品有了印象、评价，随着对产品的不断了解，慢慢地产生感情，由此爱上产品的几率就会大大提高。

因此，每个销售员都要明白，让客户体验，能引发客户的购买动机，直接刺激客户的购买欲望。而且，无论你对产品的介绍是如何美妙，客户心中总是存有疑惑的，不如让客户亲身体验产品来的痛快，还可以省去销售员很多口舌，产品的性能和特点都在客户体验中表现出来，不需要你费尽心机去说服客户。

那么，如何让客户参与到产品的体验中来呢？

1. 要告诉客户“买不买没关系”

很多时候，客户因为戒备心理，会拒绝体验产品，他们认为销售员会为了推销而推荐产品，体验就必须要买。对此，销售员一定要主动打消客户在体验产品前的顾虑和芥蒂心，让其毫无防备地试用产品。销售员要告诉顾客“买不买并没关系，看看效果而已。”比如，我们可以这样说：

“先生，一样的衣服穿在不同的人身上效果却不一样。我说得再好，如果您不穿是看不出效果的。先生，以您的气质和身材，穿这件中号、藏青的，效果一定不错，嗯，光说不行的，一定要穿在身上才能看出效果，其实买不买真的没关系，要不您过去试试？”

2. 引导客户参与到体验产品的互动中

通常情况下，单纯地劝说客户体验产品，远比不上引导的效果好。而同时，销售员一定要在这种引导的过程中，采取一些互动措施。因为客户是不会主动告诉自己对产品存在哪些不满的，我们要引导客户说出来。如果没有互动这个环节，那么客户会把这些疑问搁置，最终结果只会是：客户即使在你介绍的过程中对产品产生兴趣也会丧失这种兴趣。因此，销售员只有不断和客户互动，及时发问，才会了解客户的想法并很好地引导客户的思维。发问会让客户参与其中，对产品的感受更加深刻。

总之，聪明的销售员都会努力让顾客参与其中，乐在享用商品的感觉，从而由衷地称赞商品带给他的享受。作为销售员，如果你能劝服客户试用、体验产品，就能对客户的真实想法做进一步的了解，为下一步的销售工作打好基础！

将痛苦放大，告诉客户不购买将要遭受的痛苦

人们买东西，正是因为有心理的需求，如果这种需求得不到满足，会给自己的生活产生很大的影响。所以销售人员，一定要把人们的那种需求，给它明显化，然后表现出来，说服客户相信你所供应的产品或服务是物超所值的，如果不拥有它，生活的损失是什么。这样就起到了销售的作用，赢得了客户的心。

我们先来举一个例子：当我们走在沙漠的时候，如果水用完了，太阳非常的毒辣，你的嘴巴快要冒烟了，这个时候有人过来卖水，哪怕矿泉水价格很贵，我们也会花钱买下，这个时候，那不仅仅是一瓶水，而且是救

命的东西。同样，我们在销售过程中，仅仅让客户发现问题是不够的，还要告诉他如果这个问题不解决，会导致什么样的后果，招致多大的损失，而且必须得到客户的认同，就是要努力给客户制造痛苦，痛苦感越强，产品在客户眼里的价值就越高，就如同将客户放在沙漠里，你再卖水给他一样。这样的矿泉水才会既值钱需求率又很高。

心理情境

李女士和丈夫小两口各办了一家企业。当卖保险的销售员小张去他们家拜访时，李女士接待了他。

李女士：“您好！小张，我们一家人都很认可你这个人，你确实很优秀，不过我不得不告诉你，经过我们一家人的商量，还是决定不买保险了。”

小张：“您能告诉我为什么不买吗？”

李女士：“因为没必要啊。”

小张：“怎么会没必要呢？”

李女士：“你可能不知道，我以前是个购物狂，为此花了很多钱，后来，我养成了一个习惯，在购买之前，都有一个习惯，当我决定哪个东西可买或可不买时，会问自己一个问题，问完之后，我就决定买与不买了。”

小张：“关于保险的事，您是怎么问的呢？”

李女士：“有一回我去国际商城看到了一个路易威登的包，好几万一个啊！这是一款新上市的包，其实，我不是买不起，你知道，可是，我的包已经很多了。那天，当我准备付款时，我一路在问我自己，不买会死吗？我得出的结论是，不会死。有别的东西代替吗？当然有。这次买保险，我同样这样问自己。小张我问你，你让我买保险，如果我不买保险，难道会死吗？”

小张：“谢谢您提醒我，李姐。这一点我知道，没有谁会说不买保险会死。但人在离开这个世界的时候自己是什么都不需要了，但是活着的人，他们可能会万事艰难，需要很多东西，到那个时候自己能够给他们的保障是什么？只有保险是唯一的以一换百的保障方法，没有任何代替品！”

最后，沿着这条思路，经过一番对话后，李女士终于在保险单上签下了自己和家人的名字。

情境分析

情境中的小张抓住了客户这样的心理：掏钱购买产品会心痛，但只有两分痛；如果不买这件产品所造成的后果，有八分痛，那么客户一定会选择购买。

帮助客户把好处想够，把痛苦想透，为了避免痛苦，客户自然愿意和你成交。

对客户而言掏钱总是一件痛苦的事情，如果客户战胜不了这种痛苦，最终销售还是不能成功。

面对这种情况，我们该怎么办呢？很简单：将“不买某件东西的痛苦”塑造够，使之超过花钱的痛苦，相比较之下，客户自然愿意和我们成交。但这就要考验销售人员的个人素养了。

实际上，销售的整个过程就是一个不断为客户建立心中图像的过程。因为“追求快乐，逃避痛苦”是每个人购买产品的规律，所以我们在为客户推销产品时，一定要“把好处说够，把痛苦说透”，这样离成交就不远了。

巧妙引导，始终掌握销售的主动权

任何一个销售员都知道，任何销售活动的最终目的都是成交，成交也是整个推销过程中最关键的部分。也就是说，要是生意未能成交，你就没有达到自己的主要目的。乔·吉拉德认为，订约签字的那一刹那，是人生中最有魅力的时刻。他说：“缔结的过程应该是比较轻松的、顺畅的，甚至有时候应该充满一点幽默感。每当我们将产品说明的过程进行到缔结步

骤的时候，不论是推销员还是客户，彼此都会开始觉得紧张，抗拒也开始增强了，而我们的工作就是要结束这种尴尬局面，让整个过程能够在非常自然的情况下发生。”

因此，无论你是销售新手还是一名经验丰富的前辈，你都不可以掉以轻心，千万不能傻乎乎地以为自己的工作就是走走推销过场，而不考虑结果。但从乔的这番话中，我们还发现，缔结成交的过程是紧张的、尴尬的，我们要想让达成我们的销售目的，就必须要学会让销售的主动权掌握在自己手里。

心理情境

1975年，著名推销高手、畅销书作家罗伯特·舒克通过电话与“肯德基家乡鸡”的创始人——哈南·桑德斯上校约定了一个会面时间，准备访问他，以作为撰写《完全承诺》一书的资料。当时，桑德斯已经85岁高龄了，他答应去路易维尔机场接舒克，然后两人一起到上校家畅谈。

飞机准时到达路易维尔机场，舒克走向机场正门，一眼就认出了大名鼎鼎的桑德斯上校，因为他早已在肯德基餐厅门口见过桑德斯的塑像。他热情地向上校打招呼，并伸出了手，但是上校却悲叹着说：“今天没办法接受你的访问了，我在冰上跌倒，脑袋撞个正着。”

“桑德斯先生，我真的很高兴看到您，”舒克完全无视桑德斯要取消访问的话，“我实在很抱歉，听到您受伤了。”

“今天早上，我在冰上滑倒，头上一大片淤青，”上校继续说，“我没办法通知你说我要取消这次访问。我也不想留你在机场干等，而我却没有出现。所以我在前去看医生的途中先到这里见你。”

“没有关系，上校，”舒克仍然忽略对方要取消访问的事实。他可没有忘记自己大老远跑过来的目的是什么，因此他要赶紧想办法达到自己的目的。

“哎哟，好大的一块淤青！”舒克看到上校的后脑勺上一块明显的肿块。“我们走吧，当医生替您包扎好，我们就到您的地方去。”

他完全不给上校任何说话的机会，马上转向上校的司机：“车子停在哪里？”

“就在那里。”

“我们走吧，”舒克边说边向车走去，“我们必须先送上校去看医生。”

上校和司机主动地跟在舒克身后，一行三人便开车往诊所的方向驶去。在医生为上校的头部稍做处理后，舒克和上校就开始了他们的访问工作。结果，他们都度过了愉快的一天。

情境分析

原本由桑德斯先生掌控的整个谈话大局一下子转变为由罗伯特·舒克掌控，从而达成了谈话的目的。的确，在销售和推销过程中，意外事件简直是防不胜防的。但是千万不要泄气，不要灰心，牢记你的推销目的，一定要带动整个谈话的方向，一切言行从对方利益出发，提出方案后，立即行动，主动、积极地去扭转、控制整个谈话局面。

那么，销售人员在销售的过程中，该怎样套出客户的内心想法，并予以解决，从而把握整个谈话方向呢？这里，我们不妨学习一下推销大师的实战秘诀：

（1）始终记住一点，你的最终目的是成交，所有的准备工作、销售技巧都是为了达到这一目的。

（2）用你的自信、热情感染你的客户，大胆地告诉客户，你的产品正是他们所需要的。

（3）一味地劝服客户购买不如巧妙引导。

（4）一旦发现成交时机，就要把握好，不可错失，不过还要注意自己的说话方式、态度、语气，不要在关键时刻功亏一篑。

（5）善于察言观色、懂得倾听，把握客户的心灵更容易成交。

（6）要敢于开口，提出成交建议。

（7）提出成交的建议可以采取假设成交的方法。

（8）建议客户成交还是要客户自己做主，不要给别人强卖的感觉。

（9）成交时，请客户签名，要注意自己的表达，尽量不要说“请在这里签字”的话。

总之，你应该永远牢记：没有卖出货之前，你干得再多也不值一提，不到成交那一刻，就等于你什么也没有做。成交是销售中最重要的一部分。

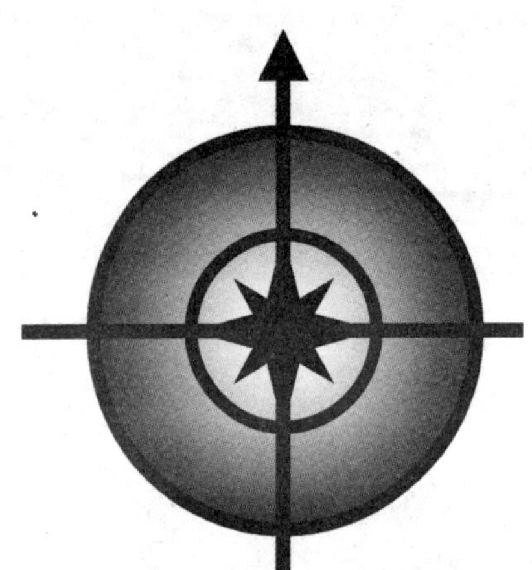

第17章

销售话语打动人心：销售中的语言制胜妙

销售中，最重要的一步就是成交，一些客户在有购买需求和购买欲望的情况，也不一定会与我们成交，此时，不仅就需要我们从客户的语言、动作、表情等来把握和抓住这一成交信号，还需要我们迟疑不定的客户一颗“定心丸”。

为了成交，也可以适度退让

在销售过程中，销售员都希望获得最大的利润，为此，一些销售员为了达到这一目的，在销售中总是坚守自己的立场，如果客户也不退让，最终一场即将到手的生意就泡汤了。其实，一名优秀的销售人员需要头脑灵活，善于变通，并始终把握销售目的。从心理学角度分析，每一个顾客都希望自己能占据讨价还价中的上风，一旦认为自己赢了，他们就会认为自己占了便宜，买走商品自然是心甘情愿。所以，如果我们能在与客户的沟通中适时退一步的话，势必会加快顾客成交的脚步。

心理情境

小王是某建材公司的销售员。一次他同一个房地产公司的采购负责人进行谈判商榷。

小王："您对于我们的产品还有什么想要了解的吗？"

客户："大致情况我都知道了，你们的产品不错，但是我觉得你们的产品价格还是偏高，如果你能再降些价格，我们可能会认真考虑一下……"

小王："我想对于我们产品的质量您是十分清楚的，您刚才也承认了，我公司的建材产品之所以这样受欢迎，完全得益于产品良好的质量和信誉，我们的产品在业界的声誉已经是很多年了，可以说已经是老字号了，您完全不用担心质量问题，而且我们还会为你们的装修工程提供多种解决方案，从设计方案到材料的各项配置，我们都可以提供全程服务。您觉得这价位合理吗？"

客户："你们的产品和服务的确不错，的确很吸引人，和你们合作自然放心，可实际上，相对于我们的预算，还是有点贵。如果能再优惠一些我会考虑的。"

小王："如果能降，我当然会给您降的，但是，您知道目前各个行业的原材料都在涨价，我们这里自然也不例外，供货商纷纷涨价，我们的利润已经是非常小的了。"

客户："但这价位还是贵。"

小王："这样吧，我们都谈了那么久了，总不能让您白跑一趟。我们每件门窗的降价范围即使是老客户也不能超过50元，我给您降50元，怎么样？但是，我们必须先拿到70%的首付，三个月内还清，其他条件不变，您看怎么样？"

客户："哦，行，那就这样吧。"

情境分析

从这个销售情境中，我们可以明白，在销售过程中，要善于变通，不要一条道走到底。如果我们退一步，缓解紧张的谈判氛围，也会获得最大的利益。

在销售工作中善于考虑大局，放眼长远，是一个优秀销售员需要具备的基本素质。特别是对客户采取价格让步时，销售员更要结合长远利益，考虑让步的幅度和尺度是否有利于长远利益的实现。如果销售员只顾眼前利益，就有可能失去更多宝贵的销售机会。

那么，在销售过程中，我们在与客户的沟通中，该怎样退让呢？

1. 在有回报的情况下作出让步

在销售过程中，销售人员在作出让步的时候，一定要考虑到这一步能否带来效用，值不值得，是否能够从销售中得到回报。因为销售工作只有实现了买卖双方的共赢，才有可能建立起长期的买卖关系。

2. 为沟通留下余地

在与客户沟通的过程中，销售员一定要为自己留下充足的余地，不要为了销售而销售，一再让步或是第一次就做出大的让步，在价格问题上让步过大，都有可能在接下来的沟通中让价格逼近底限，这样一来销售工作就很难再进一步展开，谈判陷入僵局，此前的所有沟通都可能前功尽弃。

3. 了解客户底限

在销售过程中，销售员应尽可能多地收集客户信息，观察客户的一言一行并做分析，以此来了解客户的底限，尽量在客户可以接受的范围内进行谈判。因为如果销售员一旦突破了客户的销售底限，就很可能造成销售失败。

对销售员来说，也要尽量远离利益底限，如果客户提出的要求已经突破了你的利益底限，就不应该再做让步。毕竟保住利益底限比获得销售成功更为重要。

4. 把握“退”的尺度

我们销售的最终目的是获得利润，取得业绩。也就是说，如果我们让步的尺度过大，就会将自己陷入无盈利甚至亏本的境地，因此，我们即使“退”，也不能无条件，比如，如果我们和客户在价格上陷入谈判僵局，就要把握好这个让的“度”，每次降价的幅度都不能太大，这样才能使自己始终处在主动地位，从而保证利润获得。

总之，对销售员来说，让步不是目的，而是有条件地退让，既能够让客户看到诚意，又能保证利润。在销售时，销售员正确运用好这种“以退为进”的谈判法，那么商定价格就不再是个难题，最终获得理想利润。

关键时刻可以帮客户作决定

推销工作中，我们发现，最耗费精力与时间的莫过于我们磨破了嘴皮子，向客户介绍、推荐产品，客户就是不为所动。但聪明的推销员不会就此放弃，他们更善于在与客户沟通的过程中寻找契机，一旦客户犹豫，他们便主动采取措施，让客户下定决心。这样不但为客户拿定了主意，还为彼此节省了不少时间，从而实现高效推销。

心理情境

琼斯是一个教育书籍推销员，他的销售纪录一直是该行业销售员中的第一，他有自己独特的一套成交秘籍。

当有位女士表示对他的商品没有兴趣后，约翰一言不发地站在原地，一脸不敢置信的表情。接着他说："强森太太，您的意思是，不帮孩子买这些书籍！您知不知道自己在做些什么？您准备袖手旁观，任由孩子去独自面对未来的竞争！您这样做，等于让孩子丧失竞争的能力。您只不过一天投资几块钱，就可以为孩子提供更好的教育机会，而您竟然不愿意，宁可让他们自求多福！"

"我不相信您会这么做，强森太太。只不过在一个月中，一天只花几块钱，您的孩子就可以大大扩展知识面。我相信您愿意投资这些钱，让自己的孩子有个好的开始。"

经过他的这种强硬说服，强森太太最后接受了他的建议。

情境分析

琼斯无疑是在为客户作出了决定，面对犹豫的客户，琼斯冒了一次险，虽然他的语气比较强硬甚至略微带有责备的意思，却句句在理，客户也绝不会为此而动怒，反而会感激琼斯的提醒。所以，在销售中，当客户犹疑不决的时候，销售员一定要及时采取措施，甚至不妨冒险一下。

那么，销售中，我们该如何帮客户敲定交易呢？

1. 不妨语气强硬些

范例中的琼斯运用的就是这一方法。有时对待无限拖延的客户也可以用此招。面对这种状况，我们要学着扑克牌高手说："先生，请摊牌。"

乔治也经常采用这种销售技巧。

"碰到棘手的交易，"他说，"业务员必须建立自己的权威，而不是将顾客当作权威。"

有一次，乔治遇到的客户是一家5人的小型公司，正需要会计系统。乔治说："一天，我们将这5个人全请到公司，解释我方提供的解决方案。他们很认真，评估了市面上所有的会计系统。1.5万美元的交易，讨论了好几个小时还是无法定案。最后我将机器关掉，把钥匙放入口袋。我说再不定案，请你们都回去。这5个人突然像被驯服了的小猫！乖乖签下了合约。"

使用此法应谨慎，技巧必须非常娴熟，并且要根据客户的具体个性特征与接受能力，掌握好用词的度，否则只会适得其反。

2. 通过暗示来坚定顾客的判断

“这个礼品多显档次啊，您送给客户，客户一定会很高兴的。”

还有许多许多的促进成交方法，在实际的促销过程中需要根据不同的顾客，采用不同的促进成交策略。

最后，我们来通过日常生活中的一个小小的细节，来说明适时促进成交的重要性：

我们都有这样的经验，当我们去菜市场买菜的时候，当你问商贩蔬菜怎么卖，商贩会一边告诉你价钱，一边为你递上塑料袋，这时，即使你觉得商贩报出的价钱有点贵，但你还是会接上塑料袋开始挑选蔬菜了，这是一种很奇怪的现象，似乎人们都无法拒绝，其实，这些小商贩并没有多少销售理论知识，但却是“促进成交”的“高手”。递塑料袋这个简单的动作本身，已经是在暗示你做出购买的决定，鼓励你下定购买的决心。

可见，只要善于观察和总结，每个人都能够成为销售高手，所有的营销理论与技巧，无非都是来源于日常生活，同时服务于日常生活。但使用这些技巧帮助客户做出决定的时候，我们一定还要注意：

（1）与客户交谈的语气一定要把握好度，要技巧娴熟。

（2）有些客户并不喜欢别人给自己作决定，销售人员要善于观察，对于这种客户，要循循善诱。

当销售过程已经进行到成交阶段时，作为销售人员的我们越是以正面的、积极的方式去劝服一个人接受一件事时，恐怕只会招致其反感，而如果我们能主动、大胆地为客户做决定时，客户反倒会被我们的信心折服、减少不安感，最终爽快签约。

别在最后一刻失去客户

客户的购买行动，是一种金钱的付出，对此，客户肯定要经过反复的思考和衡量。所以，在正式签约前，一切都是未知数，客户很可能会反悔。在销售中，很多销售员到了与客户“可以成交”，就沾沾自喜、放松警惕，仿佛这笔生意已定，签单指日可待，只剩时间问题了。其实，客户的情绪是有一定的波动的。大多数客户在决定购买时，一般热情都比较高涨。但是，考虑一段时间以后，这种热情就会慢慢减弱，改变主意的可能性也会增加。如果销售员认为就此可以一劳永逸，等待择日签单收款，而疏忽了与客户的交往和需求，那么极有可能导致在最后一刻失去客户。

心理情境

马伟大学毕业后，和很多毕业生一样，找到了一份做销售员的工作。可是三个月以来，他却连一单生意也没做成。工作日的时间，马伟也和其他同事一样，去拜访客户，并且，每次他和客户交流得也十分愉快，但是不知道为什么到最后的时候，客户最终还是拒绝了。

有一次，马伟与客户谈完之后，客户也答应购买他的产品，此时的马伟刚做成生意，心情愉快，便一时兴起，拍着客户的肩膀说：“刘哥，这也快吃午饭了，中午就一起吃个便饭好了，我跟你说，在淮海路上有家餐厅叫××，我去过很多次了，你知道吗，他们家的招牌菜太有名了，有凤尾虾，所有的虾都是……”接下来，马伟关于这家餐厅的美食谈了十几分钟，客户一句话也没插上，并且，他竟然还从自己的口袋里掏出了香烟，一边抽一边说，他也没有注意到，客户一直在看自己的手表，显得很焦急的样子，最后，当马伟打算带一起客户吃饭的时候，客户赶紧说：“我还有事就先走了，订单的事，我看有机会我们再谈吧。”当然，这是客户的借口而已，事后并没有再联系马伟。

情境分析

从这一案例中，我们可以看出，在协议未签之前，销售的过程都充满了变数，客户随时可能会改变主意，因为客户随时都在权衡自己的利益得失，所以销售中时常出现出人意料的状况。

销售活动中，最关键的时期就是最后一刻，这也是考验销售员的一

个重要时期，这时候，一个不合时宜的细节，比如一个眼神，一个不恰当的表情，一句错话都可能让所有的努力付诸东流，让整个销售过程前功尽弃，因此，在销售的最后时期，销售人员一定要注意，要小心谨慎，别让客户挑出任何的毛病，最终一举拿下订单。

具体来说，需要做到：

1. 注重细节少说话

不适当的言语是导致很多销售失败的重要原因。在销售中，有些销售员经过了重重努力，客户终于答应成交，可是在客户答应以后，就比较懈怠，尤其是在语言上，与客户说起话来开始随便，也不在意客户的反应，以至于客户拒绝成交还不知道所以然。销售员在销售中时刻关注客户的反应是很重要的，只有客户感到舒心了才会决定成交，否则一旦感觉不太好，客户就会马上改变主意。所以在与客户谈判时，一定要注意客户感受，不要让客户感觉自己不被重视，从而拒绝成交。

销售员要想最终成交拿下订单，就必须时刻注意客户的反应，关注细节，不要说话太多，要给客户一些空间，让对方感受到被尊重和被重视，这样才能让客户更快下决心与你签约。

2. 准备周全不慌乱

很多销售员在销售最后一刻失去客户，有时并非态度不够谨慎，而是在之前没有做足必要的准备。比如没有携带签字笔、合同等物品，结果导致在客户提出成交时“无合同可签”，等到销售员把合同拿来，可能客户早已另有打算了，可谓得不偿失。

所以销售员一定要在销售前就做足准备，随身携带合同及相关的文件和物品，保证成交时机成熟时能随时签单，这样不仅能够赢得客户更多的好感，也能避免销售员因准备不周而手忙脚乱。

3. 掩饰喜悦要稳重

销售员要从始至终保持平和的心态，即使销售即将成功时，也不要面露喜色。在客户表示可以签单后，有些销售员会表现得过于高兴以至于得意忘形，于是在准备签合同时喜形于色，以致会给客户一种误导，认为自己被骗了，从而会重新思考是否成交。因此，当客户愿意购买产品时，销售员最好闭上嘴，再高兴也不要表现在脸上，而要让客户看到稳重的自己，这样客户才会感到安全、放心，下定决心成交签单。

无论客户说什么，销售员都应该做到心中有数，清楚产品对客户的重要性，了解客户的需求和意向，力求把握整个销售活动的主动权，不被客户的话所左右，让客户看到一个立场坚定、不卑不亢的自己。这样一来就算客户对产品还有几分迟疑，但在被你的人品的折服下，也会做出成交决定。

真诚建议让客户成为你的死党

作为销售员，可以站在客户的角度来想，在购买商品时，一定是希望买到称心如意的产品。谁都知道“只选对的，不选贵的”这个道理，我们的客户，也是如此。如果我们为了短期的销售业绩，给客户推荐最贵的产品，诱导客户购买大大超出需求或用不着的产品，却不管产品是否符合客户特点，那么最终只能被客户埋怨，甚至还会断绝客源和财路。

所以每一个销售员都应该清楚：对每一个客户都应该真诚建议，让客户信任你，只有推荐最适合客户的产品，才能令他们真正满意，才会成为你的死党，才会成为你最忠实的客源。

心理情境

客户：“我觉得那套棕色木质家具看起来比较大方，而且我一直比较喜欢木质的东西……”

销售员：“请问您家的客厅有多少平方米？”

客户：“我家客厅有30平方米，应该能放得下。”

销售员：“您看一下这套家具的宽度，是不是放在30方平米的客厅里会不会让剩余的空间太狭窄了，其实主要是我们这里这个展厅比较大，很多人一进来就相中了这套家具，实际上那套小巧玲珑的家具更适合年轻人

的特点，而且价格也比刚才那套实惠很多。”

客户：“你说的对，我还是买这套小一点的吧。”

情境分析

情境中的销售员就是个优秀的销售员，虽说给客户推荐贵的家具所获利润更多，但是从客户角度考虑，他还是为客户推荐了适合客户的较小的家具，实在难能可贵。这样的销售员不愁生意不好，因为他能为客户着想，客户感受到切身利益被人关心后，自然会把销售员当成死党，或许下次客户来购买产品的时候，就直接找这位销售员了。

从这一案例中，我们能获得启示：销售中，如果我们能从客户的角度考虑，使用“不建议成交法”，那么，就可能会把客户变成死党，让客户死心塌地购买产品。

那么在向客户推荐产品时，销售员具体应该如何做呢？

1. 站在客户的立场上给予真诚的建议

没有哪个销售会不愿意有高利润的生意做，于是，一遇到财大气粗的客户，很多销售员就认为财神爷来了，就会乐呵呵地宰上一把，把最贵、最好的产品都推荐给客户：“当然是这种价格高的质量好了，一分价钱一分货嘛，价格贵，自然做工精细，技术含量高。这才是整个公司的重头戏，那些价格便宜的还不是为了搭配这些质量上乘的产品卖的。”但客户买回去，发现产品不适合自己，还花掉那么多的冤枉钱，由此，就对销售员、产品，乃至公司都产生了一种抵触心理。如果再做些口身相传的工作，那么损失是不可估量的。而那些真正优秀的销售员则会告诉客户如何选择适合自己的产品。要成为一名出色的销售员，先要做一个有道德的人。

对于客户对自己的需求比较模糊和不准确时，销售员要站在客户的立场上提供真诚而合适的建议。如果客户认为自己需要的某些产品或服务并不适合他们，而他们先前不看好的产品才真正可以满足其需求，这时推销员就应该根据客户实际需求在沟通中认真加以分析，然后提出最符合客户需求的建议。

2. 重视客户的利益

销售虽说卖的是产品，但更是说服客户，不仅需要较好的语言技巧，更重要的是要掌握正确的原则：抓住客户的切身利益展开说服工作，即“站在别人的角度，说自己的话”。

每个人在沟通的过程中都有一个自己的立场，若别人说话的立场和自己的不同，自然就会产生抗拒心理。聪明的销售员应该学会和客户站到同一个立场上去，并从客户的角度出发去思考问题。

一家高档服装店来了两位顾客，他们称自己要买两套聚会上穿的礼服，销售员马上把一套西装取下来，十分和气地把衣服递了过去。试衣服的顾客身材很小，西装穿上明显看着很大。可销售员却不断地说：“不错，真是帅气极了！”只见两位顾客交换了一下眼神，试衣服的顾客把衣服放下就走了。一心只想把衣服推销出去而不顾及顾客的需求，结果适得其反。

3. 让客户有脸面

有时候，客户考虑到自己的购买能力，希望销售员可以给自己找一个台阶，从而可以在自己能够接受的范围内选择较好的产品。但有时候由于销售员的话语往往让客户骑虎难下，最终有可能放弃购买。

虽然大部分商品的价格与质量是成正比的，价格越高，质量越好，但也不乏价廉物美的商品。每个客户心中都有自己预定的价位和商品：对于那些可以称为富翁的客户，大多数是东西都买最好的，而对普通消费者来说，只要适合自己的就是最好的。

伟大的销售员总是会在第一时间考虑客户的要求。一旦你掌握了这种方法，你的工作就能够更顺利地进行，并且你做成的不只是一笔生意，还赢得了一名忠实的客户，忠实客户给你带来的利益是不可估量的。

激将法让客户对你“俯首称臣”

销售过程中，我们都希望能一步到位解决所有问题，即客户不存在

任何异议，对我们的工作表示理解，痛快地买下产品，对我们的售后工作也表示支持等。但事实上，这只是我们自己一厢情愿。客户虽然有产品需要，但很多时候会犹豫不定，拿不定主意，有时会对销售员说："等等看吧"。这种情况下，销售工作该怎样进行下去呢？此时，我们要想促使客户下决心签单，就要敢于搏一搏，利用他们的好胜心、自尊心，采用激将法激将他们做出购买决定，迅速签单。

心理情境

笑笑是某商场珠宝专柜的销售员。

五一那天，商场所有产品都参与打折活动，笑笑的专柜也是如此。因此，客户特别多。笑笑和其他销售员一样，忙前忙后的。但忙碌中的笑笑还是注意到了一位青年男士，虽然衣着名贵，但却在一款比较普通的对戒旁驻足了，他向柜台销售员问询了很多这款戒指方面的知识，但就是不购买。这时候，笑笑决定主动采取点措施，促成购买。

笑笑："先生，请问您购买戒指是自己戴呢？还是送人？"

顾客："想送我未婚妻。"

笑笑："原来是婚戒啊，祝您生活幸福。是这样的，我们的戒指做工都非常的好，就是价格稍微有点高，你不会因为这个原因犹豫不决吧。"

这位青年满脸通红，说："怎么可能呢，这点小钱，我根本就不会在乎！"

笑笑接着说："但是凭我的感觉，我敢和你打赌，你今天是不可能购买我们的戒指的对吗？"

这位青年笑着说："你还别激我，我今天就当着大家的面，买给你看。"可是等他把钱包拿出来的时候，一脸的尴尬。

笑笑接着说："你空着两只手，拿什么买我们的产品啊？就会吹牛。"

这时，这位青年终于从钱包里拿出了"家当"——一张卡，说："谁说没钱就不能买啊，你看好了，我现在刷卡了。"说完，问笑笑要过了刷卡机，顺利地完成了消费。

笑笑赔着笑脸说："看来我今天真是看走眼了。"

青年瞪了一眼说："小姐，别把人看扁了。"说完头也不回地走了。

笑笑露出了开心的微笑。

情境分析

案例中，销售员笑笑之所以成功将戒指推销给原本犹豫不决的顾客，就是因为她抓住了顾客要面子、害怕别人说自己没钱的这种心理，然后采用激将法，挑动顾客这一敏感的神经，从而让他在跟自己赌气的过程中，完成购买。

使用激将法能否成功，主要还是取决于销售员和客户的双方因素，对于不同的客户，销售员要采取不同的刺激方法。心理研究表明：有的人好高骛远、貌似强大，有的人好胜心强，有的人优柔寡断，有的干脆，有的忸怩……另外，销售员还要把握好刺激的程度。总的来说，销售员还要注意自己的说话方式，不要伤害客户的自尊心。

巧妙地利用人们的心理特点，有的放矢，是销售成功的一个基本保证。为此，销售员需要注意以下两点：

1. 尊重客户，不能伤害到客户的感情

如果在上例中，售货员对那位犹豫不决的先生说："要买就买，买不起就别看了，看你这身穿着也不像能买得起的人。"那么，恐怕那位先生不仅不会购买，还会与销售员争吵一番。因为这位销售员的话语，明显伤害了客户的自尊心，这与激发客户的好胜心的效果完全相反。

现实销售中，有些销售员采用贬低、瞧不起的口气去激发客户的好胜心，很明显，这是不对的，往往达到的是事与愿违的效果。

2. 激将法的目的是让客户摆脱犹豫，但要注意陷阱

曾经有位推销员去一家纺织厂推销名牌毛衣，这家纺织厂基本上都是女工，女人都比较爱美，于是，一群工人围过来看，其中有个很爱说话的女孩子一摸这毛衣，就说质量很差，并且价格太贵了。没想到这位推销员好像不怎么会说话，挖苦那个女孩说："看您穿这身衣服，就知道是买地摊货的人，恐怕一件卖给你十块，你都买不起！"这个女孩平时大大咧

咧，但这时，确实自尊心被伤到了，于是，她对周围的姐妹们说："你们作证，他卖我十块一件，我全包了！"销售员一听，只好灰溜溜地跑了。

销售员挖苦客户，结果"搬起石头砸了自己的脚"，让自己下不来台，恐怕这位销售员在那个工厂再也没有市场了。他的这种做法实在没有考虑后果，以致把自己以后的推销之路给堵死了。

所以，"激将法"的使用也是存在很大风险的，一不小心就会弄巧成拙。销售员在使用此策略时，一定要注意自己的态度，不要伤及客户的面子和自尊！

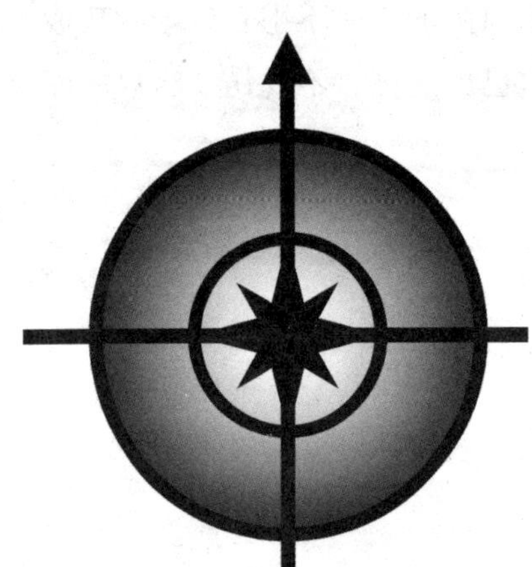

第18章

感情投资引导客户：销售的高级策略是情感营

作为推销员，我们不得不承认这样一个事实：客户与我们接触之初，往往会存有一种戒备心理，认为销售人员是为其自身利益，千方百计地想把产品销售给自己，因此，作为销售人员，在与潜在客户沟通的过程中，最重要的任务之一就是让客户信任你。而“动人心者，莫先乎情”。人都是情感丰富的动物，只要做到以情动人，不吝啬你的关心，不吝啬你对客户的帮助，让客户随时感受到你的关心，放下戒备，自然会取信于你！

真诚的赞美为你赢得客户的好感

赞美是世界上最美的语言。赞美是获取人心的法宝。因为任何人都渴望获得别人的赞美。在与客户交往中多多使用赞美，你就能取得客户的信任，给对方留下好印象。但要记住，赞美之言必须是发自内心。

心理情境

一个周六的早上，老年保健仪器推销员小林来到了某小区，然后敲开了客户的门。

开门的正是他的准客户刘先生，进门后，小林环顾四周，他发现，整个客厅，都有种古色古香的感觉。不一会儿，他抬头就看见满客厅的字画。很快，他就找到了与刘先生交谈的话题。

“哎哟，这字写得，我真不知道怎么形容才好，刘先生，这是您从哪位书法家手上买的墨宝啊？”

刘先生一听，顿时笑了起来，说：“你真是见笑了，这些都是我父亲的笔墨，他比较爱好这些，平时没事就舞文弄墨……”

“看来我今天还真是来对了，令尊现在在家吗？”

“这几天他去省城的姐姐家了，估计过几天才会回来。”

“真是可惜了，我还想要是令尊在家的话，我想向他老人家讨要点他的字画呢！”

“哦，原来是这样啊，这个你可以放心，我可以做主，送你几幅。”

“太谢谢您了……”

就这样，刘先生与小林就中国字画的问题聊了起来。聊到尽兴之时，小林突然装作乍醒的样子说：“刘先生，您看，我和您一聊到这里，就忘了我今天来原本是要……不过，您不购买也没关系，我今天可是收获颇丰啊。”

“你说的是老年保健仪器？老爷子身体现在越来越不好了，我也没时间陪他锻炼身体，要不，你回头送一台过来吧。”

“好的，谢谢刘先生啊。”

情境分析

案例中的客户为什么会如此爽快？很简单，这得益于销售员小林在提出销售问题上进行了一番语言的铺垫。在小林进门之后，他就对客户家的一些特点进行了观察，难道他真的不知道这些字画出自客户父亲？当然知道！他这样问，只不过是让自己的赞美显得更真实可信。于是，针对客户家的这些与众不同的“风景”，小林与客户展开了一番深入的交谈，很快便获得了客户的好感。此时，小林再提出自己拜访的真正目的，客户的抵触情自然少得多。

赞美客户是件好事情，但并不是一件简单的事。尤其是那种毫无根据、泛泛而谈的赞美，更有奉承之嫌。那么，作为销售员，我们该如何赞美客户呢？

1. 赞美要有根据

销售员在赞美客户时，一定要有根据，这里的根据，指的是赞美要实事求是，要具体，这样的赞美才显得真实，才容易让人接受。那么，哪些是赞美中的“根”和“据”呢？其实很简单，比如，我们在与客户交谈的时候，可以赞美客户的经历、办公室的布置等。如：

“张总，之前我听您部门的小刘说您是个随和的领导，真是不假，一见到您，我就觉得特亲切。”

2. 间接比直接赞美更有效

不太适合直接赞美客户的时候，我们就可以选择间接赞美的方式。而这一方式，通常更能彰显出赞美的效果。间接赞美的方法有很多种：

（1）赞美客户最关心的人或事。

比如，你发现客户的车很好，但你并不能直接对客户说：“这车，真不错！”因为你这样说，还有另外一层含义，车子怎样，多半是厂商的功劳，客户只是花钱购买，因此，聪明的你应该找到客户更想听到的话，比如：“这车保养的真好！”或“你挑车的眼光真好！”这就真的是赞美客

户了。

而如果你的客户是位女士，那么，她最为关心的话题也许并不是她自己，而是她的丈夫和孩子，如果你能从这一点赞美，那么，你就会发现，这比赞美她自己本人还要令她高兴。

（2）借用第三者的口吻来赞美。

直接恭维，会让客户觉得有奉承之意，而如果你能借用第三方的口吻，则会显得更真实，比如说："怪不得小张说您越来越漂亮了，刚开始还不相信，这一回一见可真让我信服了。"这样对客户说就比说"您真是越长越漂亮了"好得多。

（3）从否定到肯定的赞美。

这种用法一般是这样的："我很少佩服别人，您是个例外。"这样赞美，更显真实。

3. 善于发掘客户的亮点，赞美要有新意

不是每一个客户都是成功人士，也并不是每个人身上都有那些闪光点，他们多半都是平凡人，鲜有卓越的成绩，因此销售员在面对客户时，应该从客户身上的具体事件入手，任何的细微小节都不放过，只有你的赞美深入具体，客户才会觉得你对他足够重视，才能感觉到他所获得的肯定是真实可信的。

总之，赞美要落到实处，就要找到具体的赞美点。这个赞美点必须是客户身上真实存在的。在赞美时指出细节，说明它的特点，给出自己的评价，这样会让客户有真实感，也让客户认同你的说法，从而改变态度，就你的推销进行商谈。

亲情式服务让客户喜欢上你

在现代产品营销中，随着消费品市场的扩大和客户对产品知识的充盈，客户逐渐变得更加理性，不再轻易为了商家的促销活动而冲动购买，他们更需要一种亲情式的服务。但就在这种情况下，还是有很多客户会为了那些简单直白的销售而被感动，原因在哪？就在于销售过程中销售员抓住了客户的心。与冷冰冰的销售言辞相比，热情、充满关爱的关怀有时更容易打动这些感性的客户。

心理情境

一天，小小又被领导拉去应酬了。这次，是要与一个大客户王总吃饭，听领导说，这次是笔大生意。小小很细心，出门前，他询问了一下领导，客户有哪些特别之处。结果，领导的回答是："没啥特别，就是有点高血压，有点老胃病，都是应酬弄的。"小小记下了这点。

来到饭店，就点菜问题，领导和客户互相推辞，最后，大家决定把这项权利交给小小。小小心想，这是自己表现的时候了。不到一会儿，小小就点了一桌子菜。

这时，小小诚恳地对客户说："王总，订餐之前，我已经跟酒店嘱咐过了，炒菜不要用动物油特别是猪油，而要用植物油，桌子上基本上是低脂肪、低热量的菜，您可以放心食用；还有，这道白菜心拌海蜇皮，您先尝尝。这是道正宗的醒酒菜，还有护胃的功能。"

"嗯，味道不错，吃惯了大鱼大肉，吃这道菜，还真是挺有味儿。你说它能醒酒？"客户提出了疑问。

"是的，现在市面上有很多种醒酒的药物，但我觉得是药三分毒，我们还不如吃这种营养又健康的蔬菜。"小小语重心长地说。

这时候，领导也插了一句："王总，你可别小瞧这小子，他可是我们公司有名的美食、健康专家啊，还经常教我们一些养生之道。"

"现在的年轻人注重养生的可不多啊，真难得，对了，你那道白菜心拌海蜇皮是怎么做的？我回家让我太太也经常做一些。"

"其实这道菜，做起来很简单，将海蜇皮清洗干净后，切成丝，用清水浸泡2小时，中间换三次水，洗去腌渍海蜇皮的盐和矾；浸泡好的海蜇皮控干水分后，放在漏网里，用80度左右的热水冲淋一下，并迅速过凉水……"

一场饭局下来，小小和王总就这道醒酒菜聊得不亦乐乎，而这单生意

也成功地做成了，而令小小惊奇的是，这个王总还向领导指明将这单生意归为小小的名下。

情境分析

这则案例中，小小是个细心的人，得知客户有高血压且有老胃病，在点菜时，他便加以留意，而且，他与客户的交谈也是诚恳的，当客户发现小小的善意之后，一下子就打开了话匣子，并最终决定与小小做生意。

在生活中，我们可以承受严厉的斥责，却难以抵抗温柔的劝说；我们在强硬的态度面前往往会不依不饶，丝毫不为所动，而在和颜悦色的劝说下，却能够网开一面，做出让步。那么，具体来说，我们在推销过程中，怎样做到以情动人呢？

1. 不要急于谈生意

客户也是人，也会受情感的左右。所以，如果在接近客户之初，不要急于谈生意，先与客户寻找共同感兴趣的话题，这样，在不做生意只谈朋友的前提之下，和客户取得了心灵的共通，博得了相互之间的认同。“先做朋友，后做生意”，既然是客户的朋友了，对于客户而言，跟自己熟悉的朋友合作，自然要比跟陌生的人合作更加放心了。只要做成了朋友，那么你的单子自然很快就签下来了。

2. 理解客户的情感，说话时以情动人

销售员可以以朋友的心态来面对每一个客户，多站在客户角度想想，考虑一下客户的利益以及客户的想法，倾听他们的想法。可能客户一次两次不能接受自己，只要你是真诚的，客户就会被你的真心所感动，最后你的付出就会有收获。

3. 帮客户做点实事

用情感打动客户，还需要我们用具体行动来证明，比如，在客户最无助的时候及时出现、帮客户解决某些生活中的难题、为客户做些举手之劳的小事等，让客户真正感受到我们送去的温暖，自然愿意对我们打开心扉！

尽管销售员和客户之间存在着利益关系，但是尽管如此，这种利益关系并不是赤裸裸的金钱交易。其中还包含着人与人之间的温暖和真情。销售员要多关心客户的生活，关注他们身边发生的事情。这样无形之中就会渗透到客户的生活中去。销售员要学会在“关键时刻”送去你的问候，用情感温暖客户。

总是站在客户的角度推销产品

在销售活动中，客户所关心的是自己的利益，销售员所关心的是自己的提成或公司的利益，这两者看似是矛盾的，实则是一致的。只有客户的利益得到了保障，公司的利益才有基础。因此，在认清客户的重要性的前提下，销售员一定要设身处地为客户考虑，善于从客户的角度出发，为客户介绍他最适用的产品，为客户提供最真诚的建议，满足客户的愿望，充分理解客户、尊重客户，这样才能为自己的成功和公司的长足发展打好基础。

心理情境

张兰是一名化妆品推销员。一次，公司推出一款新品，张兰就想给自己的几个老客户都通知一下，看谁对这款产品有兴趣。她拨通了第一个客户的电话。

张兰：“周姐，您好，我是小兰啊。”

客户：“哦，是你啊。有事吗？”

张兰：“我们公司新推出一款产品，我觉得很适合您，就给您打个电话，您上次不是让我留意的吗？”

客户：“哦，这样啊，我知道你说的这款，我不怎么喜欢，要不，你给我拿套那个××吧，那是大牌子。”

张兰：“我知道您说的这款，其实，姐，这套相对来说贵很多，您可能并不在乎钱，我给您卖贵的，我拿的利润当然也高，但贵并不一定就适合您，说实话，那款产品，您用的话，因为肤质的关系，我怕您会过敏。

我建议您还是不要买。”

客户：“小兰啊，你可真是会为我考虑啊，我信得过你，今天下午你到我家来一趟吧。”

情境分析

情境中的这名销售员可以说是一名称职的销售员，这样的销售员总是会站在客户的角度思考问题，自然会赢得客户的信任。

销售员要想把产品卖出去，首先就要与客户之间建立良好稳固的关系。要实现这一步，销售员就要做到：从客户的角度出发，了解客户，知道客户真正需要什么。对此，销售员具体可以从以下几个方面去做：

1. 理解客户的心情

客户购买产品时，如果总能感觉到销售员对自己很理解，注重自己的心情和感受，那么客户就会被这种氛围所吸引，进而对产品投入更多的关注。

一个总经理招聘秘书，收到了一百多封求职信，看得他头昏眼花，不知道该如何选择。突然间，有一封求职信吸引住他的目光：总经理先生，您好，我知道您现在要看很多求职信，一定很头痛，而我非常希望帮您处理这个问题。过去我曾经在人事单位工作多年，经验丰富，我相信自己有能力来帮您解决这个问题。

这位总经理眼睛一亮，立刻打电话邀请这位求职者来上班。

这封求职信的文字并不算是特别优美，求职者也没有大肆宣传自己的能力。她只是站在这位总经理的立场，思考他的需求，就从众多竞争者中脱颖而出，为自己赢得了一个工作机会。这样的理念如果用在销售上，也会产生神奇的效果。

2. 帮助客户解决问题

一位好的销售员可以为客户提供解决办法，为其减少麻烦，并帮助他们拓展业务。在约见客户之前，你最好就对他们的生活和工作有所了解，知道他们目前正在遭遇哪些问题。如果你的产品恰好有助于他们改善或有效解决眼前的困境，那你就要抓住时机告诉客户，你的产品在解决难题过程中的种种优越之处，让客户意识到此产品对解决问题确实有效，那么，客户定会对你的产品情有独钟、充满兴趣，从而产生购买的想法。

谈谈自己的经历，拉近与客户之间的距离

作为推销员，我们都知道，在向客户推销的过程中，客户是心存芥蒂的，他们认为推销员多半是为了推销而推销，他们甚至吃过推销员的亏。因此，此时，如果我们一味地向客户推销，有时不但不能打动客户，反而会加重客户的疑心，而如果我们能体会客户的情感，谈谈自己的经历，那么，便能很快拉近与客户的心理距离。

心理情境

有一天，乔·吉拉德的车行里来了一对夫妇，乔立即迎出来接待他们。

“你们好，选中自己喜欢的车了吗？”在对方在车行看了一会儿后，乔很热情而礼貌地上前询问道。

“你这里的车不错，不过我们还得考虑考虑。”

其实，当客户说出这句话的时候，乔已经判断出了客户的心理，于是，乔准备再试探一下。

“你们知道吗？我跟我太太也和你们两位一样。”

“一样？是吗？应该不会吧？”他们说。很明显，他们产生了兴趣。

乔·吉拉德说：“我们家每次在准备添置某些大件之前，我都要和太太谋划半天，常常是思虑再三，生怕买了不好的产品，花了冤枉钱，怕自己对产品了解得不够而上了推销员的当。也正因为我知道消费者在购买产品时有这一担心，所以，我在做销售时，从不让我的客户感受到任何强迫，我要给客户充分考虑的时间。说实话，如果不这样的话，我宁可不和你们做生意。当然，请别误会，我真的很想同你们合作，但对我来说，更

重要的是，你们在离开时能够有一种好心情、好感觉。”

“先生，很高兴你能这么想，谁说不是呢？谁都希望买到放心的产品。不错，我们从不向那种企图强求的推销员购买任何东西。”那对夫妇说。

乔·吉拉德接着说：“讲得对，我很高兴听你们这样讲，我请求两位花点时间，好好想一想。要是需要我的话，请叫我一声，我随时恭候。”然后，乔·吉拉德就回到他自己的办公室，静静地等待。

当然，乔·吉拉德知道“想一想”的含义对他们来说不会仅仅是几分钟，而可能是好几天，而自己却不能放走这么好的机会。于是10多分钟后，乔·吉拉德回来，若无其事地对他们说：“我有一些好消息要告诉两位，我刚刚得知我们的服务部最迟今天下午就能把你们的车预备好。”

“我们想明天再来。”

“明天？”乔·吉拉德笑了笑，“今天能做的事最好不要拖到明天，如果你们确实拿不定主意的话，可以多方面考虑考虑，我看两位都是利索的人，很快就会下决定的，对不对？”

其实，如果是真心购买的客户，今天买和明天买的确没什么区别，所以，当乔·吉拉德利用“今日事，今日毕”的说辞营销时，也就是顺理成章的了。

他们夫妇二人也的确是当即拍了板，“好吧，我们现在就买了。”

情境分析

推销员在工作过程中会经常碰到被客户推脱这样的情况，如果缺乏技巧，那推销成功的机会就变得非常渺茫，而如果能像吉拉德这样巧妙地引导，就会有所收获。

日本著名的保险销售能人山田正皓正接受一家杂志的访问时曾说：“与客户接触时，一走进门，要让客户感觉舒服，而不要让其感觉到压力，他们就会和你建立长期的业务关系，他们会逐渐喜欢上你、信任你。这个原则年复一年跟随着我，成为我开展销售业务的基石。你先别管任何其他的技巧，也不要去尝试它们。你只要想办法让客户觉得和你在一起很舒服，喜欢并且信任你，让他们觉得你是来为他们提供服务的，而不是来卖东西的就行了。”

可见，在销售中引入情感，可以在很多问题上帮助你获胜。那么，作为推销员，我们在推销的过程中，可以谈及自己哪方面的经历呢？

1. 和客户谈谈自己曾经被骗的经历

通常来说，我们在购买某些产品时，或多或少会因为粗心大意被一些巧舌如簧的推销员欺骗过，而这些经历，我们的客户肯定也有过，我们如果能将这些经历拿出来和客户分享，那么，不仅能和客户找到共同话题，还能引起客户的共鸣，同时，也会赢得客户的信任。

2. 与客户聊聊自己在销售过程中的“光荣事迹”

如果你告诉你的客户，你曾经帮助其他客户解决某些难题，或者做了某些好人好事等，那么，势必会让你的客户对你刮目相看，对你的信任度也会大大增加，但前提是，你所说的每一个“事迹”都必须是真实的。

当然，推销员可以与客户分享的经历并不仅是以上两种，凡是能起到打动客户的目的的经历，都可以拿来为我们所用！

以情动人，随时出现在客户“需要”的地方

“客户就是上帝”，这是从事销售行业的任何人都熟知的一句话。对于潜在客户，虽然他们可能并不会购买我们的产品，但我们绝不能区别对待。俗话说，人心换人心，在客户和销售员之间也是这样的。销售员对客户有几分真心，客户也会相应地回报几分。所以，销售员要想获得客户的认可和关照，就要在任何时候都要对客户做到“随时恭候”，让客户体会到我们的用心。

心理情境

业务员小刘是个很细心的年轻人，他热爱销售工作，总是一心扑在工作上，业绩突出，但是一直没女朋友。一些爱开玩笑的同事称他之所以会有这样好的业绩，是因为他把客户当成自己的女朋友一样的对待，事实上，也的确如此。

一天傍晚，小刘跟客户约好了在郊外的一个度假村商量产品买卖事宜，谈完业务之后，小刘和客户都离开了度假村，各自回家了。谁知二人分开之后，不到10分钟，天上突然下起了大雨。小刘由于经常跑路的习惯，所以包里总是放着一把伞。可是那个客户平时都是开车出门，没有这个习惯。

当小刘想到这里的时候，赶紧给客户打了个电话，正如小刘所料，客户被困在半路上的一个小卖部里，小刘得知这个消息后，冒着大雨，打着伞亲自前往，把客户送到了家里。而小刘因为用伞护着客户，自己的半个身子全部淋透了。

事实上，那天的合作由于价格的问题没有谈下来。可是小刘把客户送到家之后，客户二话没说，立即让小刘拿出合同签了，而且从那以后，客户和小刘成了无话不谈的朋友。在后来的合作中，客户还给小刘介绍了不少的新客户呢。

情境分析

从上面的故事，可以了解到，业务员小刘之所以能打动客户，是因为他的细心，在客户需要帮助的时候及时出现，感动了客户。的确，客户需要销售员用心去接触。而现实销售中，一些销售员看重的只是合作，他们也只是把客户当成业绩的源头和合作的对象，为了达成协议，他们千方百计、想尽一切办法，只要合作完了，再也没有了联系。销售员这么定位客户，客户自然也会把销售员当作合作者而已。而如果销售员们都能和案例中的这位小刘一样，随时都为客户考虑，为客户鞍前马后，尤其在客户需要的时候及时出现，这样客户自然也会把你当成亲密的朋友一样对待。

那么，在与客户打交道的过程中，我们该如何才能做到对客户“随时恭候”呢?

1. 与客户约会时，宜早不宜迟

我们都知道，男女约会，如果男方迟到，那么，女方一定不高兴，正确的做法是男方先于女方出现，这样你的女朋友才会高兴，才会觉得你对她是真心的。和客户约定之后，也是一样的，销售员千万不能迟到，也要早到，耐心地等待客户。自己多等一会没关系，但是千万别让客户等你。如果你迟到了，或者让客户等你，那么这个单子十有八九拿不下来，因为你让客户觉得自己根本不受重视。

2. 客户有需要时一定要随叫随到

销售员是客户的服务者，客户如果对产品有什么疑问或者是想法，第一时间找的就是销售员。这时候，销售员不管是否上班，是否在忙，都要在第一时间赶到客户跟前，为客户解决疑问，帮助客户处理问题。只有这样，客户才会觉得销售员是认真负责的，彼此之间才会有一个长期的合作和发展的关系。

3. 承诺客户的事情一定要做到

与人交往，一定要做到一言九鼎，只有这样，才会让对方觉得你值得信任。和客户交往也是一样的，承诺客户的事情一定要做到，如果因为这样那样的原因，而最终食言了。这样客户对你的信任就会大打折扣，给以后继续合作和交流埋下了隐患。所以，销售员尽量履行对客户的承诺。如果因为客观原因而没办法做到，那么也要给客户做诚挚的道歉，以获得客户的原谅。

4. 合作结束后，关心也要持续

和客户合作之后，销售员也要时常地关心客户，让客户感受到那份真诚和关怀。这样一来，客户会被你的真心所感动。所以，销售员千万不要吝啬自己的关怀，时不时地打个电话，或者发个短信，询问一下产品的使用情况，让客户听到你的声音，从而常常记着你。这样，你不仅能做到很好地维护与现在客户的关系，当客户对你的人品以及产品都认可的时候，

也会为你介绍更多的新客户。

总之，我们若想成功将产品推销出去，就让你的关心持续下去，多为客户提供点帮助，让客户时时记住，感受到你的爱心，那么你的销售之路则越走越宽广，你的事业也会越来越丰硕。

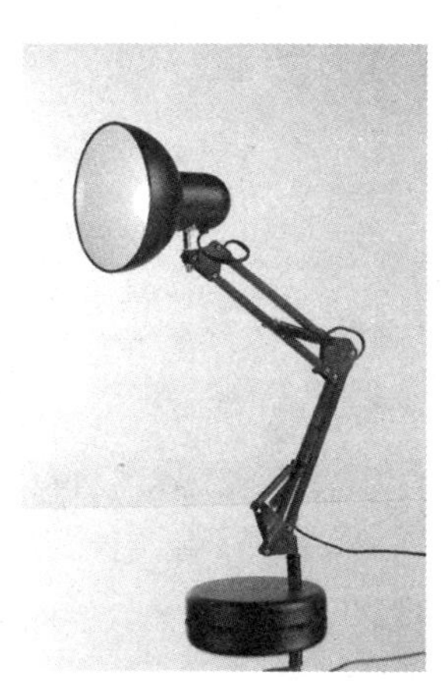

参考文献

[1] 杨立军. 西点军校的经典法则 [M]. 上海：学林出版社，2009.

[2] 朝阳. 销售员一定要知道的心理学知识 [M]. 北京：中国纺织出版社，2013.

[3] 王光普. 销售员心理读本 [M]. 北京：中国纺织出版社，2013.

[4] 杨广恩. 金牌销售员必备的客户心理操控术 [M]. 北京：中国纺织出版社，2012.

[5] 俞慧霞. 销售员心理素质训练 [M]. 北京：中国纺织出版社，2008.

[6] 王琳. 冠军销售的秘密 [M]. 广州：广东旅游出版社，2014.